高职高专金融保险专业精品教材

U0881195

保险理财规划

张智勇　朱晓哲　主　编

刘　宁　吴玉菡　副主编

清华大学出版社

北　京

内容简介

本书是一本建立在个人理财知识框架之上的保险教材，同时也是一本专门论述纯粹风险保障的个人理财书籍。介绍了保险理财规划导论、保险理财规划的历史背景与客观条件、保险理财规划的类型与流程、人寿保险理财规划、健康保险与人身意外伤害保险理财规划、养老保险理财规划、教育金保险理财规划、投资型寿险理财规划、家庭财产保险理财规划、家庭综合保险理财规划等内容。在注重理论介绍的同时，也总结了大量鲜活案例，内容实用性强、系统性好，有利于读者循序渐进地学习。

本书受众群体既可以是在校学生，也可以是保险企业广大从业人员。本书还可以作为广大保险客户和潜在客户的保险理财知识普及用书。

图书在版编目（CIP）数据

保险理财规划/张智勇，朱晓哲主编.--北京：清华大学出版社，2015（2022.7重印）
高职高专金融保险专业精品教材
ISBN 978-7-302-36864-9

Ⅰ.①保…　Ⅱ.①张…　②朱…　Ⅲ.①保险－高等职业教育－教材　Ⅳ.①F84

中国版本图书馆 CIP 数据核字(2014)第 127079 号

责任编辑：刘士平
封面设计：杨　拓
责任校对：袁　芳
责任印制：曹婉颖

出版发行：清华大学出版社
网　　址：http://www.tup.com.cn，http://www.wqbook.com
地　　址：北京清华大学学研大厦 A 座　　**邮　　编**：100084
社 总 机：010-83470000　　**邮　　购**：010-62786544
投稿与读者服务：010-62776969，c-service@tup.tsinghua.edu.cn
质 量 反 馈：010-62772015，zhiliang@tup.tsinghua.edu.cn
课 件 下 载：http://www.tup.com.cn,010-62795764
印 装 者：北京九州迅驰传媒文化有限公司
经　　销：全国新华书店
开　　本：185mm×260mm　　**印　张**：15.25　　**字　　数**：348 千字
版　　次：2015 年 1 月第 1 版　　**印　　次**：2022 年 7 月第 8 次印刷
定　　价：45.00 元

产品编号：053906-02

前言

近年来，个人理财成为我国金融界一个相当流行的概念，商业银行、证券公司、保险公司等金融机构也不断推出个人理财产品，这一服务也逐渐被大众所认识并接受，成为生活的一部分。理财，顾名思义，就是如何处理自己的财产才能满足当前生活需要，保障未来生活，达到财产增值保值的目的。

与投资理财投资于股票、债券、金融衍生工具、黄金外汇、不动产以及艺术品等追求最优回报不同，保险理财规划更加注重对当前以及未来不确定性的安排，比如养老、健康、意外伤害、财产安全、财富传承等，即使到年老体弱以及收入锐减的时候，也能保持自己所设定的生活水平，最终达到终生的财务安全、自主、自由和自在。在这方面，保险无疑有着巨大优势。实际上，最早从事个人理财服务的就是美国20世纪30年代的保险营销人员。1929年持续到1933年的银行挤兑危机和股灾使人们普遍丧失了对银行和券商的信赖，加之严重的经济危机给人们的未来生活带来了巨大的不确定性，保险公司提供的可以满足不同需求甚至为客户量身定制的保险产品逐渐进入人们的视野。这时，部分保险销售代表为了更好地开展业务，对客户进行了一些简单的个人生活规划和综合资产运用咨询，成为今天个人财务策划师的前身。可见，保险与理财之间具有某种天然的联系。

随着中国经济的持续快速发展，社会财富不断增加，个人、家庭的财产日益多样化，一方面，人们的理财意识逐渐苏醒，更加重视人身的安全保障、资产的保值增值。保险理财作为个人理财的一种重要手段，有助于人们在遭遇生老病死、失业、财产损毁等意外和不幸时，能够有足够的资金来应对，最终实现财务自由的境界。另一方面，随着我国富裕群体人数的迅速增加，这部分高收入人群正逐渐成为未来保险市场发展的首要驱动因素，而能否为其提供完善的综合理财服务，已成为当下中国保险业竞争的关键和未来的发展方向。为了应对这种竞争格局，不断提升保险从业人员的职业能力，打造一支适应市场需要，能为客户实现保险理财的从业人员队伍，是实现中国保险业跨越式发展的必由之路。

为此，我们组织教师编写了这部教材，希望：第一，能够培养金融、保险等相关专业学生的理财观念，掌握基本的保险理财工具；第二，对于保险从业人员，能帮助他们从理财的角度对客户进行需求分析，开拓保险需求的机会；第三，对于一般读者，能帮助他们理解并学着运用保险理财这一方法，用较小的成本实现个人资产的安全，应对未来的不测，实现财务自由。

本教材力求联系现实，突出保险专业操作性强的特点。2009年以后，随着新农合、新农保、城镇居民养老保险、城镇居民医疗保险的建立与普及，整个社会的保障体系发生了巨大的变化，本教材以社会保障体系的变革为背景，结合当前商业保险的现状，实操性强。在教材结构上，每一章前提出学习目标，以通俗易懂的案例导入理论学习，提出有关问题，引起学生对即将阐述的理论的兴趣。在各章节中穿插安排延伸阅读、知识链接、案例等，拓宽学生的知识面，培养学生分析案例的能力，帮助学生逐渐形成保险理财规划思路，掌握解决问题的方法。

本书由河南牧业经济学院(原河南商业高等专科学校)张智勇、朱晓哲任主编，刘宁、吴玉菡任副主编。具体分工如下：张智勇编写第三、六、九章，朱晓哲编写第一、二、十章，刘宁编写第四、八章，吴玉菡编写第五、七章。全书由朱晓哲拟定大纲，张智勇负责定稿。

本书在编写过程中参阅了大量的国内外有关文献，在此对这些文献的作者表示深深的敬意与感谢。

由于我们的水平有限，书中难免会有不妥之处，恳请各位专家批评、指正，也请广大读者提出宝贵意见。

编　者

2014年10月

目录

第一章

保险理财规划导论

学习目标

通过本章学习，学生应认识个人(家庭)所面临的风险，感受保险，了解风险管理；熟悉个人理财的基础知识；熟悉个人理财规划的概念及主要内容；学会用生命周期假说理论分析不同阶段个人(家庭)理财的需求；深刻理解并掌握保险规划的概念及其在个人(家庭)理财规划中的功能与作用。

案例导入

理财方式决定生活状态

李女士和赵女士今年都是 40 岁左右，两人在其所属单位都已做到公司的高管，取得近 100 万元的年薪；都有一个温馨的家，这是两人共同之处。

所不同的是：李女士每月 9 万多元的工资收入中，3 万元要用来还房贷，2 万元要用来开销孩子的国外学习生活费用，1 万元要用于生活开销，剩下的钱，每年两三次国外旅行就基本没有了。她近 10 年来的生活基本都是这样，面对未来还有一半没还清的房贷，她感觉生活压力与日俱增。

而赵女士自 30 岁以后，就开始逐渐以贷款的方式投资了 3 处房产，每套房子都增值了近 4 倍。2010 年，赵女士卖掉了其中一套，并以出售的房子所赚差价收入还清了剩下两套房子的贷款。目前两处房子，一套自住，一套出租，租金收入每月近 2 万元，刚好用以支付孩子在国外每月学习和生活的开销。平时花销方面也精打细算，这样每年将有 100 万元的工资收入节省下来，同时又将这些工资收入用于购买投资理财产品，每年大概取得近 7%(复利)的平均收益率，取得的收益足以支付其家庭每年的日常花销。所以，目前除了有两套无贷款的房子之外，她积攒了近 500 万元的现金资产。如果自此不上班，500 万元现金资产的投资收益按照 7%收益率计算，足以支付每年的生活费，可以说，她算得上老而无忧了。

第一节　风险管理与保险

一、认识风险

1. 风险的含义

风险是指一种客观存在的、损失的发生具有不确定性的状态。因此，对风险的理解需要把握以下两大方面。

第一，风险是客观存在的，不以人的意志为转移。人们面对风险时通常显得无能为力。虽然人们可以认识、管理、控制风险，但是人们往往无法避免某种风险事故的发生，只能通过相应措施来减轻风险造成的损害。

第二，风险损失具有不确定性。风险的本质特征就是损失的不确定性。这种不确定性表现为：

(1) 损失发生与否不确定。

(2) 损失发生的时间不确定。

(3) 损失发生的地点不确定。

(4) 损失发生的程度不确定。

(5) 损失发生的范围不确定。

存在风险就意味着存在损失的可能性。例如，火灾的发生会造成家庭财产的损失，企业失窃会造成企业财产的损失等。当然，有些风险既含有损失的可能，也含有获利的可能，此为投机风险。保险学所研究的主要是纯粹风险，即只有损失的风险。

案例

金融海啸中惨遭"雷击"的明星

张学友："踩雷"损失过半资金

近日，时常在各大写字楼中的视频广告中看见久未露面的"歌神"张学友为香港某游乐园拍摄的新年宣传短片，由于在去年的金融危机中不慎"踩雷"，投资雷曼迷你债券的张学友资金损失过半，原打算淡出歌坛的张学友决定重出江湖，在2009年再次推出粤语专辑，并将参与电影和音乐剧的制作，这对喜欢"歌神"的歌迷来说，无疑是一个福音。

曾志伟父女："同病相怜"

曾志伟的女儿曾宝仪在博客上哭诉："这回真的血本无归，恐怕连人生都要重新开始。"曾宝仪投资美股，结果全栽在雷曼兄弟手中，估计至少损失上千万元新台币。曾志伟透露，自己和女儿"同病相怜"，这次他也是踩到了雷曼兄弟的"地雷"，不过，曾志伟自我解嘲说："我投资失败例子太多，已经习惯从哪里跌倒从哪里爬起来！"

刘若英：投资失败退休延期

刘若英其实对投资并不在行，一直以来她投资理财都是放心交给别人去打理，有一天接到姐姐打来电话要跟她说"雷曼兄弟"倒闭的事情，她还以为姐姐要和她讨论电影《拯救大兵瑞恩》，后来才知道是自己投资失败，损失惨痛。刘若英很沮丧地表示："世事难料，因为雷曼兄弟，我的退休之日，被迫延期。"

李嘉欣：巨亏1亿港元

面对全球股市集体跳水的状况，已经嫁入豪门的李嘉欣此前也承认，资产随着股市大幅缩水。李嘉欣透露，她以100元/股买入了某只股票，但是股票市值已经缩水超过一半，保守估计亏损了1亿港元。

资料来源：华夏时报. 2009-02-02.

2. 衡量风险的指标

衡量风险是为了便于认识和控制风险，对某种特定风险的损失发生频率和损失程度进行计算，为选择风险的处理方法和进行风险管理提供决策依据。

衡量风险的指标包括损失发生频率和损失程度。

(1) 损失发生频率是指在一定时期内一定规模的风险单位总量中可能发生的损失次数的比例。

(2) 损失程度是指一次风险事故发生所导致的标的损毁程度。用公式表示为：

$$损失发生频率=\frac{损失发生次数}{风险单位总量}\times 100\%$$

$$损失程度=\frac{损毁价值}{风险标的总价值}\times 100\%$$

损失发生频率表示损失事件发生的相对次数，而损失程度则显示风险损失发生后所导致的经济损失规模。通常情况下，损失发生频率和损失程度成反比，损失程度大的风险事故发生频率小，而损失程度小的风险事故发生频率大。

(3) 风险度是衡量风险大小的数值，是指实际损失围绕预期损失的变化范围。用公式表示为：

$$风险度=\frac{实际损失与预期损失的偏差}{预期损失}$$

3. 风险的基本属性

人们重视风险与风险管理，起因于风险的属性。风险的基本属性包括自然属性、社会属性和经济属性。

(1) 自然属性

风险是由客观存在的自然现象所引起的，自然界通过地震、洪水、雷电、暴风雨、滑坡、泥石流、海啸等形式给人类的生命和财产安全带来风险。自然界的运动是有其规律的，人们可以发现、认识和利用这些规律，降低风险事故发生的概率，减轻损失的程度。

(2) 社会属性

不同的社会环境下，风险的内容不同。风险是在一定社会环境下产生的，这是风险的社会属性。风险事故的发生与一定的社会制度、技术条件、经济条件和生产力等都有一定的关系，如战争、冲突、瘟疫、经济危机、恐怖袭击、车祸等是受社会环境影响和支配的。

(3) 经济属性

风险的经济属性强调风险发生后所产生的经济后果，即风险与经济的相关联性。只有当灾害事故对人身安全和经济利益造成损失时，才体现出风险的经济属性，也才因此称为风险。否则，不定义为风险。如股市风险、信用风险、企业的生产经营风险等，都可能造成相关的经济损失。

4. 风险的特征

风险具有以下 6 个主要特征。

(1) 风险存在的客观性

风险是客观存在的，是不以人的意志为转移的。风险的客观性是保险产生和发展的自然基础。人们只能在一定的范围内改变风险形成和发展的条件，降低风险事故发生的概率，减轻损失程度，而不能彻底消除风险。

(2) 风险损失发生的不确定性

风险是客观的、普遍的，但就某一具体风险损失而言，其发生是不确定的，是一种随机现象。例如，火灾的发生是客观存在的风险事故，但是就某一次具体火灾的发生而言是不确定的，也是不可预知的，需要人们加强防范和提高防火意识。

(3) 风险存在的普遍性

风险在人们生产生活中无处不在、无时不有，并威胁着人类生命和财产的安全，如地震、洪水、火灾、意外事故的发生等。随着人类社会的不断进步和发展，人类将面临更多新的风险，风险事故造成的损失也可能越来越大。

(4) 风险的社会性

没有人和人类社会，就谈不上风险。风险与人类社会的利益密切相关，时刻关系着人类的生存与发展，具有社会性。随着风险的发生，人们在日常经济生活中将遭受经济上的损失或身体上的伤害，企业将面临生产经营和财务上的损失。

(5) 风险发生的可测性

单一风险的发生虽然具有不确定性，但对总体风险而言，风险事故的发生是可测的，即运用概率论和大数法则对总体风险事故可以进行统计分析，以研究风险的规律性。风险事故的可测性为保险费率的厘定提供了科学依据。

(6) 风险的可变性

世间万物都处于运动、变化之中，风险也是如此。风险的变化，有量的增减，有质的改变，还有旧风险的消失和新风险的产生。风险因素的变化主要是由科技进步、经济体制与结构的转变、政治与社会结构的改变等方面的变化引起的。

5. 风险的构成要素

(1) 风险要素

风险要素包括风险因素、风险事故、风险损失。

① 风险因素：是指引起风险事故发生或增加损失频率或扩大损失程度的要素。通常根据性质将风险因素分为实质风险因素、道德风险因素和心理风险因素三种。

第一，实质风险因素(即物理因素，是有形的因素)：是指能直接影响某事物物理功能的因素。例如，大雾天气增加了发生汽车事故的机会，木结构房屋比砖瓦结构房屋更易发生火灾。

第二，道德风险因素：是指与人的品德修养有关的因素，即由于个人的不诚实、不正直或不良企图致使风险事故发生。例如，欺骗、纵火和盗窃等行为。

第三，心理风险因素：是指与人的心理状态有关的因素，是由于人们主观上的疏忽或过失，以致增加风险事故的发生机会或扩大损失程度的原因和条件。例如，生活无规律容易引发疾病，乱扔烟蒂容易引发火灾等。

② 风险事故：是指引起财产损失或生命健康受损的偶发事件。

③ 风险损失：是指非故意的、非计划的、非预期的经济价值的减少。

(2) 风险要素之间的关系

风险因素引发风险事故，风险事故导致风险损失。图 1-1 表示了风险要素之间的关系。

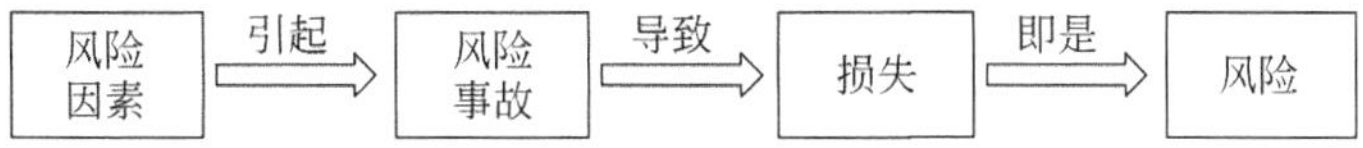

图 1-1　风险要素三者之间的关系

课堂讨论

试举例说明风险要素之间的关系。

6. 风险的种类

(1) 按风险形成的原因分类

① 自然风险：是指因自然现象、物理现象或其他物质风险因素导致的风险，如地震、海啸、雪灾等。

② 社会风险：是指由于个人或团体的不当作为对社会产生危害的风险，如抢劫、盗窃、罢工等。

③ 经济风险：是指在生产和销售等经营活动中因相关经济因素变动或决策失误导致经营失败的风险，如企业经营不善、破产、通货膨胀等。

④ 政治风险：是指因种族冲突、政治动乱、宗教冲突、叛乱、战争、国家之间的冲突等政治原因造成的风险。

(2) 按风险的性质分类

① 纯粹风险：是指只有可能损失而无获利机会的风险，如火灾、车祸等。

② 投机风险：是指那些可能有损失也可能有获利的风险，如买卖股票、博彩等。

概念辨析

纯粹风险与投机风险的区别：

① 纯粹风险在一定条件下具有一定的规律性，容易适用大数法则；而投机风险规律性不明确，不易适用大数法则。

② 纯粹风险对社会、企业、家庭、个人有损失的可能性，人们往往采取规避风险的方法；投机风险的获利性可能使其更具有诱惑力，使爱好风险的人们甘愿去冒风险。

③ 保险主要保纯粹风险，投机风险属不可保风险。

(3) 按风险产生的环境分类

① 静态风险：是指在社会经济正常情况下由于自然力的不规则运动或者因人们的错误或失当行为所导致的风险，如洪灾、火灾、欺诈、呆账、破产等。

② 动态风险：是指以社会经济、政治的变动为直接原因的风险，如市场结构调整、人口增长、环境改变等。

概念辨析

静态风险与动态风险的区别：

① 静态风险一般只对某些个体产生损害影响，而动态风险的影响范围则较为广泛。

② 静态风险对个体来说，风险事故发生是偶然的、不规则的，但就社会整体而言有一定规律，相对于动态风险规律性更明显。

(4) 按风险危及的范围分类

① 财产风险：是指导致财产损失、灭失和贬值的风险。

② 人身风险：是指因人的死亡、残废、疾病、衰老等原因而引发的风险。

③ 信用风险：是指在经济交往过程中，债权人与债务人因一方违约造成对方经济损失的风险。

④ 责任风险：是指由于个人或团体因疏忽或过失行为，造成他人财产损失或身体伤害，依法承担民事法律责任的风险。

二、认识风险管理

1. 风险管理的概念

风险管理是指经济单位通过对风险的识别和衡量，采用合理的手段对风险实施有效的控制和处理，以最低的成本取得最大安全保障的科学管理方法。

风险管理的概念主要涵盖以下四个方面的内容。

(1) 对象：风险管理的对象是风险。

(2) 主体：风险管理的主体是经济单位，包括个人、家庭、企事业单位、社会团体或其他单位。

(3) 途径：风险管理的途径是通过对风险的识别与衡量，选择有效的管理方法。

(4) 目的：风险管理的目的是以最小的经济成本达到最大的安全保障。

个人(家庭)进行风险管理主要出于安全和经济方面的需要。个人(家庭)现在与未来的收支平衡、资产增值很大程度上取决于财务安全和风险管理。根据国际注册金融理财师协会的调查，无风险管理或理财规划的家庭遭受意外及其他事件造成的财产损失可达家庭财产总额的20%以上，最高可达100%，即所有财产损失殆尽。

知识链接

风险管理的起源与发展

风险管理起源于美国，20世纪中叶风险管理作为一门系统的管理科学被推出。经过20世纪50年代的推广，60年代的系统研究，70年代的迅速发展，直到1983年，美国风险与保险管理协会年会上通过了《101条风险管理准则》，风险管理才更加规范化、系统化。经过不断的发展，风险管理已逐渐形成了一套较为成熟的体系和方法。风险管理作为一门系统的管理科学，已经从单纯转嫁风险的保险管理发展为以经营管理为中心的全面风险管理，改革并促进了与金融领域的融合发展。

2. 风险管理的基本程序

风险管理的基本程序如图 1-2 所示。

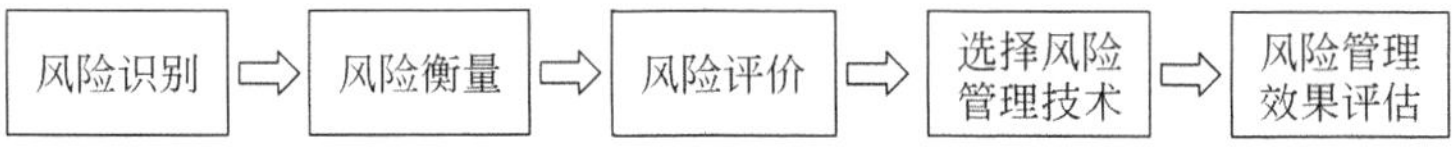

图 1-2 风险管理的基本程序

(1) 风险识别

风险识别是指系统地、连续地分析所面临的或潜在的风险类别、形成原因及其影响范围等。风险识别是风险管理的第一步,是风险管理的基础。因为风险是复杂多变的,需要持续、系统地研究风险的变化。识别风险可通过资料整理、历史经验推断来分析、归纳和总结。风险识别的方法有很多种,有财务分析法、保险调查法、流程图分析法、现场实地调查法、专家法等。要求风险管理者采用恰当的风险识别方法密切注意风险及其变化发展。

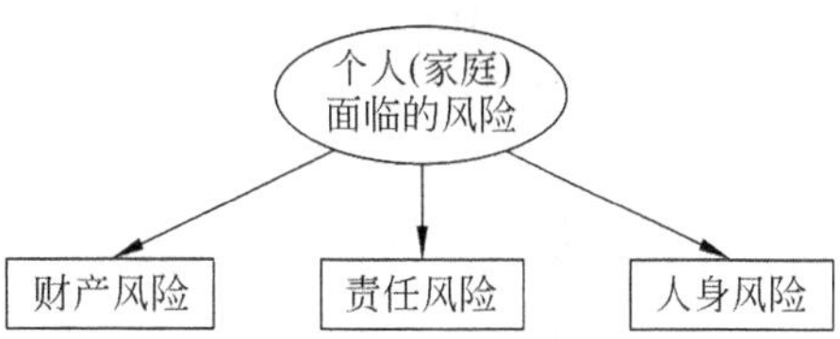

图 1-3 个人(家庭)面临的风险

对于个人和家庭来说,个人和家庭面临的纯粹风险可以分为财产风险、责任风险、人身风险三大类(见图 1-3)。其中财产风险的衡量包括财产直接损失及因财产损毁而引起的间接经济损失,对这一风险衡量的指标包括实际现金价值、重置成本、相关费用等。对责任风险的衡量取决于意外事故的严重程度及法院判决的损失赔偿金,最大可能的责任损失可以个人全部财富为限。对人身风险的衡量通常包括生理死亡(工作期间生命的提前死亡)、生存死亡(工作期间永久全残)及退休死亡(达到退休年龄出现的死亡)。

(2) 风险衡量与风险评价

风险衡量是指在风险识别的基础上,通过对所收集的大量资料进行分析,运用概率论和数理统计及其他科学方法寻找风险的损失规律。在这个阶段,风险管理人员通过对风险识别的信息整理,从而得到风险事故发生的损失频率和损失程度两项重要指标,为科学决策提供依据。

风险评价是指在风险识别和风险衡量基础上,结合其他因素,对风险事故发生的频率和损失程度进行全面考虑,评估风险事故的可能性和它的危害程度,并且与公认的安全指标相比较来衡量风险程度,并决定是否采取相应措施。风险评价主要通过比较风险损失与处理风险所需投入的费用,确定风险的最佳处理方法,达到低成本高效益,取得最大安全保障的目的。

(3) 选择风险管理技术

风险管理技术是风险管理中最为重要的环节。它根据风险评价的结果,选择、实施最佳风险管理技术方法,从而实现风险管理的目标。

对于个人和家庭来讲,许多个人和家庭面临的决策难题是为哪些风险投保、购买多少保险、自留多少风险。在现实中,某些个人和家庭购买了过多的保险,从保费支出角度看是不经济的,某些个人和家庭的保险显得严重不足,风险自留太多,一旦事故发生,就会出现家庭经济困难，使个人和家庭的经济生活受到重大打击，发生严重的财务危机，危及个人和家庭目标的实现。这时，就需要选择适用的风险管理技术。

风险管理技术主要有以下两类。

第一，控制型风险处理方法。

控制型风险处理方法是指在风险发生前防止和减少风险损失，在风险发生后降低风险事故损失的技术性措施。目的是针对经济单位所存在的风险因素，降低损失频率和减轻损失程度。具体方式主要有以下四种。

① 避免，是指放弃某项具有风险的活动来减少风险损失的一种风险处理方法，该种方式适用于那些损失发生频率高且损失程度大的风险。它的局限性在于有些风险无法回避，而有时回避了风险也同时失去相应的收益，还有就是回避了某种风险又有可能面临另一种风险。

② 预防，是指在风险损失发生前有针对性地采取有效处理措施，消除或减少可能引起损失的风险处理方法。

③ 抑制，是指在风险事故发生前做好准备，便于在事故发生时或发生后及时采取措施来防止损失扩大的风险处理方法。

④ 集合分散，是指增加同类风险的若干个风险单位数目，各单位共同分担少数单位可能遭受的损失，以达到降低风险的目的。

课堂思考

下列三种情况分别属于上述哪种风险处理方法？

① 多个投资者共同投资于一个项目。

② 在加油站设置提示禁烟标牌。

③ 在建筑物中设置消火栓和安全通道。

第二，融资型风险处理方法。

融资型风险处理方法也称财务型风险处理方法，是指通过财务计划或合同安排提留风险补偿资金，用以对风险事故造成的经济损失进行补偿的风险处理方法。具体有自留风险和转移风险两种方法。

① 自留风险，是指面临风险的经济单位或个人自己承担风险事故所致损失的一种风险处理方法。它通过内部资金融通或主动或被动自留风险。例如，人们因意外不会降临自己而被动自留风险，不采取保险方式；或组建专业的自保公司主动自留风险等。

② 转移风险，是指面临风险的企业或个人为避免风险损失将风险损失或与损失有关的财务后果转嫁给其他企业或个人承担的一种风险处理方法。

转移风险又分为以下两种方式。

首先，非保险转移方式，是指企业或个人通过经济协议或合同，将损失的法律责任或与损失有关的财务后果转嫁给另一些企业或个人承担。如承包、租赁、分包、签订免除责任等。

其次，保险转移方式，是指企业或个人通过与保险人订立保险合同，将其风险损失转嫁给保险人的一种风险管理方式。

表 1-1 所示为根据不同情况采取不同的风险处理方法。

表 1-1 风险处理方法选择

损失频率	高	低	高	低
损失程度	大	大	小	小
风险处理方法	避免风险	保险转移	预防、自留、抑制	自留风险

(4) 风险管理效果评估

风险管理效果评估是对所采用的风险处理方法的适用性和效益性及其实施情况进行分析、检查、评估和修正。在风险对策选定后,还要及时跟踪、调查,不断修正和调整计划。

对于个人(家庭)来讲,当个人(家庭)确定了最合适的风险管理计划或技术后,接下来就将涉及如何实施的问题。假设某个人认为自己的住宅需要购买保险,就可以直接到保险公司购买住宅保险,或者通过代理人、经纪人等中介机构购买相应的保险,并根据自己的风险状况和风险承受能力确定合适的险种、免赔额、保单限额。如果认为某些风险可以自留,但需要一定的储蓄作为损失融资来源,他就必须按需要准备足够的储蓄存款。

风险管理过程在实践中不是一劳永逸的,而是一个周而复始、循环往复的过程。随着经济单位各方面条件的变化,经济单位需要不时地对原有安排的充分性与有效性进行回顾和修改。

三、认识保险

1. 保险的概念

保险是最古老的风险管理方法之一。保险是以契约形式确立双方经济关系,被保险人支付一个固定金额(保费)给保险人,前者获得保证,即在指定时期内,后者对保险合同规定范围内的灾害事故所造成的损失进行经济补偿或给付。

《中华人民共和国保险法》第一章第 2 条明确指出:“本法所称保险,是指投保人根据合同约定,向保险人支付保险费,保险人对于合同约定的可能发生的事故因其发生所造成的财产损失承担赔偿保险金责任,或者当被保险人死亡、伤残、疾病或者达到合同约定的年龄、期限等条件时承担给付保险金责任的商业保险行为。”我们通常所说的保险是狭义的保险,即商业保险。

2. 保险的分类

根据不同的标准,我们可以将保险分为若干类型。保险的分类标准很多,不同的学者、不同的教科书有不同的分法。这里主要使用以下五个标准:保险标的、保险人承保方式、保险价值确定方式、保险金额与保险价值的关系、承保的客户。

(1) 财产保险、人身保险、责任保险

根据保险标的的不同,保险可分为财产保险、人身保险和责任保险。在每一个大类下,又可以细分为若干小类。例如,在财产保险中,有海上保险、火险、运输险、工程险等;在人身保险中,有人寿险、健康险、意外伤害险等;在责任保险中,有雇主责任险、职业责任险、产品责任险等。

① 财产保险是以物或其他财产利益为标的的保险。广义的财产险包括有形财产险和无形财产险。

② 人身保险是以人的生命、身体或健康作为保险标的的保险。

③ 责任保险是以被保险人的民事损害赔偿责任为保险标的的保险。

(2) 原保险、再保险、共同保险与重复保险

根据保险人承保方式不同,保险可分为原保险、再保险、共同保险和重复保险四种。

① 原保险是指投保人与保险人直接建立保险关系的保险。

② 再保险也叫分保,是指原保险人把自己承担的保险责任的一部分或全部转移给其他保险人的保险。

③ 共同保险又称共保,是由多个保险人联合起来共同承担同一标的的同一危险,并且保险金额总和不得超过保险标的的价值,发生保险责任时,赔偿是依照各保险人承担的金额比例分摊的保险。

④ 投保人以同一标的的同一危险同时向两个或两个以上的保险人进行投保,并且保险金额总和超过保险标的价值的保险就构成了重复保险。

(3) 定值保险与不定值保险

根据保险价值确定方式不同,保险可分为定值保险和不定值保险。

① 定值保险是指在保险合同订立时由当事人双方确定好保险标的的保险价值,并以此作为保险金额,载明于保险合同的保险。

② 不定值保险是指在保险合同中事先不列明保险标的的保险价值,仅列明保险金额作为赔偿的最高限度,等到保险标的发生保险事故后再确定其保险价值的保险。

(4) 足额保险、不足额保险与超额保险

根据保险金额与保险价值的关系不同,保险可分为足额保险、不足额保险和超额保险。

① 足额保险是保险金额与保险价值相等的保险。

② 不足额保险是保险金额小于保险价值的保险。

③ 超额保险是保险金额大于保险价值的保险。

(5) 个人保险与团体保险

根据承保的客户的不同,保险可分为个人保险和团体保险。

① 个人保险是指投保人是自然人,即家庭或个人为保障主体,以个人的名义购买保险单。

② 团体保险是指投保人为集体,投保的团体与保险人签订一份合同,集体内的所有成员为被保险人,每一被保险人均应有一份保险凭证。

四、风险管理与保险的关系

风险是保险产生和发展的自然基础。在风险管理中,不同的风险有着不同的处理方法,保险是转移风险损失的重要手段。所以,风险管理与保险有着密切的关系。

(1) 风险管理和保险都是以风险为研究对象。风险管理主要研究风险发生规律,运

用各种风险管理方式实现对风险的有效控制。保险则是以风险存在为前提，通过对风险规律的研究设计险种，开发业务，促进保险业发展。

(2) 风险管理和保险都以概率论和大数法则等数学原理作为分析的基础和方法。两者风险估测的科学基础相同。风险管理和保险都要在准确估测预期损失率的基础上达到以最低成本获得最佳安全保障的经济目的。

(3) 保险是风险管理的有效措施，被视为一种社会风险损失的经济补偿制度。通过保险可以把企业或个人承担的风险转嫁给保险公司，以较少的经济支出取得较大的经济保障。

第二节　理财规划基础知识

一、个人理财的相关概念

1. 为什么需要理财

(1) 人的一生要面临巨大的财务缺口

个人理财是现金流量管理，每个人一出生就需要用钱(现金流出)，假设我们在一生中的任何时刻都有收入，而且我们的收入永远等于或大于我们的支出，那么不理财也可以。但可惜的是，人的一生要面临巨大的财务缺口。

(2) 提升生活质量

每个人都希望更好地生活，而不只是满足于基本的生活需求。既要通过合理的家庭资产搭配组合保障资金安全，又要通过投资抵御通货膨胀对财富的侵蚀。理财就是要学会使用每一分钱，让资产稳定增值，从而保证整个家庭生活的正常运转，追求高品质的生活。

(3) 抵御人生的风险

个人(家庭)所面对的人生风险主要有两类：一类是微观风险，如失业、疾病伤残、意外死亡、财产损失等；另一类是宏观风险，一般是个人所无法控制的，如通货膨胀、金融风暴、政治动荡等。这些风险给我们的财务安全会带来一定程度的冲击。个人理财可以帮助人们事先采取有针对性的防范措施，当风险来临的时候就不会惊慌失措了。

案例

1万元1年缩水190元　中国人新年希望跑赢通胀

在过去的一年里，身为家里的“财政大臣”，徐妈妈切实地感受到了物价上涨以及负利率之下的储蓄的缩水，这也迫使这位向来把储蓄作为唯一理财方式的传统家庭主妇寻找更多的理财手段，确保家庭储蓄不再日益贬值。

实际上，这种追赶CPI的努力正在千千万万的中国家庭中发生。2011年，受到劳动力价格上涨等一系列因素的影响，中国全年CPI总水平比上年上涨5.4%，这意味着，按照目前3.5%的一年期定期存款利率计算，每一万元的实际缩水就达到了190元，而这种负利率的情况目前已经维持了22个月之久。

资料来源：http://bbs.clzg.cn.

此外，个人理财切忌盲目投资，一味地追求收益，让财富面临较大的风险。个人理财的价值也体现在，在承担同样的风险情况下尽量提高投资收益率，或者是在获得同样的投资收益率的情况下尽可能降低所承担的风险。

(4) 实现人生梦想

在人生的不同阶段，我们有着不同的梦想和需要，即我们的人生目标包括短期、中期和长期目标。我们都希望人生梦想能够成为现实，但"欲望无穷，资源有限"，只有通过理财检视个人的资产状况，进行资产配置，让有限的资源发挥最大的效用，才能完成我们的人生梦想。

2. 个人理财的含义

20世纪70年代，个人理财开始在一些发达国家和地区兴起，尤其是欧美等国家，个人理财规划已成为一个十分发达的行业。在中国，"个人理财"一词最早见诸20世纪90年代初期的报端，但个人理财在中国的发展速度非常快。随着中国经济的快速增长，中国股票、债券市场的扩容，商业银行、零售业务的日趋丰富和国民总体收入的逐年上升，个人理财在现代社会经济生活中扮演着越来越重要的角色。

实际上大到国家，小到企业、家庭、个人都可作为理财主体，进行理财。这本教材更侧重于个人(家庭)理财。个人(家庭)理财即以个人或家庭为主体的管理个人或家庭钱财的活动。在突出个人价值的西方，个人(家庭)理财主要就是个人理财。而在家庭观念较强的我国，主要以家庭为主体进行理财活动。

可以说，现代意义的个人理财，它不仅包括财富的积累，而且还囊括了财富的保障和安排。财富积累是指人们将在满足了个人或家庭的基本生活需要之后的剩余资金日积月累起来，形成一定规模的财富；财富保障的核心是对风险的管理和控制，也就是当自己的生命和健康出现了意外，或个人所处的经济环境发生了重大不利变化，如恶性通货膨胀、汇率大幅降低时，自己和家人的生活水平不至于受到严重的影响；财富安排是指资产配置，即将财富分散投资在不同种类的投资工具或资产类别上。个人理财也有风险，除了评估自身风险承受能力以及客观经济实力外，还需要咨询专业人士。

课堂思考

好的理财方案就一定是高收益的理财方案吗?

3. 如何理财

(1) 树立正确的理财观念

在理财活动中树立正确的理财观念，这对理财成功至关重要。理财观念决定理财行为，理财行为决定理财效果。

案例

我付不起和我如何才能付得起

在校大学生甲和乙，他们每月都从家里得到600元的生活费，每月都用完。现在他们想买台5000元左右的电脑，但这笔资金无法从家中获得，甲和乙对这个问题所持态度迥异：甲觉得自己付不起，也不去做相关的勤工俭学，学习成绩也不好，老是想着什么时候能有一笔意外之财，直到毕业也没有买电脑；乙则考虑如何才能付得起，并通过勤工俭学积攒钱，同时也不断地努力学习，每年都获得学校奖学金，两年的时间，就挣钱买了一台电脑。

通过上述的案例，我们得到怎样的启发呢？应有什么样的理财态度呢？

但并非每个人都有正确的理财观念，有的人甚至走入误区。

误区一：没钱，所以不用理财。

没钱，所以不用理财这种想法是错误的，无论有钱还是没有钱，都应该理财。对于没有钱的人，理财应该从开源与节流两个方面来看。有的人是工资收入过低，在支付必要的生活费用之后确实无财可理，这种类型的人应该努力提高自身在职场的竞争力，努力增加自身的劳动收入。另外一种人是自身收入较高，但是缺乏长远计划，对子女教育、退休规划、养老金准备没有足够的重视，从而过度消费。这种类型的人应逐步加强长远计划意识，减少消费支出，将剩余资金用于理财。

误区二：理财等同于投资。

理财不等于投资，投资仅仅是理财的一个方面。投资更侧重于财富的快速增值，以利益最大化为目标；而理财是长远的考虑，是为了使未来的生活更有质量，因此，它更注重资产的最优配置，会综合考虑投资者的资产负债状况、风险偏好程度等，最终寻求各项理财目标的实现。

误区三：理财麻烦且有风险。

由于目前理财产品的种类比以前更加多元化，且随着金融市场的逐步开放，投资品种也日趋复杂，对于普通投资者来说，理财确实变得越来越复杂，并且存在一定的风险。在这种情况下，对于工作较忙没有时间涉足相关领域的个人(家庭)，最好能更多地借助于专业人士，在评估自身主观风险承受能力以及客观经济实力之后，再进行理财投资。

误区四：等到年纪大点再理财。

凡事都要趁早，既然知道理财是一件对每个人都很有帮助的事情，越早开始理财会让今后的生活越轻松。比如购房计划、子女教育计划、养老计划等一系列大额刚性支出，若临到支出发生的时候才去准备资金就会十分仓促，甚至会造成理财目标无法实现。以子女教育为例，如果能在小孩刚出生的时候，每个月固定用一部分资金开始准备子女教育基金，就完全可以避免将来子女成年后需要的一次性大笔支出教育费用对家庭财务造成过大的冲击。

误区五：幻想一夜暴富。

认为理财就是“发财”是社会上对理财的一大误区，永远不要想着天上掉馅饼。理财不是为了发财，理财是为了做到未雨绸缪，让你的财务状况更平稳。理财应该抱有合理的预期，比如某人去年买基金，赚了一倍，千万别再想今年还能赚一倍。一部分人在与专业理财人士沟通时，一张口就要求一年的收益率不低于30%。理性地说，如能长期保持8%～10%的年收益就是不错的业绩了。

误区六：理财就是“随大流”。

很多人理财时随波逐流，一哄而上，别人炒股我也炒股，别人买基金我也买基金，不考虑自己的实际情况。有人看到同事买基金赚了20%，自己也回家拿出钱去买基金。但等他去买基金时，就挣不到钱了。在理财过程中如果被从众心理控制了，就会出现盲目投资的情况。

其实，理财是个性化的。每个人都有不同的财务状况和不同的生活目标，一定要从自身的实际情况出发，寻找适合自己的理财方式。

(2) 养成良好的理财习惯

美国理财专家柯特·康宁汉说过："不能养成良好的理财习惯，即使拥有博士学位，也难以摆脱贫穷。"个人(家庭)应培养以下良好的习惯。

① 开源节流。

科学理财最根本的方法就是"开源节流"，处理好个人(家庭)的收入与支出。一方面要增加新的收入来源；另一方面要减少不必要的开支。开源不仅包括努力工作，还要扩大个人(家庭)资产的对外投资，增加个人(家庭)投资收益和资本积累。节流不仅包括压缩开支，也包括合理消费，合理利用借贷消费、信用消费，建立一种现代的消费观念。

② 储蓄的习惯。

储蓄是理财的第一步，即通过储蓄来进行财富积累，储蓄的意义并不在于存了多少钱，而在于可以形成一个整体观念，随着存款的增加，财务上的安全感不断增强，激发对美好未来的追求。

③ 记账的习惯。

记账能对日常的收入和开支做出分析，了解哪些支出是必需的，哪些支出是可有可无的，从而更合理地安排支出。平日养成记账的习惯，可以清楚得知每一项目花费的多少，及时需要是否能得到满足，随时了解自己已经花了多少钱，不会入不敷出。

④ 善于计划的习惯。

理财是理一生的财，不是为了解决燃眉之急。理财是一项长期的经济活动，不能一蹴而就。理财的目的，不在于要赚很多很多的钱，而在于使将来的生活更有保障或生活得更好，善于计划对于理财很重要。

⑤ 学习理财知识的习惯。

学习理财知识，丰富自己的头脑，就可以少走很多弯路，生活中理财失败的案例比比皆是。理财知识会帮助你正确决策，防范理财风险，选择适合自己的理财机构、理财产品，对实现理财目标有很大帮助。

案例

胡适先生的"理财"生活

胡适先生是著名的学者、教育家、外交家。在步入中年之前，胡适一直收入丰厚，可谓始终处于社会的上层。1917年，27岁的胡适留学回国，任教于北京大学，月薪280银元。那时1银元相当于现在的人民币40多元，月薪合人民币11200元。除了薪水之外，他还有版税和稿酬。41 岁那年，胡适从上海回北大，任文学院院长，月薪 600 银元。当时他著作更多，版税、稿酬更加丰厚。每月收入大概 1500 银元。那时 1 银元约合现在的人民币 30 多元，月收入相当于现在人民币 45 000 元，年收入达到 50 多万元。他家住房十分宽敞，雇有 6 个佣人，生活富裕。但胡适不注重理财，是典型的"月光族"，长期没有积蓄。1937 年抗日战争爆发，当时胡适已步入中年，动荡不安的年代，收入也受影响，于是他的生活开始拮据起来，且持续余生。进入暮年，胡适每次生病住院，每每还没有完全治愈，医药费都告急，只能提前出院。

是什么原因造成胡适先生由富裕一族陷入财务危机的呢？事实告诉我们，不会理财使他的生活陷入窘迫。正因为如此，晚年的胡适曾多次告诫身边的工作人员："年轻时，要多注意留点积蓄。"

资料来源：刘彦斌. 理财有道. 北京：人民出版社，2007.

4. 个人理财的最终目标

个人理财的最终目标是实现个人的财务安全与财务自由。

(1) 财务安全

所谓财务安全，是指个人(家庭)对自己的财务现状有充分的信心，认为现有的财富足以应对未来的财务支出和其他生活目标的实现，不会出现大的财务危机。简单来说，就是依赖现有稳定、充足的现金准备可以维持个人(家庭)一段时间的财务支出和其他目标的实现。一般来说，个人(家庭)财务安全的衡量标准见图 1-4。

稳定、充足的收入	个人有发展的潜力	充足的现金准备	适当的住房	适当的财产和人身保险	适当、收益稳定的投资	社会保障	额外的养老保障计划

图 1-4 个人(家庭)财务安全的衡量标准

(2) 财务自由

根据收入是否与投入时间成正比，收入可分为主动收入和被动收入。其中，主动收入是与投入时间成正比的收入，如工资收入等；被动收入是指不与投入时间成正比的收入，如投资收入等。

所谓财务自由，用公式来表达就是：

财务自由＝被动收入＞全部支出

当个人(家庭)的被动收入大于全部支出时，个人(家庭)就不必依靠工资来维持生活，并且即使不再继续投入时间，资产也会继续增值。这时就达到了财务自由，投资收入将成为个人收入的主要来源。

总之，个人理财的目的，就是要以较低的成本，实现生命周期内消费的合理安排、财务风险的可靠保障以及钱财的最优跨期配置。可以说，个人理财主要围绕个人(家庭)财务问题展开，涉及怎样花钱、护钱和赚钱，也即消费、保障和投资三方面的问题。相应地，个人(家庭)理财结构也就由消费理财、保障理财和投资理财三方面构成，如表 1-2 所示。

表 1-2 个人(家庭)理财的实质和目标

项目 \ 理财结构	消费理财	保障理财	投资理财
实质	未来生活的财务安排	纯粹风险的财务保障	备用金的保值增值
目标	婚嫁安排 生育安排 子女教育安排 创业安排 购置固定资产安排 养老安排 遗产传承和丧葬安排	提供财产风险保障 提供责任风险保障 提供意外伤害风险保障 提供重大疾病风险保障 提供医疗住院风险保障 提供死亡风险保障	防止资产贬值 防止机会损失 争取较大收益 降低非系统性风险 降低投资管理成本

资料来源：赵立航. 保险理财规划理论与实践. 北京：中国财政出版社，2010.

5. 生命周期假说理论

(1) 生命周期假说理论概述

所谓“生命周期”，是指人的一生，是一个自出生、成长、结婚、育儿，直至养老死亡的过程。生命周期假说理论是由美国经济学家佛朗哥·莫迪利亚尼和 R. 布伦伯格于 1954 年提出来的。该理论认为生命是有限的，人的一生可以分为年轻时期、中年时期和老年时期三个阶段。一个人一生的财富累积状况就像驼峰的形状。在年轻时期，人们拥有的财富很少，逐渐开始累积；到退休之前的中年时期，财富累积到最高峰；退休之后，财富又开始减少。在财富的累积过程中，可能会有遗产或赠予，因此莫迪利亚尼的财富分配模型将这项因素也纳入其中。根据莫迪利亚尼的估计，可能有 20%的财富来自遗产与赠予，但剩下的 80%呈现驼峰式的变化。

莫迪利亚尼与布伦伯格有一项重要发现，那就是把单个家庭的储蓄加总，即不再着眼于单个家庭，而是整个经济体系时，虽然不同国家的每个人在不同的生命周期中都有相同的行为，但各国的总体财富(总体储蓄)大相径庭。换言之，有的国家没有任何储蓄，有的国家却数量可观，为什么？因为国家总体储蓄的主要决定因素并不是所得而是经济增长。一个国家的发展愈快，用以储蓄的所得愈高；发展愈慢，那么储蓄也将愈少。假如没有发展，那么总的储蓄将为零。生命周期假说理论把消费与一生收入和财富联系起来，具有重要意义。它是理财规划的理论基础。

(2) 生命周期假说理论与理财规划

人的生命是有限的，在这有限的生命中，理财将伴随人生的每个阶段。而在不同的阶段，每个人的财务状况、获取收入的能力、财务需求与生活重心等都不尽相同，其理财目标也会有所差异，所以针对不同的阶段需采用不同的理财策略(详见表 1-3)。

我们把由几个不同阶段组成的人的一生称为人的生命周期，相应的，对于家庭，即有家庭生命周期的概念，即家庭是由不同的阶段组成的。一般来说，可以把家庭生命周期分为以下五个阶段：青年单身期、家庭形成期、家庭成长期、家庭成熟期、退休养老期。

① 青年单身期。

青年单身期是指参加工作至结婚的时期，一般为 1～5 年。在这一时期，人们刚参加

表 1-3　不同生命周期、不同家庭模型下的理财规划表

生命周期	家庭类型	理财需求分析	理 财 规 划
青年单身期	青年家庭	租赁房屋 满足日常支出 偿还教育贷款 储蓄 小额投资经验积累	现金规划 消费支出规划 投资规划
家庭形成期	青年家庭	购房买房 子女出生和养育 建立应急基金 增加收入 风险保障 储蓄和投资 建立退休金	消费支出规划 现金规划 保险规划 投资规划 税收规划 子女教育规划 退休养老规划
家庭成长期	中年家庭	购买房屋、汽车 子女教育费用 增加收入 风险保障 储蓄和投资 养老金储备	子女教育规划 保险规划 投资规划 退休养老规划 现金规划 税收筹划
家庭成熟期	中年家庭	提高收益稳定性 养老金储备 财产传承	退休养老规划 投资规划 税收规划 现金规划 财产分配与遗产规划
退休养老期	老年家庭	保障财务安全 遗嘱 建立信托 准备善后费用	财产分配和遗产规划 现金规划 投资规划

资料来源：中国就业培训技术指导中心. 理财规划师基础知识. 北京：中国财政经济出版社，2007.

工作，收入比较低，消费支出大。这一时期的主要任务是提高自身素质和技术水平，理财的重点是增加储蓄，培养未来的获利能力。这一时期的财务状况是资产较少，可能还有负债（如银行贷款、父母借款），甚至净资产为负。理财优先顺序是：节财计划＞资产增值计划＞应急基金＞购置住房。

课堂思考

作为大学生，我们该如何理财呢？

② 家庭形成期。

家庭形成期是指从结婚到新生儿诞生的时期，一般为 1～5 年。这一时期是家庭的主要消费期。在这一时期，家庭经济收入增加而且生活稳定，已经有一定的财力基础。为提高生活质量往往需要较大的家庭建设支出，如购买高档消费品；贷款买房的家庭还须每月固定支出一笔不小的费用。因此，这一时期理财的重点是合理安排家庭建设支出，可适当

进行投资，但最好选择一些安全稳健的投资品种。理财优先顺序是：购置住房>购置硬件>节财计划>应急基金。

③ 家庭成长期。

家庭成长期是指从小孩出生直到上完大学的时期，一般为20年左右。在这一时期，家庭成员不再增加，家庭成员的年龄都在增长，家庭的最大开支是保健医疗费、学前教育、智力开发费用等。同时，随着子女的自理能力增强，父母精力充沛，又积累了一定的工作经验和投资经验，投资能力大大增强，可以尝试有一定风险的投资。

但在这一时期的后几年，由于要准备子女上大学的费用，因此应投资一些流动性好的品种，避免高风险的投资，保证资金的流动性，合理安排子女的教育和生活开支。理财优先顺序是：子女教育规划>资产增值管理>应急基金>特殊目标规划。

④ 家庭成熟期。

家庭成熟期是指子女参加工作到家长退休为止的时期，一般为5～10年。在这一时期，家长自身的工作能力、工作经验、经济状况都达到高峰，子女已完全自立，债务已逐渐减轻，理财的重点是扩大投资。在这一时期的后几年，因为要面临退休，所以家长应提前考虑退休以后的生活安排和投资。理财优先顺序是：资产增值管理>养老规划>特殊目标规划>应急基金。

⑤ 退休养老期。

退休养老期（家庭衰退期）是指退休以后的时期。这一时期主要是安度晚年，理财的重点在于生活支出的安排、资产的保全。在这一时期的后期，还应做好财产的传承安排。理财优先顺序是：养老规划>遗产规划>应急基金>特殊目标规划。

二、个人理财规划与保险规划

1. 个人理财规划的概念

个人理财规划是根据客户财务与非财务状况，运用规范的方法并遵循一定程序为客户制订切合实际、可操作的某一方面或一系列相互协调的规划方案，包括现金规划、消费支出规划、保险规划、税收筹划、投资规划、教育规划、退休养老规划、财产分配与传承规划等。个人理财规划的定义强调以下几点。

(1) 个人理财规划是全方位的综合性服务，它不局限于提供某种单一的金融产品，而是针对客户不同阶段的各种理财目标进行全方位、多层次、个性化的服务。

(2) 个人理财规划强调个性化。每个客户都有自己独特的财务与非财务状况，并且往往差异巨大，这就决定了理财规划服务不可能有一成不变的模式，而是因具体情况而异。

(3) 尽管个人理财规划经常以短期规划方案的形式表现，但就生命周期而言，个人理财规划是一项长期规划，它贯穿人的一生，而不是针对某一阶段的规划。

(4) 个人理财规划通常由专业的理财人士或资深的投资人士为客户提供。

2. 保险规划的定义

保险规划是指经济单位通过对风险的识别、衡量和评价，选择与优化组合各种风险管理技术，对风险实施有效控制和妥善处理的安全保障和经济利益行为。它是在分析和测算个人(家庭)保险需求的基础上,科学安排保险产品,满足个人(家庭)保险需求的过程。

3. 保险规划在个人或家庭理财规划中的功能和作用

今天,人们已经能够运用许多工具进行理财。然而,在这许多工具中,只有保险是可以同时用于消费理财、保障理财以及投资理财的万能工具。保险规划作为实现个人(家庭)财务安全最科学有效的方式,主要体现在它对消费理财、保障理财和投资理财,也即家庭理财的作用上。

(1) 风险保障

目前,我国的社会保障制度不是很完善,并且家庭对灾害的承受能力比较脆弱,不论是家庭成员的生老病死,还是火灾、水灾对家庭的冲击都是巨大的。家庭在平时资金宽裕的情况下缴纳保险费,而在面临危难时得到援助,使生活能够得以正常维持,这是保险最根本的职能,也是家庭理财规划中对保险的基本定位。

(2) 储蓄功能

对于长期寿险,保单现金价值的存在使得保单具有储蓄功能,并且保单现金价值采取复利计算账户收益,即在保险期内投资账户中的现金价值以年为单位进行利滚利。而像银行等其他理财产品主要采取单利,即一定期限、一定数额的存款会有一个相对固定的收益空间。不论是固定收益还是采取浮动利息,在理财期限内,银行理财产品都采取单利计算。从这个角度看,部分寿险产品在储蓄生息方面具有一定优势。

(3) 资产保护功能

在特定条件下,寿险保单能够起到资产保护的功能。以企业主为例,当由于债权债务问题发生法律诉讼时,银行里的资金,甚至股票、房地产等都可能被冻结。但是,投保形成的人寿保单的相应价值不受影响。因为人寿保险合同是以人的寿命和身体为保险标的,依据《保险法》,未经被保险人书面同意,保单不得转让或者质押,因此当所有的财产都被冻结甚至拍卖时,人寿保险的保单不会被冻结和拍卖,而其保单贷款功能则又使其成为最好的"变现"工具。即便企业主遇到破产情形,也不会因此一贫如洗。

(4) 融通资金功能

保险,尤其是长期寿险,可为投保人提供临时的融资功能。这种功能主要通过保单质押贷款来实现。保单质押贷款的根本作用在于能够满足保单的流动性和变现要求。金融理论认为,流动性是金融资产的基本属性,几乎所有的金融资产都需要有流动性和变现能力,保险单作为一种金融资产也不例外。一般金融资产的流动变现能力是依靠二级市场的资产交易得以实现的。但人寿保险保单具有长期性的特征,同时它不能通过建立二级市场和保单交易来实现其流动性变现要求。因此,为赋予保单一定的流动性和变现能力,寿险公司设计出各种保单质押贷款。

就提供变现、融资的渠道来看,保单质押贷款有别于商业贷款,主要体现在:①保单持有人没有偿还保单质押贷款的法定义务,由此保单持有人与保险公司之间并非一般的借贷关系;②保险人只需要根据保单的现金价值审批贷款,不必对申请贷款的保单持有人进行资信审查,而商业贷款,银行则有严格的审查。对保险公司而言,保单质押贷款业务可以看做一项附加服务,管理成本较低。对于投保人而言,利用保单贷款是一种较为便捷的获得临时资金的方式。

(5) 避税功能

利用合法的手段,在节省上缴税收额度的情况下,为员工、自己或家人增加一份收入,就是很好的理财。保险在这方面有着独特的功能。

① 企业可以合法地为员工投保进而达到避税的目的。

根据有关规定,企业拿出职工工资总额的4%为员工办理商业保险是完全免税的,如若补缴金额较大的还可以获得"不低于三年的期内分期均匀扣除费用"的权限;同时,由于员工将来从保险公司获得的保险金按税法规定也同样是免税的,因此不论是企业还是个人都可以获得资产保全。

② 保险是规避遗产税的有效工具。

我国已经开始讨论并出台了《中华人民共和国遗产税暂行条例(草案)》(2010年新版草案),这意味着遗产税的征收已经纳入国家法律健全化的日程。根据草案,遗产越多,税率就越高,最高可达50%。

(6) 规避通货膨胀及利率风险功能

目前我国投资渠道极为广阔,人们可以选择银行存款、股票、房地产、债券和外汇等多种投资方式,这些投资方式显然受到通货膨胀及利率波动的影响,而保险产品则具有较强的稳定性,它本身就是一种分散风险的理财行为,其预定利率具有前瞻性且一般对国家的利率变化并不特别敏感,如变额寿险(即投资连结保险)、万能寿险正是为应对通胀及利率风险而产生的。变额寿险的保险金额由两部分构成:一部分是最低给付金额;另一部分是其保费分离账户产生的投资收益。万能寿险又称为综合人寿保险,居民个人可以根据自己的缴费能力及保单的现金价值决定缴费甚至暂停缴费,而且缴费多少也可根据个人对保险金额的变更而变更(在万能寿险中客户可以增减保险金额),这是一种非常灵活的险种。因此,变额寿险及万能寿险是集保障、投资功能于一体的创新型保险理财产品,能帮助投资者在不断变化的资本市场顺利实现其理财需求。

知识链接

不同投资理财工具的风险与收益比较

目前,可供家庭理财的工具比较多。然而,每一种投资工具和避险工具都既有它的长处,亦有它的不足。

债券:收益高于同期同档银行,风险小;但投资的收益率较低,长期债券的投资风险较大。

存款:安全性最强;但收益率太低。

股票:可能获得较高投资收益,套现容易;但需面对投资风险、政策风险、信息不对称风险。

证券投资基金:组合投资,分散风险,套现便利;但风险对冲机制尚未建立。

黄金和投资金币:最值得信任并可长期保存的财富,是抵御通货膨胀的最好武器之一,套现方便;但若不形成对冲,物化特征过于明显。

外汇：规避单一货币的贬值和规避汇率波动的贬值风险，从交易中获利；但人民币尚未实现自由兑换，普通国民还暂时无法将其作为一种风险对冲工具或风险投资工具来运用。

房地产：规避通货膨胀的风险，利用房产的时间价值和使用价值获利；但也需面临投资风险。

寿险保障型产品：交费少，保障大，但面临中途断保的损失风险。

寿险储蓄型产品：强化避险机制，个性化强；但其预定利率始终与银行利率同沉浮。

寿险投资型(分红)产品：具有储蓄的功能，有可能获得较高的投资回报，但前期获利不高，如果交费期内退保，将遭受经济上的损失。

家庭财产保险：花较少的钱获得较大的财产保障。

投资连结保险：可能获得高额的投资回报，但有较高的投资风险，前期的投资收益并不高。

期权：有限风险无限获利潜能，但产品复杂，驾驭难度大。

资料来源：http://finance.sina.com.cn.

4. 保险规划和理财规划的关系

个人理财具有综合性。这种综合性表现在理财发生在同一个主体身上，理财涉及同一个口袋里的钱。个人理财的综合性，决定了作为理财规划的一个有机方面和重要手段，保险规划渗透在理财规划之中。作为个人理财的内容之一，保险规划与投资规划等其他规划更是紧密相关。制订保险规划必须以全面的理财规划为依托，不能脱离对客户财务情况的全面了解和分析，不能忽略与其他理财规划的协调和平衡。因此，个人理财综合性对保险规划的要求，就是保险需求必须根据其他替代性资源来确定，保险规划必须纳入总的理财规划中谋划。

单独进行保险规划，就保险卖保险，容易违背个人理财综合性对保险规划的要求，容易脱离客户理财的实际，难以满足客户对综合理财的需求。其实质，就是以保险公司为中心，以保险产品为导向；而其结果，必然是遭到市场的冷遇和抛弃。

总之，个人理财是个人保险的客观基础和理论依据，保险规划是解决个人理财问题的手段和途径。

本章小结

风险是指一种客观存在的、损失的发生具有不确定性的状态。

衡量风险的主要指标包括损失发生频率和损失程度。

风险的构成要素包括风险因素、风险事故和风险损失。

按风险形成的原因可分为自然风险、社会风险、经济风险、政治风险；按风险的性质可分为纯粹风险、投机风险；按风险产生的环境可分为静态风险、动态风险；按风险危及的范围可分为财产风险、人身风险、责任风险、信用风险。

风险管理是经济单位通过对风险的识别和衡量，采用合理的手段对风险实施有效的控制和处理，以最低的成本取得最大安全保障的科学管理方法。其程序包括风险识别、风险衡量、风险评价、选择风险管理技术以及风险管理效果评价。

风险管理的处理方法可分为控制型风险处理方法和融资型风险处理方法。控制型风险处理方式主要有避免、预防、抑制和集合分散；融资型风险处理方式主要有自留风险和转移风险两种方式。

个人(家庭)理财即以个人或家庭为主体的管理个人或家庭钱财的活动。

个人理财的最终目标是实现个人的财务安全与财务自由。

生命周期是指人的一生，是一个自出生、成长、结婚、育儿直至养老死亡的过程。家庭生命周期分为以下五个阶段：青年单身期、家庭形成期、家庭成长期、家庭成熟期、退休养老期。

个人理财规划是根据客户财务与非财务状况，运用规范的方法并遵循一定程序为客户制订切合实际、可操作的某一方面或一系列相互协调的规划方案，包括现金规划、消费支出规划、保险规划、税收筹划、投资规划、教育规划、退休养老规划、财产分配与传承规划等。

保险规划是指经济单位通过对风险的识别、衡量和评价，选择与优化组合各种风险管理技术，对风险实施有效控制和妥善处理的安全保障和经济利益行为。

保险规划在个人或家庭理财规划中的功能和作用体现在风险保障、储蓄、资产保护、融通资金、避税、规避通货膨胀及利率风险这六大方面。

思考与练习

一、名词解释

风险　保险　风险管理　个人理财　财务安全　财务自由　生命周期　理财规划　保险规划

二、判断题

1. 理财就是财富的积累。(　　)
2. 理财没有风险。(　　)
3. 当家庭的被动收入大于主动收入时，财务自由就实现了。(　　)
4. 理财规划的模式是一成不变的。(　　)
5. 进行任何理财规划前应首先考虑及重点安排保险保障。(　　)

三、单项选择题

1. 风险按承担的主体分类可分为(　　)。

   A. 团体风险　B. 政府风险　C. 个人与家庭风险　D. 以上都对

2. 不属于融资型风险处理方法的是(　　)。

   A. 自留风险　B. 转移风险　C. 保险转移风险　D. 集合分散

3. 风险管理的对象是(　　)。

   A. 保险　B. 风险　C. 个人　D. 家庭

4. 关于保险理财,下列说话错误的是(　　)。

A. 理财越早越好　　B. 理财是一种习惯

C. 理财就是投资　　D. 穷人也要理财

5. 理财规划的必备基础是(　　)。

A. 现金规划　　B. 保险规划　　C. 税收规划　　D. 投资规划

6. 某在校大学生,今年 20 周岁。根据生命周期假说理论,他应当优先选择(　　)理财策略,进行有效的理财。

A. 储蓄　　B. 风险投资

C. 消费　　D. 准备应急基金

7. 某人现年 49 周岁,事业蒸蒸日上,子女已读高中,根据生命周期理论,他应当属于(　　)。

A. 家庭形成期　　B. 家庭成长期

C. 家庭成熟期　　D. 家庭衰退期

四、简答题

1. 简述生命周期的各个阶段。
2. 简述不同家庭类型的理财需求。
3. 简述保险规划在个人或家庭理财规划中的功能与作用。
4. 简述保险规划与理财规划的关系。

五、案例分析

你目前的理财习惯有哪些?还有哪些理财习惯需要养成?如何制订理财计划?

第二章

保险理财规划的历史背景与客观条件

学习目标

通过本章的学习，学生应熟悉保险理财规划的历史背景；了解保险理财规划的条件。

案例导入

2011 年国庆黄金周已经顺利收官，据有关部门预计，黄金周期间，全国有超 3 亿人次出游，创下历史新高。而商务部的统计数据显示，全国零售和餐饮企业销售额近 7000 亿元，出游人数与销售额两项数字均创历史纪录。

近几年，旅游已经成为人们消费的重要内容。人们似乎越来越想明白了，似乎越来越懂得注意生活质量了。

从花钱满足有形的温饱，到花钱买无形的精神需求，随着人们生活水平的不断提高，消费和理财的观念也发生了巨大变化，从一味的俭省到一分分的存钱，再到现在的花钱享受，学会了挣钱，也学会了花钱，从不懂何为理财到成为理财的行家里手。

资料来源：http://club.china.com.

第一节　保险理财规划发展的历史背景

收入的结余是理财的前提，而收入却与一个人的成长有关。个人的成长是宏观经济的微观反映，与社会经济的发展有着密切的联系，同时人们的理财观念也随着社会经济的发展，发生了翻天覆地的变化，可以说人们理财观念的变迁过程也是个人经济的历史发展过程。

一、个人经济的历史发展

1. 20 世纪 50 年代：节俭光荣、消费可耻

新中国成立后，人民当家做主，过上了安稳日子。但由于收入低，家家户户过的都是紧日子。那时老百姓的理财观就是看谁更勤俭节约，借钱过日子是令人耻辱的。用一句话来概括就是“新三年，旧三年，缝缝补补又三年；你没钱，我没钱，社会主义刚发展”。这种现象一直延续到 20 世纪 70 年代末。

2. 20 世纪 60 年代：商品短缺、凭票购买

20 世纪 60 年代我国进入严重商品短缺时代。为保障人民生活基本需要，各种票证

应运而生，老百姓的喜怒哀乐都跟一张张小票证相连。要说那时老百姓有什么理财观念，就是用少得可怜的收入，凭票按时按量地买到那点少得可怜的吃穿用品。有一句顺口溜“副食品，粮布票，它比生命还重要；半斤肉，二两油，宝书一举不知愁”，就是那时生活的真实写照。这种现象一直到20世纪80年代中后期才逐渐消失。

3. 20世纪70年代：吃饱肚子、钱存银行

从20世纪70年代开始，老百姓的“革命”热情开始降温，消费欲望逐渐抬头。当时老百姓的理财观念普遍出现，除了维持较低的吃穿用度，填饱肚子外，想尽一切办法在银行存钱，为的是早日买上自行车、手表、缝纫机三大件。当时有一句顺口溜是这样形容的，“自行车，半导体，不吃不喝也要你；绿军褂，警察蓝，纳双鞋底就过年”。这种情况直到20世纪80年代末期才告结束。

4. 20世纪80年代：能挣会花，告别贫困

从20世纪80年代开始，我国改革开放正式启动，从此，中国老百姓走上了一条致富之路。人们的理财观念也随之发生了巨大转变，勤俭节约让位于能挣会花，最大消费的自行车等三大件让位于彩电、冰箱、洗衣机等各种家用电器。“花钱买方便”、“时间就是金钱”的观念脱颖而出，鄙视经商变为以经商赚钱为荣。告别贫困，走向小康生活是老百姓最大的愿望和喜悦。正是“三轮车，一杆秤，跟着小平闹革命；十亿人，八亿商，做梦都想奔小康”。

5. 20世纪90年代：花明天的钱办今天的事

进入20世纪90年代，历经20多年的改革开放，中国人的衣食住行水平已经今非昔比。社会商品极大丰富，人民收入迅速提高。特别是随着保值储蓄的取消、利率的连连下调、利息税的征收等国家宏观货币政策的实施和股票、国债、保险、房地产、邮币卡等投资渠道的日益增多，使老百姓的消费、投资热情一浪高过一浪。老百姓的理财观念再次发生变化：量入为出与花明天的钱并存，重视个人资产增值与风险意识同在，盲目消费已成明日黄花，花钱买健康、买文化教育之风日盛。如何理财已成为大众最关心的话题之一。正所谓“你降息，我炒股，谁也别想做谁主；你敢花、我能挣，下辈的钱咱先用”。

6. 2000年以来投资理财口号演绎

自21世纪初，“理财”一词风靡大江南北，被广大老百姓所接受使用。随着理财思想逐步被接受，这些年先后出现了一些响亮的口号，展示着各种理财观念。

口号1：你不理财，财不理你。

此言可谓国人理财思想的启蒙句——既拓展了以往“开源节流”式的朴素理财思想，又反思了几千年来我们对财富的羞涩与不安，公开而底气十足地为家庭私有财富进行了呐喊。而后者的意义无疑更为重要。

口号2：理财就是钱生钱。

此句简单明了，直接指出理财中的主体内容：通过对现有财富的有效配置，实现财富的极大化。这从本质上解放了绝大多数家庭试图通过“储蓄”解决一切经济问题的传统思想。已经挣到的钱也是资源，需要盘活！幸福的生活不仅靠诚实劳动、合法经营，专业的投资安排对于财务自由的幸福生活，也是十分重要的——实际上，美国的“富爸爸”罗伯特·清崎先生,已经对财务自由进行了通俗的定义,即非劳动收入不小于支出。

口号 3:不要把鸡蛋放在一个篮子里。

此句直接强调家庭资产需适度分散,以便分散风险并获取可观收益。代表了社会公众对理财从呐喊到初步理解,以及具体操作的过程。

口号 4:理财,从规划人生开始。

这句话道破了理财的最大秘诀。先规划后理财,规划则是基于人生长期的目标,是为了实现人生责任和目标而进行的规划,注重长期投资发掘价值和必要保险的原则。

可以从以上信息得出一个结论:个人经济在人们 60 多年理财观念的变迁中分别经历了贫穷时代、消费时代以及理财时代,并呈现出鲜明的时代特征。

二、个人理财时代的基本特征

1. 短缺经济转向过剩经济

在短缺经济时期,生产是决定性的,谁拥有产品,哪怕只是产品指标,谁就拥有了最重要的市场资源。个人理财时代进入过剩经济时期,消费者拥有大量财富,掌握市场的话语权和决定权。谁拥有市场,掌握客户,谁就拥有一切。

2. 卖方市场转向买方市场

随着短缺经济走向过剩经济,经济问题的关键由生产不足转向有效消费需求相对不足,卖方市场转向买方市场。买方市场决定了保险营销必须真正转向以客户为中心,实行顾问式营销。客户顾问的身份,则要求客户顾问必须作为客户的代表,站在客户立场上维护客户利益。

3. 市场迫切需要一站式理财服务

钱多有钱多的烦恼。随着理财时代人们收入的大幅增加,人们碰到的理财难题也越来越多、越来越复杂——通货膨胀、纳税、债务、利率升降、股市动荡、购房购车的巨额开销、大笔的子女教育费用、突如其来的意外事故和疾病、即将面临的退休生活等,都会令人们烦恼不已。

生活中漫无目标,缺乏科学规划,不仅会损耗人们现有的金钱,而且会吞噬人们的赚钱机会。现代人生活节奏快,无暇顾及个人理财,迫切需要一站式理财服务,以有效降低理财服务的采购成本和管理成本。

4. 公司金融转向个人金融

由于财富向个人集中的趋势愈演愈烈,同时公司金融市场竞争日益激烈,利润日益摊薄,原来被忽略的个人金融引起人们的重视,逐渐取代公司金融成为金融业的主要利润来源和增长动力。金融业呈现出综合开拓的发展趋势,为个人综合理财提供了条件。

三、个人理财规划的起源与发展

个人理财规划业务首先出现在美国,其发展经历了初创期、扩张期、成熟稳定期三个阶段。

1. 初创期

现代理财规划思想起源于欧洲的贵族私人银行，发展于20世纪30年代的美国保险业，它是当时保险推销员推销产品的一种手段。1929年10月股票暴跌，证券业受到了极大的冲击，保险业得到了空前的发展。同时“大危机”使人们开始萌生了对个人生活的综合规划和资产配置的需求。在这样的背景下，一些证券投资顾问和保险推销员在进行产品推销的同时，也提供一些生活规划和资产运用的咨询服务，当时这些人员被称为“经济理财员”，尽管其主要目的是推销产品，却成为现代理财规划的萌芽，并显现出很强的生命力。

2. 扩张期

现代意义上的理财规划思想是在人类进入“金融经济”时代产生并得到发展的。在个人和家庭资产中，金融资产的比重越来越大，个人对理财的需求在范围上不断延伸的同时，在时间跨度上也开始扩展，跨越了个人及家庭的整个生命周期。因此，普通的以金融产品营销为特征的理财服务已经不能满足人们的需要，人们迫切需要的是一种专业的、全面的理财规划服务，这时，个人理财规划师就成为他们必要的帮手。

“二战”后，经济的复苏和社会财富的积累无疑使美国个人理财规划业进入了起飞阶段。社会、经济环境的变化逐渐使富裕阶层和普通消费者无法凭借个人的知识和技能来实现自己短期和长期的生活及财务目标。因此，消费者开始主动寻求称职的、客观公允的、以追求客户利益最大化为己任的专业理财规划人员获取咨询。

这一时期，个人理财规划业得到了飞速发展，从业人员不断增加。

3. 成熟稳定期

在理财规划师认证制度的推动下，个人理财业务逐渐发展成为一个独立的金融服务行业，出现了以客观、公允为执业准则的专业技术人员——个人理财规划师，他们的主要业务不再是销售金融产品及服务，而是为客户实现其生活、财务目标提供专业咨询，并通过规范的个人理财服务流程实施理财建议从而防止客户利益受到侵害。

个人理财规划师作为一个全新的职业，从20世纪90年代起逐渐占据了个人金融服务领域第一的位置。到目前为止，全球持有个人理财规划师执照的专业人士有9万人左右。除美国外，有英国、德国、法国、加拿大、日本以及我国香港和台湾等18个国家和地区加入注册理财规划师协会。

第二节　我国保险理财规划发展的基础与条件

我国正在大步迈入个人理财时代。在综合理财服务中开展保险规划，是市场的迫切需求，同时也已经具备了一定的基础与条件。

一、居民收入和财富快速增长

有财可理，才有理财。居民家庭财产的多少是衡量一个国家经济实力的主要依据之一，也是反映人民生活水平的一个主要指标。

改革开放前，我国居民收入有限，基本无财可理。改革开放以来，我国 GDP 年均增长达到 9.5%，是同期世界经济年均增速的 3 倍。随着经济的增长，居民收入直线上升。城镇居民人均收入由 1978 年的 344 元，名义增长到 2005 年的 10 493 元，提高了 30 倍。

据统计，我国居民的储蓄金额，1999 年 5 月底突破 6 万亿元大关，2002 年 5 月底，猛增到 8 万亿元，2005 年年底飙升到 14.7 万亿元，人均储蓄存款超过 1 万元。

二、恩格尔系数大幅下降

据国家统计局报告，2005 年，我国城镇和农村居民家庭的恩格尔系数分别下降到 36.7%和45.5%，与 1978 年的 57.5%和 67.7%相比，双双下降超过 20 个百分点，分别进入宽裕型和小康型社会。恩格尔系数的大幅下降，说明我国居民消费结构得到了显著改善，理财需求最迫切也最具理财活力的可自由支配资金日益增加。

三、个人财富增加

2002 年 9 月，伦敦的 Data Monitor 公司在对我国内地、韩国、新加坡和我国香港等地富人进行调查后发现，亚洲富裕人数正以每年 6.3%的速度增长。至 2001 年年底，净流动资产超过 5 万美元的富人已达 560 万人。我国内地的富人人数增长最迅速，比 1997 年增长了 14.9%，而他们所拥有的流动资产的数量增加了 20.4%。

四、进入低利率时代

2002 年 2 月 21 日，我国一年期银行储蓄年利率由 1996 年 5 月 1 日前的 10.98%，经过连续 8 次降息，大幅降低至税后的 1.584%，银行储蓄这一传统理财工具的投资功能大大削弱，促使人们将眼光投向更多的理财工具。与此同时，我国金融市场逐渐活跃，新的投资渠道和理财工具空前增多，个人(家庭)理财有了更多的选择余地。

五、个人自行理财难度增加

个人收入包括工资收入和投资收入两种。投资收入占个人总收入的比例，在美国已经达到 50%，而在我国仅有 2%。这说明，我们只是刚刚迈进理财时代。面对日益丰富而复杂的理财产品和组合技术，人们尚难以适应。在我们面前，个人理财前途虽光明灿烂，道路却漫长艰辛。

六、分配体制的改革

我国分配体制的改革使得国家和单位提供的福利保障大幅减少，建立养老、医疗、死亡保障准备金成为个人理财的重要问题。

由于独生子女政策的推行和平均寿命的增加，我国家庭呈现出倒金字塔型结构。今天 1 个小孩上面有 6 个成年人侍奉，明天他们长大工作成家以后，就会是两双手喂养 15 张口。

国民的老龄化加上家庭的小型化，使得每一个人都不得不重视养老问题。及早制订适宜的理财计划,保证晚年生活独立、富足,已经引起了人们的普遍关注。

七、个人理财意识加强,投资理财需求增加

形势的发展强烈地冲击着人们的传统理财观念,改变着人们的理财方式。随着经济体制改革的深化,人民收入大大提高,通过个人理财使资产保值增值的要求更为迫切。而随着社会保障制度改革的深入,意外伤残、医疗保健和养老保障完全依靠国家和单位已经成为历史。要终身享有良好的医疗保健服务,提高老年生活质量,个人就必须提前进行财务准备,善加统筹安排。

随着我国金融体制改革的不断深化和金融市场的逐步开放,我国金融市场逐渐活跃,投资渠道和理财品种空前增多,投资理财成为居民个人理财的新热点,而如何选择更妥善、更合理的理财工具,已成为每个家庭和个人普遍关心的焦点之一。

目前我国处于低利率时代,资本市场也处于低迷阶段,人们在追求投资回报时遇到了不少障碍。恰逢此时,寿险公司推出具有投资等功能的非传统寿险险种,满足了人们对投资理财的需求。

据《证券时报》报道,中国人民银行 2002 年的储蓄问卷调查结果显示,受第 8 次降息影响,第一季度有 11.6%的居民把"选择购买保险"作为其支出的重点,比上季度提高了 1.24 个百分点,已有 44%的居民以保险为其主要金融资产,列储蓄、股票、国债之后,为第四位。

八、缺乏与养老、医疗、死亡准备金投资相匹配的长期理财工具

未来生活准备金和保障准备金从建立到使用之间存在着时间差和数量差,这就自然产生了投资理财方面的财务问题。由于子女教育金、养老金和医疗金涉及金额巨大,需要较长的准备周期,这就产生了对既有保障功能,又有保值增值功能的理财工具的需要。然而,我国现有的理财工具均未满足这样的特殊需求。

1. 储蓄利率不断下调,连创新低,收益率锐减

2002 年 2 月 21 日,我国一年期银行储蓄年利率由 1996 年 5 月 1 日前的 10.98%,经过连续 8 次降息,大幅降低至税后的 1.584%,银行存款利率一再下调,对于单纯依靠储蓄进行资产保值的传统理财观念产生了较大的冲击。以居民储蓄总额 10 万亿元计算,存款利率每下降一个百分点,我国居民的利息收入便要减少 1000 亿元。考虑到银行利率收入还要缴纳利息税,可以说,银行储蓄的保值增值功能已经大大减弱。然而,由于种种缘故,许多人仍然为传统理财观念所桎梏,习惯于让钱躺在银行睡大觉,坐失更好的赚钱机会。

2. 股票、基金等新兴理财工具风险大

随着股票、基金等新兴理财工具的日益普及,人们的投资机会增加了,面临的理财难度和投资风险同时也成倍放大了。2001 年,在诸多系统风险的夹击下,上证综合指数从 6 月 14 日的 2245 点,一直下跌到 10 月 22 日的 1514 点,狂泻 731 点,4 个月跌幅 32.57%;同期深圳成分股指数从 4809 点下跌到 3143 点,跌幅 34.65%。从那以后,我国

股市一直萎靡不振。2005 年 6 月，上证综合指数跌破千点大关。95%以上的中小投资者亏损，亏损幅度平均超过 40%。股民们旧疤未好，又添新伤。当理财时代来临之际，上千万股民以多年的血汗钱交了第一笔理财学费，教训可谓惨痛。

3. 传统寿险收益率低

1998 年以来，我国出现了通货紧缩现象。然而，长期来看，通货膨胀对我国人民财产保值增值仍是最大的威胁。2012 年 11 月，中国社科院专家称当前在以银行存款为主的投资形势下，从 2001 年开始至 2011 年这十余年间中国养老金缩水近 6000 亿元。

通货膨胀对传统寿险的影响，主要在于预定的保险投资收益受到通货膨胀侵蚀，有些年份里甚至还赶不上通货膨胀的增长，其结果：一是投保人已有保险金额不够了；二是买保险不合算了；三是保险经营成果遭到侵蚀。

4. 社会保险保障程度低

在我国，社会保险实行广覆盖和低保障的原则。按照我国社会保险的缴费和领取办法估算，人们的养老金对退休前工资的替代率仅为 50%左右，医疗费的总体自负比例大约为 30%。这也就是说，人们要保持退休前的生活水平和较好的医疗水平，必须预先建立好补充性的养老和医疗准备金。

九、保险理财规划的政策法规依据

从保险资金的投资渠道来看，保险资金运用渠道的进一步拓展，是发展投资型寿险的必要前提。我国《保险法》规定，保险资金只能投资于银行存款、国债、金融债券等。为了适应入世的需要，国家放宽了对保险资金运用的限制。1998 年 10 月，中国人民银行允许保险资金进入全国同业拆借市场。1999 年，中国保监委出台保险公司购买中央企业债券管理办法，允许保险公司购买铁路、电力、三峡工程等企业债券；同年 10 月，国务院批准保险公司可通过购买证券投资基金间接入市，允许保险公司在控制风险的基础上，在二级市场上买卖已经上市的证券投资基金和在二级市场上认购新发行的证券投资基金。保险资金投资渠道的进一步拓展，不仅为投资型寿险的面市提供了宽松的法律制度和政策环境，而且为投资型寿险的产生提供了条件。

2002 年，中国人民银行出台《金融衍生品管理办法》，个人理财服务得到了法规上的正式认可与规范，构建个人综合理财服务平台拥有了政策上的依据。

2005 年 11 月 1 日，商业银行正式获准开办个人理财业务。

十、保险理财规划的形势与前景

1. 理财规划师的职业现状

理财概念与理财实务自进入中国以来获得了迅猛的发展。权威数据显示：目前持有国家理财规划师(CFP)二级、三级职业资格证书的金融从业人员已经超过 10 万人，遍及银行、证券、保险、投资等各个金融领域，服务于大众理财业务的第一线。

随着经济的发展，我国个人储蓄一直不断攀升，一方面说明普通百姓手中的钱越来越多；另一方面也为个人投资理财提供了充分的空间。现实中，一般人都不知道如何管理、使用自己手中的钱，据一项调查显示，近75%的人更愿意把钱存到银行，只有不到10%的人用这些钱去投资，而对个人理财有了解的人仅占6.5%，信任个人理财或已经委托做个人理财的人不到2%。

我国理财规划师是近几年才出现的，目前金融理财人员大多行使的是单项职能，不能满足人们不断看涨的理财服务需要。据专业理财网站的一项调查表明，人们在没有得到专业理财人员的指导和咨询时，一生中损失的个人财产高达20%甚至100%。

在《2005年全球财富报告》中，个人财富的概念由房产、汽车、银行存款扩展到了保险、债券、股票、基金、古玩字画、珠宝首饰等，这让普通百姓对"财富"有了新认识，由此，针对民众的理财规划师也逐渐引起了人们的关注。

与理财服务需求不断看涨形成反差，我国理财规划师数量明显不足，尤其是能够为客户提供全方位的专业理财建议，通过不断调整存款、股票、债券、基金、保险、动产、不动产等各种金融产品组成的投资组合，设计合理的税务规划，满足居民长期的生活目标和财务目标的人才，更是难求。

我国国内理财市场规模远远超过1000亿元人民币，一个成熟的理财市场，至少要达到每三个家庭就拥有一个专业的理财师，这么计算，中国理财规划师有20万人的缺口，仅北京市就有3万人以上的缺口。在中国，只有不到10%的消费者的财富得到了专业管理，而在美国这一比例为58%。

2. 前景与收入

理财规划师既可以服务于金融机构，如商业银行、保险公司等，也可以独立执业，以第三方的身份为客户提供理财服务。2001年，美国在包括总统等职位在内的"工作职位评鉴"排名中，理财师位列第一。随着过去近30年中国经济的快速发展，中产阶级和豪富阶层正在迅速形成，并有相当一部分从激进投资和财富快速积累阶段逐步向稳健保守投资、财务安全和综合理财方向发展，因而对能够提供客观、全面理财服务的理财师的要求迅猛增长。

在欧美，个人理财服务市场已相当成熟，个人理财师成为含金量较高的职业。做理财规划师收入非常丰厚。在过去6年中，中国理财业务每年的市场增长率达到18%，据国家经济监测中心公布的一项调查结果表明，约有70%的居民希望自己有个好的理财顾问，50%以上的人愿意支付顾问费。1997年，美国理财师平均年薪是11万美元，相当于大公司的中层经理。不同的是，他们中的很多人每年仅工作600小时。我国香港理财规划师去年最高收入达200多万港元。国内仅以目前银行内的个人理财方面的从业收入为例，处理一般个人投资业务的年收入在5万元左右，负责较大客户投资理财的经理年收入超过10万元，其中大部分是投资盈利带来的回报。国家理财规划专家委员会秘书长刘彦斌认为，国内理财规划师的年薪"应该在10万到100万元人民币之间"，是国内各大银行、证券公司、保险公司及其他金融机构热招的岗位，参考我国的宏观经济形势，不难预见理财规划师将成为继律师、注册会计师后，国内又一个具有广阔发展前景的金领职业。

延伸阅读

投连"正"道是沧桑

指挥官眼中的投连：在大多数保险企业的指挥官眼中，投连险正是保险企业实现"大干快上"目标的首选工具。

营销员眼中的投连：投连险被"指挥官"看好，也受营销员和销售代理渠道青睐。主要表现在：一方面是投连险"三利合一"无往不利；另一方面是投连险无坚不摧。

客户眼中的投连：观点1，买投连比买基金还要好；观点2，交给专家打理我放心；观点3，银行+保险=靠得住；观点4，条款反正看不懂，能赚钱就行；观点5，跟着大伙跑不会错。

为了揭开众说纷纭的投连险真正面纱，先来看看专家的观点。

专家：刘平(沈阳理工大学应用技术学院中国保险与保障研究中心主任)

观点：投连险本质是长线投资。投连险是一种与资本市场紧密相连的保险产品。买保险一是要保障；二是要投资。不管是保障，还是投资，都应是长线考虑，而不是短线投机。投连险的本质就是典型的长线投资产品。对保险客户而言，本应在银行利率高的时候买固定利率的保险产品以锁定收入，因为银行利率不会老是那么高，当银行利率下降时，由于购买的保险产品已经锁定了预定利率，客户即可获得超额利润；而在利率低的时候就不适合买固定利率的保险产品，应买分红型或投资连接型保险产品以期望通过分红或投资收益获得更多的利益，尤其是在资本市场处于低位的时候，更应该买投连险，因为随着资本市场的好转可以获得超额利润。现实中客户却往往在进行相反操作，在资本市场持续走强、处于高位的时候买投连险，在资本市场处于低位的时候却不敢买投连险了，这都是害人至深的误区。

专家：郝演苏(中央财经大学保险学院院长)

观点：最大的保险误区是所有人都买投连险。投连险产品本身并没有错，关键是如何向消费者讲明白产品。投连险的业务员不该将投连保单卖给不该买投连险的人。投连险产品应该定位在中高收入阶层，或者是对资本市场有认识的人群。一个市场上，产品多元化没有错，就怕一窝蜂，就怕不分青红皂白地盲目购买。如果再包括乡镇地区都开设品牌产品专卖店的话，那这个品牌也就差不多快玩完了。所以，对于投连险产品的销售与推广，一定要谨慎，首先要看看行业能不能把握住；其次要看对营销员的训练能不能到位。

专家：徐文虎(复旦大学保险系主任)

观点：消费者必须正确认识投连险的核心功能是保障。投资投连险并非毫无风险，由于没有保底收益，其风险比分红险和万能险要大得多。消费者必须正确认识投连险的核心功能是保障，绝不可将投连险当股票、基金一样高抛低吸，需做长期投资。

专家：王绪瑾(北京工商大学经济学院保险学系主任)

观点：保监会投连新规有利于保护投保人的利益。从2009年3月15日开始，保险公司不得通过银行的储蓄柜台销售此类保险，而被严格限制在银行理财中心和理财柜销售,同时新单趸交保费不得低于人民币3万元,这将有利于保护投保人的利益。防止有些被保险人把投连险误认为投连就是投资,投资必有盈利,同时也避免同银行的存款混淆起来。相对来说,使被保险人得到经济保障,使他的投资风险得到控制。

中国保监会日前发出《关于进一步加强投资连结保险销售管理的通知》,本次新规既是治理投连险销售误导的一剂“猛药”,也让命运多舛的投连险客户吃下一颗“定心丸”,投连险从此迈入一条符合我国特殊国情的沧桑“正”道。

(1) 用正确的人。新规第一个要解决的问题是如何“用正确的人”。导致投连险“十年一殇”的重要原因正是由于“用人失察”。新规规定:“投资连结保险销售人员必须拥有资格证书,且应至少拥有1年寿险销售经验,并无不良记录。投资连结保险销售人员应接受不少于40个小时的专项培训。”同时,保监会要求保险公司加强对农村地区销售投连险的管理,严防损害投保人和被保险人利益行为的发生。

(2) 通过合适的渠道。新规规定:“自3月15日起,银行储蓄柜台不得销售投连险,仅限于银行理财中心和理财柜销售。”此举等于监管层一针见血地指明“银行柜台销售”是投连险误导销售的重灾区!由于近年来银保代理的高手续费及高标准销售激励,使银行代理保险的积极性不断高涨,柜台销售人员的积极性也空前高涨。但投连险产品不同于普通保险产品,其设计复杂,专业性强,如果仅仅通过柜台说明就能签下保单,往往潜藏着诸多误导成分,容易损害投保人的利益。而银行理财中心和理财柜销售则能从一定程度上保证沟通的充分性和专业性,保护投保人的利益。

(3) 在正确的时间。正确的时间是指投连险推出的时间。不少保险公司往往将投连新品作为应对牛市的获利工具,殊不知,虽然在短期内能够借助高收益拉动产品销售量和扩大保费规模,却暗伏着收益率立马走“下坡路”的危险,很难保证投保该险种的客户质量。如果在熊市推出投连险,虽不能保证收益率迅速走高,但持续向好的趋势不会改变,在一定程度上保证了客户质量,也守住了投连险只能作为长线投资的这条底线。

(4) 面向合适的人群。一方面要排除不合适的人群。一是短期内想赚一笔的人不适合。就像如果有人有笔储蓄想为养老投资,但对于距离退休只有两三年年限的人不适合。一般经济周期是5年,至少有5年以上的投资规划,才可以选择投连险。投连险从长期来看,是通过定期定额投资熨平经济周期泡沫来战胜市场经济波动规律的。二是经济状况不稳定且没有一定基础的人不适合。经济状况不稳定,会造成缴费中断,容易造成退保损失。三是短期内急用钱的人不适合。手上有一二十万元,但两三年内就要买房或结婚,这笔钱是不适合用来购买投连险的。

另一方面要找准合适的人群。一是有长期投资规划目标的人。比如10~15年的教育金规划,10~15年创业金积累规划以及20~30年的养老投资规划,都非常适合投连险。根据资本市场的短期走势进行追加投保或退保都是不科学、不符合产品特性的行为。二是有一定风险承受能力的人。投连保险与分红、万能等保险产品不同,没有保底收益,是一个风险自担的产品,投保人应当有一定的风险承受能力。这里的风险承受能力与钱的多少无关,与年龄无关,但与理财知识有关。理财知识越丰富,越了解投连险的投资属性,就越不在乎短期的市场波动,就会越了解投连险只是承担短期的系统性风险，却能够抵御长期的通胀风险，并能充分发挥复利增值的巨大威力。三是投连险是一个适合中高收入人群的理财保险产品。由于投连险是长期的不保底的保险产品，购买投连保险的客户应具有一定的闲置资金和合理的资产配置，并且建议投保人购买较高的额度，才能弥补各类管理费用支出，达到一定的规模效应。这也是新规规定“新单趸交保费不得低于人民币3万元”的重要原因。

资料来源：http://www.cs.com.cn.

本章小结

个人经济在人们60年理财观念的变迁中分别经历了贫穷时代、消费时代以及理财时代，并呈现出鲜明的时代特征。

个人理财时代的基本特征：短缺经济转向过剩经济；卖方市场转向买方市场；市场迫切需要一站式理财服务；公司金融转向个人金融。

我国保险理财规划发展的基础与条件：居民收入和财富快速增长；恩格尔系数大幅下降；个人财富增加；进入低利率时代；个人自行理财难度增加；分配体制的改革；个人理财意识加强，投资理财需求增加；缺乏与养老、医疗、死亡准备金投资相匹配的长期理财工具；保险理财规划的政策法规依据；保险理财规划的形势与前景。

思考与练习

讨论保险理财规划在我国的形势与前景。

第三章

保险理财规划的类型与流程

学习目标

通过本章的学习，学生应熟悉保险理财规划的基本类型；掌握保险理财规划的原则和基本流程；能够运用专业知识，帮助客户完成从保险理财需求调查、理财问题分析、确定保险理财规划目标和方案，到保险理财规划方案的实施与调整的全部过程。

案例导入

张女士，32岁，未婚，年薪15万元，在一家报社担任编辑工作。目前收入稳定，公司有基本社保，以及补充商业保险，没有额外商业保险。张女士目前主要担心以下几个问题。

(1) 随着年龄的增长和工作压力的增大，以及环境污染等因素，张女士担心自己的身体健康，毕竟医疗方面的花费仅仅依靠社保远远不够。

(2) 虽然不经常出差，但是出差的频率也较其他职业高，是否考虑购买一些意外险。

(3) 养老问题日渐凸显，让张女士开始担心未来的养老，希望早做打算。

针对张女士的情况，应如何做出保险理财规划呢？

第一节　保险理财规划的类型

一、传统寿险规划

传统型人寿保险规划偏重于保障人的生存或者死亡风险。传统型人寿保险又可以分为定期死亡寿险、终身死亡寿险、两全保险、年金保险四种。

(1) 定期死亡寿险提供特定期间死亡保障。保险期间经常为1年、5年、10年、20年或者保障被保险人到指定年龄时止。该保险不积累现金价值，所以定期死亡寿险一般被认为无任何投资功能的“纯净”的保险。定期死亡寿险价格一般低廉，适合收入较低或者短期内承担一项危险工作的人士购买。

(2) 终身死亡寿险提供被保险人终身的死亡保障，保险期间一般到被保险人年满100周岁时止。无论被保险人在100周岁前何时死亡，受益人将获得一笔保险金给付。如果被保险人生存到100岁，保险公司给付被保险人一笔保险金。由于不论被保险人何时死亡，保险人均要支付保险金，所以终身死亡寿险有储蓄性质，其价格在保险中是较高的。该保险有现金价值，有些保险公司的有些险种提供保险单贷款服务。

(3) 两全保险也称"生死合险"或"储蓄保险",无论被保险人在保险期间死亡,还是被保险人到保险期满时生存,保险公司均给付保险金。该保险是人寿保险中价格最贵的。两全保险可以提供老年退休基金,可以为遗属提供生活费用,特殊情况下,可以作为投资工具、半强迫性储蓄工具,或者可以作为个人借贷中的抵押品。

(4) 年金保险在约定的期间或被保险人的生存期间,保险人按照一定周期给付一定数额的保险金。年金保险的主要目的是为了保证年金领取者的收入。纯粹的年金保险一般不保障被保险人的死亡风险,仅为被保险人因长寿所致收入损失提供保障。

二、投资理财型寿险规划

投资理财型寿险规划侧重于投资理财,被保险人也可获得传统寿险所具有的功能。该类型保险可分为分红型保险、投资连结保险和万能人寿保险三种。

(1) 分红型保险是指保险公司将其实际经营成果优于定价假设的盈余,按一定比例向保单持有人进行分配的人寿保险产品。分红险的主要功能依然是保险,红利分配是分红保险的附属功能。分红保险的红利来源于死利差、利差益和费差益三方面。红利收益具有不确定性,与保险公司的实际经营成果挂钩,上不封顶,但也可能没有红利分配。也有客户为子女购买该产品,是为了合理规避未来可能开征的遗产税。

(2) 投资连结保险简称"投连险",是一种融保险保障与投资功能为一体的险种。投资连结保险保单持有人在获取保险保障之外,至少在一个投资账户拥有一定资产价值。投资连结保险的保险费在保险公司扣除死亡风险保险费后,剩余部分直接划转到客户的投资账户,保险公司根据客户事先选择的投资方式和投资渠道进行投资,投资收益直接影响客户的养老金数额。

(3) 万能人寿保险是指可以任意支付保险费以及任意调整死亡保险金给付金额的人寿保险。万能人寿保险具有弹性、成本透明、可投资的特征。保险期间,保险费可随着保单持有人的需求和经济状况变化,投保人甚至可以暂时缓交、停交保险费,从而改变保险金额。万能人寿保险将保险单现金价值与投资收益相联系,保险公司按照当期给付的数额、当期的费用、当时保险单现金价值等变量确定投资收益的分配,并且向所有保单持有人书面报告。万能险是抵御利率波动的利器。

三、非寿险理财规划

非寿险理财规划主要通过财产损失保险、责任保险对家庭、企业面临的各种财产风险、法律风险进行管理与规划。

(1) 财产损失保险是利用企业财产保险、家庭财产保险、家庭财产两全保险(指只以所交费用的利息作保险费,保险期满退还全部本金的险种)、机动车辆保险等保险产品来弥补被保险人因自然灾害及意外事故引起的直接经济损失的一类财产保险业务的总称。

(2) 责任保险是以被保险人的民事法律责任为保险标的的一类保险业务,主要包括公众责任保险、第三者责任保险、产品责任保险、雇主责任保险、职业责任保险等险种。

四、单一、组合保险规划

根据保险规划时选用金融产品的不同组合，保险理财规划可以分为单一保险规划、复合保险规划、综合理财保险规划。

(1) 单一保险规划。针对单一保险需求进行的规划，即单一保险规划。个人或家庭人身保险方面的单一保险规划，主要包括寿险规划、养老保险规划、健康保险规划、投资型保险规划，以及子女教育金保险规划；个人和家庭财产保险方面的单一保险规划，主要包括汽车保险规划、家庭财产保险规划、个体或合伙企业保险规划。例如，人到中年，希望通过保险公司业务人员了解一下自己需要准备多少养老金，怎样制订和执行养老金投资计划。再如，新买了一部车，需要了解增添了哪些风险，需要衡量这些风险的大小，需要决定如何处理这些风险。

案例

王女士一家去美国旅游，刚到美国第2天，儿子玩滑板时不小心摔伤，手臂轻微骨裂，去医院治疗花费1500美元。王女士全家事先投保了境外旅行保险，回国后，王女士提交了理赔申请，不到一周，保险公司就办理好了理赔，及时将保险金转到王女士账户。王女士感慨，真没想到在美国看病这么贵，还好有这份保险。

(2) 复合保险规划。就多种保险需求协调平衡和整合处理，就是复合的保险规划。复合保险规划包括人身保险复合规划和财产保险复合规划以及产寿险复合规划。

当客户需要对家庭许多不确定损失风险进行识别、衡量和处理时，我们就要为他提供复合保险规划服务。

案例

参见第三章开始处的“案例导入”。

(1) 需求分析

① 家庭结构：该客户为中高端收入人群，未婚单身，无过多负债和经济压力。

② 风险分析：意外、重大疾病、养老为迫切规划需求。

③ 收支分析：收入稳定，未婚，目前无过多开支。结余资金较多。

④ 保障方向：意外、重大疾病、养老保险和定期寿险。

(2) 方案设计

设计方案分别如表3-1和表3-2所示。

(3) 复合保障计划解读

通过对一般意外、驾乘意外、重疾、轻症、养老多方面的保险方案设计，做到了全面的风险管控。无论是张女士担忧的意外、疾病还是养老，保险计划考虑到了短期、定期、终身的风险。提前做好这些规划，越早准备越轻松。方案的总保费约占总收入的49%。重大疾病保额约100万元，一般意外身故保额约350万元，养老年金保底领取约6000元/月，还

表 3-1 保障类

产品名称	保额/元	缴费年限/年	保险期间	保险责任	保费/(元/年)	特色
太阳联合明亚定制意外伤害保险C款	1份	1	1年	1. 意外伤害保险金：30万元 2. 民航意外保险金：180万元 3. 公交意外保险金：60万元 4. 驾乘意外保险金：60万元 5. 意外伤害医疗保险金：3万元	360	包含意外身故和意外伤害医疗保险责任
国华“畅行无忧”两全保险	200万	10	30年	1. 驾乘意外身故：200万元 2. 一般意外身故：20万元 3. 一般身故：赔付所缴保费110% 4. 满期金：返还所缴保费110%	2400	1. 目前驾乘保障费用较低的产品 2. 返还型，满足客户还本息的需求
人保寿精心优选定期寿险	100万 50万	30	30年	1. 意外/疾病身故：100万元 2. 全残保险金：100万元 3. 重疾保险金：50万元	3466	1. 弥补了意外卡单没有的疾病身故、重疾保险责任 2. 弥补人生阶段最高的风险缺口 3. 未来生育小孩的抚养责任以及父母赡养义务
光大永明吉运宝健康保障	20万	20	至70岁	1. 身故/高残保险金：136 820元 2. 重大疾病保险金：136 820元 3. 轻症保险金：102 615元 4. 满期返还金：136 820元 5. 分红：低档4.9万元，中档9.1万元	5000	1. 早期轻症赔付责任，更多关爱健康保障 2. 身故责任除外兼具高残 3. 定期返还保额补充养老 4. 保单享受分红利益
阳光人生终身寿险(分红型)附加提前给付重疾险、附加住院医疗费用险、附加住院医疗津贴险	30万	20	终身	1. 身故保险金：30万元 2. 重大疾病保险金：30万元 3. 住院医疗：2万元/次 4. 住院津贴：200元/天 5. 健康专项检查金：1.8万元 6. 分红：低档7.7万元，中档13.5万元	11 976	1. 终身寿险，保障百年归老 2. 附加重疾呵护一辈子 3. 住院补偿医疗，减轻疾病医疗费用负担 4. 津贴补助弥补一定收入损失 5. 保单享受分红利益

表 3-2　养老类

产品名称	保额/元	缴费年限	保险期间	保险责任	保费/(元/年)	特　色
阳光鸿福齐添年金保险(分红型)	150万	20	终身	1. 养老年金：60岁开始，每月领取5712元作为社保的品质养老的补充，直至身故 2. 身故保障：年金领取前：140万元，年金领取后：140万元—已领年金 3. 生命尊严提前给付：处于生命终末期，提前给付保险金(保额—已领年金) 4. 红利：低档15.2万元，中档60.7万元	51 240	1. 标准形态的年金型产品 2. 合同高额身价保障，体现对家庭的责任和关爱 3. 累积红利一次性领取，作为早期养老生活的惬意安排 4. 年金领取方式为终身，真正体现终身养老的意义 5. 强制储蓄，提前做养老规划，减轻未来家庭经济压力 6. 保单享受分红利益

不包含分红型保单的红利收入。并且消费型险种保费只占总保费的8.38%，用保险的杠杆作用极大地解决了张女士未来人生阶段(结婚、生子、赡养父母等义务)所面临的风险。

资料来源：杨润.中国保险报，2013-8-20(5).

(3) 综合理财保险规划。以上两种规划都是仅就保险需求进行保险规划，可以说属于单纯保险规划。然而，保险需求实际上与消费、投资等其他需求紧密相关，保险规划与其他理财规划也往往密不可分。在综合理财规划中进行保险规划或运用保险商品进行规划，此即综合理财保险规划。

第二节　保险理财规划的流程

一、保险理财规划的原则

理财规划师在为客户进行保险理财规划时，通常应遵循以下三个原则。

1. 商业保险与社会保险相结合的原则

在为个人或家庭提供保险理财规划时，理财师必须首先明确国家和企业层面所能提供的社会保险保障程度和内容，扣除这些已有的保障后，剩余的经济安全需要再通过家庭成员互助、个人储蓄和商业保险等个人层面得到满足。

2. 转移风险的原则

每一个投保人购买保险都是为了转移风险，以便在发生保险事故时可以从保险公司获得约定的经济补偿或定额给付。因此，任何人在投保前必须全面系统分析自身或家庭面临的各种风险，明确哪些风险可以采用自留、避免、损失控制等非保险方法进行管理，哪些风险必须采用保险方法转移给保险公司。

3. 量力而行的原则

保险是一种经济行为，通常只有投保人先付出一定保险费才能获得相应的保险保障。投保的险种越多，保障越全，保险金额越高，所需保险费也就越多。因此，保险理财规划应该在个人或家庭财务规划的基础上进行，充分考虑个人或家庭的经济实力，量力而行，尽量在保险费支出一定的情况下获得最大的保障。

二、保险理财规划的流程

不论是单一保险理财规划还是复合、综合理财规划，一般都要经过下列程序，如图 3-1 所示。

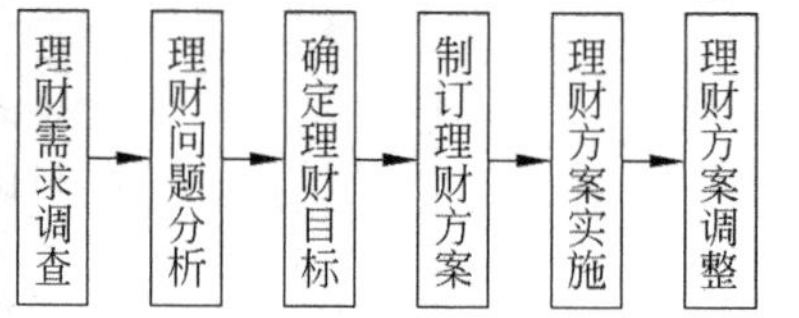

图 3-1 保险理财规划的流程

1. 理财需求调查

对客户的理财需求调查可以通过调查问卷的形式来完成。调查问卷又称调查表，是以问题的形式系统地记载调查内容的一种印件。问卷可以是表格式、卡片式或簿记式。在保险理财规划中，收集客户信息时经常使用的方法就是进行问卷调查。问卷调查是把要调查的内容系统地记载在若干份事先设计好的统一的表格上，在理财规划师为客户服务时，由客户自行填写问卷，然后进行整理分析，从而得出结论的方法。实务中，问卷调查表一般由保险公司或银行等金融机构事先印制好，保险理财规划师在调查访谈时，注意把握好以下事项。

(1) 在访谈开始前，首先应声明访谈内容只为理财规划提供参考，保证保护客户的个人信息。其次应对本人、工作单位做出简短的介绍，并出示本人相关从业资格证件。

(2) 在访谈前，应先发给客户一份问卷进行填写，填完问卷后再开始正式进入谈话。

(3) 访谈过程中，应做好记录。如果情况允许，最好录音后进行整理。

(4) 访谈过程中，调查员所提的问题，应以访谈提纲为主，可以适时、随机地增加相关问题，但不得完全抛开访谈提纲进行访谈。

(5) 整个访谈过程，调查员应注意礼节，态度要谦虚。

(6) 访谈时间不宜太短或太长，第一次以 30 分钟以内为宜，把握好时间。访谈过程中应注意观察客户的肢体语言及表情，如果客户开始表现出不耐烦的情绪，应及时终止访谈，另行约定时间再谈。如果客户能够接受，访谈的时间可以相应延长。

知识链接

投资、风险偏好调查问卷

1. 你的好朋友会用下列哪个句子来形容你？
   A. 能够承受很大的风险　　B. 经详细分析后，你会愿意承受风险
   C. 一个小心谨慎的人　　D. 不愿承受风险
2. 假设你参加了一个电视游戏节目，获奖了，可选择以下其中一项。你会选择：
   A. 当场获得 1000 元现金　　B. 有 50%的机会赢取 3000 元现金
   C. 有 25%的机会赢取 8000 元现金　　D. 有 5%的机会赢取 50 000 元现金

3. 你刚刚有足够的储蓄实践自己一直梦寐以求的旅行，但在出发前三个星期，你忽然被解雇。你会：

A. 取消旅行

B. 选择另外一个比较普通的旅程

C. 依照原定计划，因为你需要充足的休息来准备寻找新的工作

D. 延长旅程，因为这次旅行可能成为你最后一次的豪华旅行

4. 如果你突然有20000元可用于投资，你会：

A. 将它存入银行户口、货币市场户口、存款证或定期存款

B. 投资在一些比较安全的债券或债券基金

C. 投资到股票或股票基金

5. 根据你自己的经验，你对于投资股票或基金安心吗(投资股票或基金令你担心吗)?

A. 不完全安心　　B. 有少许不安心

C. 非常安心

6. 对于“风险”一词，你第一个感觉是：

A. 损失　　B. 不明朗　　C. 机会　　D. 兴奋

7. 专家估计一些资产，如黄金、珠宝、珍藏物和房屋(实质资产)的价格会上升，而债券的价格会下跌，但他们认为政府债券相对比较安全。如你现时持有大量政府债券，你会：

A. 继续持有

B. 债券卖掉，然后把得来的资金一半投资到货币市场，另一半投资到实质资产

C. 债券卖掉，然后把所有得来的资金投资到实质资产

D. 债券卖掉，除了把所有得来的资金投资到实质资产，并向别人借钱来投资实质资产

8. 以下四个投资选择，你个人比较喜欢：

A. 好的情况下会赚取200元，最差情况下损失0元

B. 好的情况下会赚取800元，最差情况下损失200元

C. 好的情况下会赚取2600元，最差情况下损失800元

D. 好的情况下会赚取4800元，最差情况下损失2400元

9. 如果你现在得到一笔1000元的现金，并要求你选择以下其中一项：

A. 再额外多赚500元(即肯定得到1500元)

B. 50%的机会额外多赚1000元，50%的机会维持得到1000元现金

10. 如果你现在得到一笔2000元的现金，并要求你选择以下其中一项：

A. 从2000元中损失500元(即肯定得到1500元)

B. 50%的机会额外损失1000元，50%的机会维持得到2000元现金

11. 假设你继承了10万元遗产，你必须把所有遗产投资以下其中一项，你会选择投资：

A. 一个储蓄户口或货币市场基金

B. 一个拥有股票和债券的基金

C. 一个拥有15只蓝筹股票的投资组合

D. 一些保值的投资产品，如金、银或石油

12. 如果你拥有2万元可投资，你会选择下列哪一组合？低风险投资包括债券和债券基金；中风险投资包括股票和股票基金；高风险投资包括期货和期权。

A. 低风险占60%，中风险占30%，高风险占10%

B. 低风险占30%，中风险占40%，高风险占30%

C. 低风险占10%，中风险占40%，高风险占50%

13. 你的好朋友和邻居连同一位知名的地质学家组成一个探索金矿的研究小组，一旦探索成功，回报可高达50～100倍；但如果失败，你将血本无归。你的朋友估计这项计划的成功率约为20%。假设你有足够的资金，你是否会投资？

A. 不会　　B. 会，少量参与

C. 会，将手头的闲钱都投入　　D. 会，尽量筹集资金全额投入

根据表3-3的计分表对以上问题的测试结果进行计分，计分结果评保标准见表3-4。

表3-3 投资、风险承受能力计分表

序号	A	B	C	D
1	4	3	2	1
2	1	2	3	4
3	1	2	3	4
4	1	2	3	—
5	1	2	3	—
6	1	2	3	4
7	1	2	3	4
8	1	2	3	4
9	1	3	—	—
10	1	3	—	—
11	1	2	3	4
12	1	2	3	—
13	1	2	3	4
合计				

表3-4 客户投资偏好类型和风险承受能力评估

类型	非常进取型	温和进取型	一般	温和保守型	非常保守型
得分	36～47	30～35	24～29	19～23	13～18

资料来源：http://blog.sina.com.cn/s/blog_4910d7c50100ov3w.html.

2. 理财问题分析

1）客户财务信息整理

客户财务信息是指客户当前的收支状况、财务安排以及这些情况的未来发展趋势等。财务信息是保险理财规划师制订个人财务规划的基础和根据，它决定了客户的目标和期望是否合理，以及完成个人财务规划的可能性。

（1）个人（家庭）资产负债表。资产是客户拥有所有权的财富的总称。它可以是现金，可以是购买获得的财产，也可以是客户通过借贷资金购买的财产。但是，对那些客户只拥有使用权而非所有权的财物，如租赁的房子、汽车等，不能算作客户的资产。负债是指客户由于过去的经济活动而产生的现有责任，这种责任的结算将会引起客户经济资源的流出。资产与负债反映了个人的财务资源状况，它能帮助个人对实现财务目标的进程进行追踪，因而对于设定、监控和调整理财规划是必不可少的。个人（家庭）资产负债表是对某一时点个人（家庭）财务状况的总结，其格式如表 3-5 所示。

表 3-5 个人（家庭）资产负债表

日期：

资　产		负　债	
现金及活期存款		信用卡贷款余额	
预付保险费		消费贷款余额	
定期存款		汽车贷款余额	
国债		房屋贷款余额	
企业债、基金及股票			
房地产		其他	
汽车及家电			
其他			
资产总计		负债总计	

（2）个人（家庭）收入支出表。收入支出表反映了个人（家庭）一段时间内的财务活动状况，有助于理财规划师根据家庭收支情况制订相应的理财方案，如表 3-6 和表 3-7 所示。

表 3-6 家庭月度税后收支表

收　入		支　出	
本人收入		房屋支出	
其他家人收入		公用费	
其他		衣食费	
		交通费	
		医疗费	
		其他	
合　计		合　计	

表 3-7 家庭年度税后收支表

收入		支出	
年终奖		保险费	
债券利息和股票分红		教育费	
证券买卖差价		其他	
其他			
合计		合计	

(3) 个人(家庭)保险状况表。通过本表,掌握客户本人及家庭已经购买的商业保险、计划购买的商业保险、参保的社会保险等情况,如表 3-8 所示。

表 3-8 家庭保险状况表

本人投保情况	
家人投保情况	
财产保险情况	

2) 客户非财务信息整理

客户非财务信息是指以非财务资料形式出现的与客户的财务安排有着直接或间接联系的各种信息,比如客户的社会地位、年龄、投资偏好和风险承受能力等。

(1) 姓名和性别。客户的性别有助于保险理财规划师判断其适用的人寿保险种类、社会保障和收入状况等。此外,在评估客户的风险偏好程度和风险承受能力时,也需考虑性别因素。

(2) 职称、工作单位性质和工作稳定程度。职称信息可以使保险理财规划师了解客户的工作稳定程度。在国家机关、学校、医院等单位工作的客户,其工作稳定程度相对较高,收入较稳定,福利待遇也较完善。保险理财规划师如果用职称来称呼客户,会使双方更加容易沟通。一般而言,不同工作单位的客户的工作稳定程度不同。比如,在公司任职的客户的工作稳定程度相对低一些。保险理财规划师了解到这些信息以后,才可能为客户长期甚至终身的财务安排进行合理而周密的规划。

(3) 出生日期和地点。大多数情况下,客户(尤其是女性客户)不愿意直接透露自己的年龄。但在个人理财规划中,年龄信息十分重要。因为客户的年龄对其理财目标、社会保障、投保险种、未来收入的变化以及风险承受能力等有着直接的影响。显然,一个 25 岁的客户和一个 60 岁的客户,两者的理财目标有着很大的不同。前者更重视如何通过投资实现房地产购置计划或教育计划,而后者则会更加关注如何通过养老金投资来保证退休后的生活质量。

(4) 健康状况。健康状况方面的信息包括客户本人和家庭成员的健康状况两方面。这方面的信息对客户人寿保险规划方案的制订有着重要的影响。

(5) 子女信息。子女的数量、年龄、健康状况、婚姻状况和职业等对客户的各种财务安排有着直接的影响。一般而言,子女的数量越多,年龄越小,健康状况越差,客户财务负担就越重，这时保险规划和教育规划对于客户而言就显得非常重要。当然，如果客户的子女已成年并且有稳定的工作，客户在子女的财务支出上就只需花费少量的资金。对于离异客户，子女的监护权归属也将影响其财务安排。

(6) 风险偏好程度。客户的风险偏好程度也对理财规划方案的制订有着重要影响。如果客户是风险偏好型的投资者，而且有着极强的风险承受能力，保险理财规划师可以根据其需要，帮助其制订激进的投资计划，争取更多的盈利。但如果客户是保守型投资者，那么就应该帮助其制订稳健的投资计划。

3) 客户理财问题分析

(1) 资产分析。

家庭资产主要可以分为金融资产和实物资产两大类，而金融资产可以进一步细分为现金及现金等价物和其他金融资产。

① 现金及现金等价物。

现金及现金等价物是家庭中流动性最强的资产，主要包括现金、银行活期和定期存款、货币市场基金等，是家庭储备应急资金的主要来源，一般需要保持家庭3～6个月开销的资金量。主要根据资产的原值计价，利息收益作为当年的收入。

② 其他金融资产(生息资产)。

其他金融资产(生息资产)是指那些除现金及现金等价物以外的，能够带来未来增值收益的金融资产，主要包括股票、债券、基金、期权、期货、保险、贵金属投资等，这些金融资产是在个人(家庭)理财规划中最重要的，因为它们是财务目标的来源。除了房地产，大多数的个人理财就是针对这些金融资产。

此类资产通常根据市场价值确定价值。其他金融资产的市场价值变动比较频繁，是否确认收益以及损失比较难以把握，但是可以明确一个原则是：该金融资产的价值增值或减值是否确定并能较长保持，若能够确定并能较长期保持，就应该予以确认并同时调整该金融资产的价值。如对购入债券、储蓄存款的价值增值，是确定无疑的，账面记录应予确认。而对股票的价值增值，因股价的波动频繁，时有起伏，则属于不确定的增值，账面记录显然不应予以确认。但对股票的价值减值，如某人曾以每股20元的价格购入某股票2000股，价值40 000元，但该股票的市价现已跌为10元/股，而目前可以确认的是，该股票在预期的将来，也不可能再回升到原价。这时的股票资产的价值计算，就只能是面对现实，承认损失，按20 000元记账，而非仍然以40 000元的原价计价。

③ 实物资产。

实物资产是指家庭生活所使用或收藏的各种有实物形态的资产，如自住房产、投资性房产、汽车、家具家电、珠宝、有价值的收藏品等。

这类资产的价值确定原则取决于客观条件，通常的计量方法为：A. 住房、汽车按照完全重置成本减去应扣损耗或贬值来计量；B. 其他自用资产按照重置成本确定价值；C. 打算出售的自用资产用市场价值减去处置的费用来确定价值；D. 珠宝等奢侈资产一般按照市场价值减去处置的费用来确定价值。

(2) 负债分析。

个人(家庭)负债就是指个人(家庭)的借贷资金，包括所有家庭成员欠非家庭成员的所有债务、银行贷款、应付账单等。

个人(家庭)负债根据到期时间长度分为短期负债(流动负债)和长期负债。其区分标准到底是多长,一般各有各的分法。可以把一个月内到期的负债认为是短期负债,一个月以上或很多年内每个月要支付的负债认为是长期负债,如按揭贷款的每月还贷就是长期负债。

另外,还要清楚一项负债是自用资产负债、普通消费性负债,还是投资性负债。比如自住性质的房屋贷款,就属于自用资产负债,投资性的房地产贷款就属于投资性负债。

(3) 净资产分析。

净资产是资产总额超出负债总额的部分,反映的是个人或家庭的净价值。由于每个客户的情况不同,客户持有的净资产的理想数值到底应该是多少,不能一概而论。这里只给出一些常见的分析方法。假如某客户的收入处于该地区的中上等水平并且已经工作多年,则可以分以下几种情况进行分析。

① 客户的净资产数额为负,说明其目前的财务状况不容乐观,有必要将近期的债务尽快偿还,同时尽快增加收入。

② 客户的净资产数额低于其年收入的一半,说明该客户有必要控制开支,需要更多地进行储蓄或投资,同时努力工作以增加收入。

③ 客户的净资产数额在其年收入的一半和三年的收入总和之间,如果客户尚年轻,说明其财务状况良好;如果客户已经接近退休年龄,说明其仍有必要采取措施增加净资产。

④ 客户的净资产数额高于其三年以上的收入总和,说明该客户目前的财务状况良好。

一般来说,客户应保证其净资产数值为正,并且不低于一定的数额。当然,净资产的数值并不是越大越好。如果该数值很大,通常意味着客户的部分资产没有得到充分的利用。相反,如果客户能够在适当的时候利用资金进行投资,就能够获得资本增值,实现净资产的增长。

(4) 收入支出分析。

家庭收入是指整个家庭剔除所有税款和费用后的可自由支配的纯所得。对普通家庭来说,家庭收入一般包括以下项目:工作所得(全家所有成员的工资、奖金、补助、福利、红利等);经营所得(自有产业的净收益,如生意、佣金、店铺等);各种利息(存款、放贷、其他利息);投资收益(租金、分红、资本收益、其他投资等);偶然所得(中奖、礼金等)。

家庭支出是家庭向外支付的款项,可以分为固定支出和可变支出。常见的固定支出包括饮食、服饰、房租水电、交通、通信、赡养、纳税等。常见的可变支出包括教育支出和奢侈消费、学费、培训费、休闲、保健、旅游、个人爱好等。投资支出是为了资产增值目的所投入的各种资金支出。如储蓄、保险、债券、股票、基金、外汇、房地产等各种投资项目的投入。

现金盈余是用现金流入总额减去现金流出总额后的余额。因为现金流量表反映的只是特定时期内现金流入和现金流出的真实数额,所以特定时期的现金净流入有可能是正值,也有可能是零或负值。现金净流入为正值,说明现金有盈余,现金流入大于现金流出。现金净流入为负值，说明出现现金赤字，现金流出大于现金流入。现金盈余可被用做储蓄和投资，从而获得资产，减少负债。当出现现金赤字时，就必须从储蓄或投资中变现一定数额的资产（这将减少相应资产的数额）或借助贷款（这将增加个人的负债）弥补赤字。

(5) 个人（家庭）财务分析。

① 流动性资产与净资产比。

流动性资产与净资产比衡量的是现金和现金等价物在净资产中所占的份额。我们知道在紧急情况下，想要通过将个人资产变现的方法来解决紧急需要（如突发性疾病）是很难的。因此，持有一定数额的流动资产非常重要。一般来说，流动资产应占所有者权益的15%左右。其公式为：

流动资产与净资产比＝现金（含现金等价物）÷净资产

② 资产负债率。

资产负债率是家庭总负债和总资产的比值，可以用来衡量家庭的综合还债能力。其公式为：

资产负债率＝负债总额÷资产总额

资产负债率的数值在0～1之间。一般建议将该数值控制在0.5以下，以减少由于资产流动性不足而出现财务危机的可能。

③ 收入负债比率。

收入负债比率又称债务偿还比例，它是衡量客户财务状况是否良好的重要指标。该比例是客户某一时期（可以是一个月、一个季度或一年）到期债务本息和与收入的比值。其公式为：

债务偿还比率＝每年（月）债务偿还总额÷每年（月）扣税后的收入总额

对于收入和财务支出都相对稳定的客户，可以用年来作为计算的周期；如果客户收入和债务数额变化较大，则应该以月为周期进行计算，这样才能更准确地反映客户收入满足债务支出的状况，避免了某些月份客户的收入不足或到期的债务较多而产生的债务问题。从财务安全角度看，个人的收入负债比例数值如果在0.35以下，其财务状况属于良好状态。说明个人有充足的扣税后收入，有偿还债务能力。

④ 投资资产与净资产比。

除住宅投资外，个人还应该有明确的长期投资目标，以便进行资本积累，为日后退休或其他财务目的积累充足的资产。因此，随着个人不断接近退休，投资资产与净资产比应该不断提高。其公式为：

投资资产与净资产比＝投资资产总额（也叫生息资产）÷净资产

这一比率反映了客户通过投资增加财富以实现其财务目标的能力。

投资资产与净资产比的理想值为50%或更高的比值。在对该比值进行分析时，还需考虑一个人的年龄。如果是一个青年人，由于财富积累年限尚浅，投资在资产中的比率不高，那么投资比率也会较低，即使是0.2左右也不奇怪。

⑤ 储蓄比率。

储蓄比率反映了客户收入中用来储蓄的数额。其计算公式为：

储蓄比率＝储蓄额÷收入总额

⑥ 即付比率。

即付比率反映了客户利用可随时变现的资产偿还债务的能力。即付比率的参考值在70％左右，偏低意味着在经济形势不利时无法迅速减轻负债、规避风险，偏高则表明过于注重流动资产，综合收益率低，财务结构不合理。其计算公式为：

即付比率＝(现金＋现金等价物)÷流动负债

4）保险需求分析

(1) 不同生命周期的保险需求。

“天有不测风云，人有旦夕祸福”，人的一生不可避免会面临人身、财产、责任等风险。但在不同的人生阶段，保险需求的侧重点是不同的，在进行保险理财规划时应考虑个人所处的人生阶段，根据不同阶段的特点来进行保险规划。

根据生命周期假设理论，我们可以将家庭生命周期划分为青年单身期、家庭形成期、家庭成长期、家庭成熟期、家庭空巢期、退休养老期，并根据不同时期的保险需求特点进行有针对性的保险规划，如表3-9所示。

表3-9 人生不同生命周期的保险需求

人生生命周期	特点	理财活动	保险需求
青年单身期	经济收入低，没有资产	加强职业培训，提高收入水平	意外保险、医疗保险、责任保险
家庭形成期	置业、生育、家庭消费高	储蓄购房首付款，增加定期存款、股票、基金等方面的投资	意外保险、医疗保险、人寿保险、财产保险、责任保险
家庭成长期	子女教育计划、医疗费用大增，财务负担非常严重	偿还房贷，储备教育金，建立多元化投资组合	意外保险、医疗保险、教育保险、人寿保险、财产保险、责任保险
家庭成熟期	子女教育费用、医疗费用、退休计划，财务负担也较重	准备退休金，进行多元化投资活动	意外保险、医疗保险、人寿保险、教育保险、财产保险、责任保险、退休计划
家庭空巢期	经济状况稳定，债务减少	重点准备退休金，降低投资组合风险	意外保险、医疗保险、人寿保险、财产保险、责任保险、养老保险
退休养老期	收入减少，保健、医疗费用增加	以固定收益投资为主	养老保险、医疗保险

资料来源：徐爱荣.保险理财学.上海：复旦大学出版社，2009.

(2) 人身保险需求组合优先顺序。

中国人寿保险股份有限公司聘请麦肯锡咨询公司以生命周期、收入水平、教育程度这三个基本因素为根据，将家庭划分成20个不同类型，并分别制订了与之相适应的家庭人身保险需求组合的内部优先顺序，见表3-10。

表 3-10 家庭人身保险需求组合的内部优先顺序

收入/教育 \ 生命周期	单　身	两人世界	三口之家	成熟家庭	退休生活
高收入 高教育程度	·意外 ·健康 重大疾病 ·父母医疗保险 ·养老	·健康 重大疾病 ·意外 ·投资/储蓄 ·父母养老	·自身保障 ·子女 健康意外 教育资金 ·投资/储蓄 ·养老	·健康 一般疾病 重大疾病 住院医疗费 ·意外 ·养老	·健康 ·保本储蓄 投资 ·孙辈教育 ·意外
高收入 普通教育程度	·意外 ·投资/储蓄 ·健康 重大疾病	·投资/储蓄 ·健康 重大疾病 ·意外	·子女 教育资金 健康意外 ·投资/储蓄 ·自身保障 ·养老	·稳健型投资 ·健康 一般疾病 重大疾病 住院医疗费 ·意外	·保本储蓄 投资 ·健康 ·孙辈教育
平均收入 高教育程度	·意外 ·健康 重大疾病 ·父母医疗保险	·健康 重大疾病 ·意外 ·储蓄	·自身保障 ·子女 健康意外 教育资金	·健康 一般疾病 重大疾病 住院医疗费 ·储蓄 ·意外	·保本储蓄 投资 ·孙辈教育 ·健康 ·意外
平均收入 普通教育程度	·意外 ·健康 重大疾病	·健康 重大疾病 ·意外 ·储蓄	·子女 教育资金 健康意外 ·自身保障	·储蓄 ·健康 一般疾病 重大疾病 住院医疗费	保本储蓄 投资

资料来源：赵立航. 保险理财规划理论与实践. 北京：中国财政经济出版社，2010.

(3) 财产保险需求组合顺序。

不论是个人(家庭)财产保险，还是个体(合伙)企业财产保险，首先应针对标的价值高、损失不确定性大、潜在法律责任大的项目进行投保，比如机动车辆保险及机动车辆第三者责任险、住房抵押贷款保证保险、企业财产保险和有关责任保险等。然后，再根据风险特点投保其他险种。

5) 保险需求量确定

(1) 人身保险需求量。

我国寿险公司一般按照人们收入的 10%～15%来确定保费，以家庭年收入的 10 倍为保险金额(即"双十定律"或"十一法则")，或按照标准家庭大约需要某个家庭成员 7 年收入的 70%，才能缓解由于其身故所带来的经济压力(即"七七法则")的方式来确定人身保险需求总量。然而，这种算法忽略了人们总收入的数量、已有的可替代资源等，因此，只能是一种用于保险营销目的的非常粗略简单的做法。

人身保险事件的发生，或者使得人们的收入减少，或者使得人们的支出增加，因此，我们可以从两个方面衡量寿险需求：一是家庭主要收入来源者死亡后，家庭为恢复或维持原有经济水准，需要多少钱；二是家庭主要收入来源者死亡后，家庭损失了多少钱。前一种衡量方法叫作家庭需求法，后一种衡量方法叫作生命价值法。

① 家庭需求法。

家庭需求法是从需求的角度考虑某个家庭成员遭遇不幸后会给家庭带来的现金缺口。一个家庭中某位重要成员死亡后的财务需求一般包括：遗产处理费用、依赖期的需求（直到最小的家庭成员成年或满 18 周岁）、特别需求（房屋按揭、教育经费、应急基金等）、退休需求（用人寿保险补充社保及其他退休收入的不足）。家庭需求法也被称为遗属需求法。

例如，李四，41 岁，有妻子和两个孩子，其家庭主要需求情况如表 3-11 所示。

表 3-11　家庭需求表

1. 财务需求	费用金额
（1）家庭生活支出	350 000
（2）妻子的退休基金	150 000
（3）大学教育经费	200 000
（4）其他费用	50 000
总需求	750 000
2. 金融资产	
（1）现金及存款	30 000
（2）股票及基金	120 000
（3）已有保险	150 000
总资产	300 000
3. 额外的保险需求＝总需求－总资产	450 000

资料来源：徐爱荣. 保险理财学. 上海：复旦大学出版社，2009.

② 生命价值法。

生命价值法是以个人未来的收入与支出间差额的资本化价值，即以资本化现值的方式来估算未来保险需求的方法。例如：李某现年 40 岁，年净收入 12 万元，个人年支出 6 万元，预计未来年收入及消费支出均按 3%递增，贴现率为 5%，则李某人身保险需求量为：

$$\text{人身保险需求量} = \sum_{t=1}^{20} \frac{(1+3\%)^t}{(1+5\%)^t}(12-6) = 98.66\text{(万元)}$$

（2）财产保险需求量。

财产保险需求量的确定即保险金额的确定，一般可以根据投保财产的实际价值或重置价值确定，如家用汽车、房屋、家具以及家用电器等。而对于特殊财产，如古玩、字画、收藏品等，则需要通过专家评估，按照定值的方式特约投保。

(3) 保险净需求量。

不同种类理财产品之间，社会保险与商业保险之间都存在着互补性与可替代性。个人(家庭)常见的可替代性保险资源包括金融资产如社会保险、企业年金、补充医疗保险、股票、基金等，实物资产如房产、收藏品等。计算保险净需求量时，应从保险总需求量中扣除客户已有的可替代性保险资源。

3. 确定理财目标

理财是一个范畴很广的概念，通俗地说，理财就是赚钱、省钱、花钱之道。所谓个人(家庭)理财，就是以个人(家庭)为单位打理钱财，进而提高财富效能的经济活动。

目标，是对未来行事成果的期望，合理的家庭理财目标是家庭理财成功的第一步。没有目标就没有规划，就难言结果。个人(家庭)理财目标的设定与规划在于能有助于家庭成员实现精神、教育、财务、娱乐等各方面的平衡。如：我想买一部好车，我想让孩子到国外去读书，我想换一套大房子等这些生活美好愿望的实现，都需要相应的理财目标的事先规划。而这些规划按理财期限的长短，可分为长期目标、中期目标和短期目标。

长期目标是指从现在开始，一直到退休或去世前要达到的目标，比如让自己退休后过上高品质的舒适生活等。由于其长期性，就要分期设定，定期修正。中期目标是指 2～10 年内的目标，比如用 5 年的时间攒足够的钱支付购房首付等。短期目标则指 1 年内的目标。一般地讲，一旦确定了长期目标，中短期如何安排就会相当清楚了。

那么，该如何设立合理的理财目标呢？合理理财目标应具备三个特征。

(1) 目标要具体量化可衡量，结果可以用货币计算，如我想 5 年后购置一套 100 万元的大房子。

(2) 目标要可行，可以达成。理财目标要根据家庭的收入水平预期和消费水平预期设定，使目标设立在一定基础之上而可达成。脱离实际不可达到的目标等于没设，如目前尚处于“月光族”阶段的工薪白领希望自己明年就能购置一套 500 万元的别墅，这个目标与生活脱节，只是一个空泛的想象，因而没有意义。

(3) 目标要有时间性，即要有实现目标的最后期限。比如，我想 10 年后成为百万富翁，我想每月给孩子存 300 元的学费，我想 60 岁后每月领取 3000 元的退休金，可以连续领取 25 年。

具备了以上几个特征的目标可以看作清晰的理财目标。理财目标越清晰，就越容易找到努力的方向和动力，从而使目标的实现更加具有可操作性。

当然，在制订出各个阶段的理财目标后，还可以按照时间顺序和重要程度等进行排序和取舍，分清楚哪些是生活里“确实需要”的，哪些只是自己“想要”的，哪些是重要紧急的，哪些是次要不紧急的，让家庭理财规划有步骤有计划地安排和执行下去。以保险理财规划为例，我们可以按照图 3-2 所示，由低到高地选择相应的保险险种。

4. 制订理财方案

根据了解到的客户财务信息，将客户的理财目标与科学的理财指标进行对比，分析客户的财务问题，制订保费预算与保单规划，撰写并呈交书面保险规划。

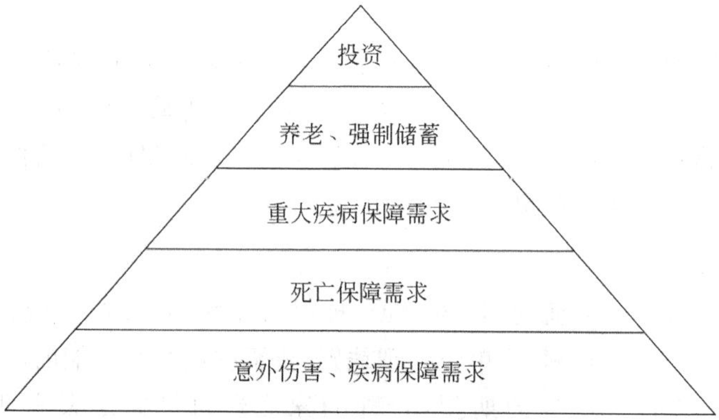

图 3-2 与保险相关的理财需求

知识链接

读懂保险合同的关键词

(1) 保单的现金价值

保单现金价值又称“解约退还金”或“退保价值”,是指带有储蓄性质的人身保险单所具有的价值。保险人为履行合同责任通常提存责任准备金,如果您中途退保,即以该保单的责任准备金作为解约的退还金。保单现金价值也可理解为被保险人要求解约或退保时,寿险公司应该发还的金额。在长期寿险契约中,保险人为履行契约责任,通常需要提存一定数额的责任准备金。当被保险人于保险有效期内因故要求解约或退保时,保险人按规定将提存的责任准备金减去各项管理费用的余额退还给被保险人,这部分余额即解约金,亦即退保时保单所具有的现金价值。

在购买保险单的头两年,保险公司承保制单、代理人手续费、员工工资等各项管理费用开支较大,如果此时退保,保险公司扣除各项手续费后退还的保险费将是很少的。因此,一旦购买了保险,拥有了保障,不到万不得已最好不要放弃保障。否则,经济上将会蒙受一定的损失。

(2) 如实告知义务

订立保险合同,保险人应向投保人说明保险合同的条款内容,并可以就保险标的或者被保险人有关情况提出询问,投保人应当如实告知。投保人故意隐瞒事实,不履行如实告知义务的,或者因过失未履行如实告知义务,足以影响保险人是否同意承保或者提高保险费率的,保险人有权解除保险合同;前者保险公司不退还保险费,后者保险公司可以退还保险费。

(3) 犹豫期

投保人在收到保险合同后 10 天内,如不同意保险合同内容,可将合同退还保险人并申请撤销。在此期间,保险人同意投保人的申请,撤销合同并退还已收全部保费。该 10 天即通常所说的“犹豫期”。在犹豫期内退保,保险公司在扣除不超过 10 元的成本费以外,应退还投保人缴纳的所有保费,并不得收取其他任何费用。如果在投保时,被保险人已经在保险公司进行了免费的体检,则要扣除相应的体检费。

5. 理财方案实施

理财方案的实施，贵在坚持。人的一生会有很多目标，有的人能够达成，有的人却无法实现，其最大的差别无疑是坚持与毅力。

延伸阅读

"复利"是成功人生的秘诀

有一个古老的故事，它显示了复利的威力。传说西塔发明了国际象棋而使国王十分高兴，他决定重赏西塔，西塔说："我不要你的重赏，陛下，只要你在我的棋盘上赏一些麦子就行了。在棋盘的第1个格子里放1粒，在第2个格子里放2粒，在第3个格子里放4粒，在第4个格子里放8粒，以此类推，以后每一个格子里放的麦粒数都是前一个格子里放的麦粒数的2倍，直到放满第64个格子就行了"。国王觉得很容易就可以满足他的要求，于是同意了。但很快国王就发现，即使将国库所有的粮食都给他，也不够百分之一。因为即使一粒麦子只有一克重，也需要数十万亿吨的麦子才够。

李嘉诚先生从16岁开始创业一直到83岁时，白手起家67年，家产就已达260亿美元，对于普通人来说这是一个天文数字，是不可想象的，李嘉诚也因此成为世界华人的首富。但是仔细来算，如果有一万美元，每一年复利达到24.7%，用同样时间，就可以做得同李嘉诚一样出色。猛然看，一年24.7%的利润并不高，我们也许会在一两个星期的时间里获得比这高得多的收益，但事实上，成功的艰难不在于一次两次的暴利，而是持续的努力。

资料来源：http://blog.sina.com.cn/s/blog_d627b9ec0101ewu4.html.

6. 理财方案调整

随着客观条件、环境的变化，原有规划方案在执行过程中必然会表现出一定的偏差或不适应。为此，有必要对已制订的保险规划方案进行适当的调整与修正。比如，为保证客户的续保能力，提高续保率，我国保险公司借鉴国外标准向业务员推荐年交保险费占年收入10%的投保比例。现在，这个比例已由推荐上升到寿险核保规则，不过比例数大大调高了。例如，平安寿险核保规则是20%。因此，在实施保险理财规划方案时要根据实际情况进行调整，不断追踪客户情况和环境因素的变化，相应调整和完善客户理财规划方案，只有这样才能更好地帮助客户实现理财目标。

本章小结

保险理财规划按寿险属性可以分为传统寿险规划、投资理财型寿险规划、非寿险规划三种，按产品的组合方式有单一保险规划和组合保险规划之分。

保险理财规划应遵循以下三个原则：商业保险与社会保险相结合、转移风险、量力而行。

保险理财规划的流程包括：保险理财需求调查、理财问题分析、确定理财目标、制订理财方案、理财方案实施与调整。

思考与练习

一、名词解释

流动性资产与净资产比　资产负债率　收入负债率　投资资产与净资产比　储蓄比率　即付比率

二、简答题

1. 不同生命周期的保险需求有何不同？
2. 保险需求量是如何确定的？
3. 如何确定合理的理财目标？

三、案例分析

利用书中表格，以自己的家庭或其他的某个家庭为例，评估其风险偏好，进行理财问题诊断，并帮助其确定合理的理财目标。

第四章

人寿保险理财规划

学习目标

通过本章学习，使学生能够熟悉人寿保险的功能和基础知识；掌握人寿保险规划的基本流程与基本方法；学会利用风险分析和寿险需求分析方法，为客户量身制订人寿保险规划方案。

案例导入

李万福和陶秀芝夫妻单独生活，妻子陶秀芝 55 岁，已经办理退休手续；丈夫李万福 59 岁，即将退休。妻子每月的退休养老金是 2000 元左右，丈夫每月的收入在 6000 元左右。每年夫妻两人用于生活的开支如果不考虑医疗费用一般保持在 4 万元左右。夫妻两人身体还比较健康，同时，两人所在的单位也给两人按照规定缴纳了各种社会保障费用。问：上述夫妻如何做出近期和中期的人寿保险规划？

第一节 人寿保险

一、人寿保险的概念

人寿保险是以被保险人的生命作为保险标的，以被保险人的生存或死亡作为保险事故，当被保险人在保险期间内发生保险事故时，保险人依照保险合同给付相应保险金的一种人身保险形式。人寿保险是人身保险中最基本、最主要的组成部分，被保险人在保险期内死亡或期满生存，都可以作为保险事故，即当被保险人在保险期内死亡或达到保险合同约定的年龄或保险期限届满时，保险人按照保险合同约定给付死亡保险金或期满生存保险金。

人的生老病死是一个客观存在的自然的生理过程。自从人类文明产生以来，人们知道了生与死的区别之后，就认为死亡是人身的最大风险。死亡意味着劳动力的灭失、价值创造的减少，给家属的继续生存造成困难，更会造成许多精神损失，因而早期人们把死亡事故作为人寿保险中向被保险人或受益人提供保险金的主要内容。后来随着生产力的发展，人类生存条件不断改善，人们除了在遭遇死亡风险时需要保险保障之外，还希望能够健康地生存和长寿，但是继续生存需要生活费用，这一笔钱财的来源构成了对人们新的要求的挑战，因而生存也逐渐地成为一种可保的人身风险，随即又出现了生存保险和生存、死亡相结合的两全保险。然而，人的寿命无法预知，一个人投保人寿险后究竟能活多久谁都没有办法事先确定，而生存保险在满期时一次性给付保险金就很难保障那些继续生存着的老年人的生活需要，于是，随后又出现了年金保险。人寿保险的产品种类随着人们对寿险产品的需求越来越多而发展得越来越多，人寿保险体系不断地充实、完善，保险业务经营日臻成熟。

二、人寿保险的特征

人寿保险是人身保险业务中的重要组成部分，它具备人身保险的一般特征，如保险标的的风险不可估价、保险金额的定额给付、保险利益只是合同订立的前提而非效力条件等。与此同时，它还具有许多自身的特点，反映在业务经营上也有独到之处。

1. 风险特殊，经营稳定

人寿保险所面对的人身风险是人的生存或死亡。虽然“人终究是要死亡的”，但是死亡何时发生、生命可以延续多久具有很大的不确定性。通过长期的保险实践，运用科学的数学、统计学的方法，我们发现，人寿保险所承担的风险与被保险人的年龄密切相关：在每一年龄有着较稳定的死亡概率，并且这种死亡概率随着年龄增长显现规律性变化。

在人寿保险的实际操作中，保险人是以生命表作为预测风险和计算、确定纯保险费的基础。生命表的数据来源于保险人多年经营人寿保险的实践中无数被保险人生存、死亡的生命情况，用以反映某一年龄的人生存或死亡的概率。由于资料来源广、基数大，观测时间又长，所以很大程度上排除了偶然性的因素，符合大数法则在统计学领域运用的要求，具有科学性、稳定性。因此，与其他保险相比，人寿保险在风险处理方面，尤其是在预测保险事故发生的可能性上更加准确，因为根据生命表预计人的寿命长短和死亡率的大小与人们实际寿命长短及死亡发生率非常接近。这不仅表明人寿保险所承保的风险事故的发生相当稳定，而且也决定了人寿保险业务经营的稳定性。理论上只要保险人选用的生命表以及预定的保证利息适当，就不会发生业务亏损，当然也不会出现很大的盈余。

2. 长期性

与意外伤害保险等不同，人寿保险的保险期限一般较长。从国际人身保险业的情况来看，保险期限在 5 年以下的人寿保险险种较少，大多数险种的保险期限在十几年甚至几十年。

人寿保险期限较长的原因在于：

(1) “均衡保险费”方法的采用。寿险经营中，保险人为了避免出现逆选择现象，就要根据生命表的死亡概率来核算保费，于是随着被保险人年龄增加，应交保费逐渐增多；但与此同时，保险人又为了避免被保险人高龄后因劳动能力下降、劳动收入减少而难以负担越来越多的保险费支出而被迫退出人寿保险，于是，寿险经营中引入了“均衡保险费”的方法。因此，许多一年、两年期的人寿保险自然而然地转变为五年、十年，甚至更长的期限。

(2) 多数生存保险是被保险人用于年老时养老之用的，因此很多是年金保险。年金保险的保险期限大多是从投保之日直至终身。当然投保人坚持投保一年期的生存保险也是可行的，只要能够每年续保，也可以“续短为长”，达到同样的保障目的。但是保险是一种权利义务对等的商业行为，如果被保险人身体状况较好，经济状况也较好，那么保险人承保没有问题；而一旦被保险人续保时身体状况不佳，经济情形恶化，那么保险人出于经营的需要极有可能拒保或是提高保险费要求而使投保人难以负担从而续保失败。由此看来，在被保险人身体健康，符合投保条件时投保较长期限的人寿保险，就能够使之获得较为稳定的人寿保险的保障，这也是长期业务大受欢迎的主要原因。

3. 具有储蓄性

储蓄具有返还性和收益性，表现在存款人经过一段时间以后，可以收回存款本金，同时还可以获得对这段时间放弃资金使用权的补偿——利息收入。人寿保险也有着与储蓄相类似的利息返还的情形。比如，无论被保险人生存至保险满期，还是在保险期间内死亡，保险人都要给付保险金。这一点以生死两全保险最为突出，因为在这里，生存与死亡都视作保险事故的发生，而人的生命就物理状态而言除此两者别无他样，所以对于两全保险而言，保险事故是注定发生的，因而资金返还投保人也是注定的。即便是一般的死亡保险，在保险期满未发生保险事故的情况下，也可能出现返还一部分资金的情况。此外，如果投保人未到期满申请退保，则需将责任准备金退还，而投保人获得的退保金往往要高于历年缴纳保费的总和。单就这一点看，人寿保险与储蓄一样都具有收益性质。

三、普通人寿保险的分类

所谓普通人寿保险，是对个人或某个家庭的保险，它保障死亡的是人的生、死等基本风险。普通人寿保险的保险品种主要包括定期死亡保险、终身死亡保险、生存保险和两全保险等。

1. 死亡保险

死亡保险是以被保险人的死亡为保险事故，在保险事故发生时，由保险人给付相应死亡保险金的保险。

(1) 定期死亡保险

定期死亡保险是在合同约定期限内被保险人发生死亡事故，由保险人一次性给付保险金的一种人寿保险，也称定期寿险。

定期寿险特点：①保险期限固定。保险期限可以为 5 年、10 年、15 年或 20 年、25 年不等。有的以达到特定年龄(如 65 岁、70 岁)为保险期满。②保费不退还。如果保险期满，被保险人仍生存，保险人不承担给付责任，同时不退还投保人已缴纳的保险费和现金价值。③保费低廉。在相同保险金额、相同投保条件下，其保险费低于任何一种人寿保险。④道德风险水平高。定期保险的低价和高保障，使得被保险人的逆选择增加，也易诱发道德风险。因此，需要严格控制。⑤投保人的逆选择倾向与保险人的风险选择并存。

(2) 终身死亡保险

终身死亡保险是一种不定期的死亡保险，简称终身寿险，是被保险人在投保之后无论何时死亡，保险人均依合同给付保险金的一种保险。

终身寿险特点：①保险期间不固定，至被保险人死亡为止。无论被保险人何时死亡，保险人均须按照合同约定给付死亡保险金。②保险费中含有储蓄成分，保单具有现金价值，若保单所有人中途退保可获得一定数额的退保金。

2. 生存保险

生存保险是以被保险人在保险期满或达到某一年龄时仍然生存为给付条件，并一次性给付保险金的保险。

生存保险的特点：被保险人期满生存，保险人则按合同约定给付生存保险金，若在此期间被保险人死亡，则保险人不给付保险金，且不退还所缴保费，因此，该险种极易诱发类似赌博的道德风险，通常，单纯的生存保险不作为独立的保险险种销售。

生存保险的作用：投保生存保险，可以很好地为被保险人及其家属解决子女的成长教育问题及日后自身的养老问题。例如，通过为年幼的子女投保以生存给付为主的子女教育保险，可以使其在读大学时有一笔教育基金，有效缓解子女教育支出经济压力。实际上，生存保险是保障被保险人今后的生活或工作有一笔基金，以满足未来消费开支，相当于一种强制性的储蓄。而保险人为了使之比银行储蓄更有吸引力，每年为投保生存保险的生存者派发红利。

3. 两全保险

两全保险是指无论被保险人在保险期内死亡或保险期满时生存，都能获得保险人的保险金给付的保险。它是死亡保险与生存保险的结合，既为被保险人提供死亡保障，又提供生存保障。因此，两全保险也被称为生死合险。

两全保险的特点：①承保责任最全面。被保险人无论是生、是死都可以得到保险人的给付。②保险费最高。在所有的普通人寿保险中，由于两全保险的给付具有必然性，使得其费率最高。③其保险费既有保障的因素，又有储蓄的因素，保障保费随保单年度的增加而减少，直至期满消失；储蓄保费则随保单年度的增加而增加，期满时全部为储蓄，即保费的变化规律为“保障递减，储蓄递增”。④其保额分为保障保额和储蓄保额。随保单年度的增加“保障递减，储蓄递增”。

两全保险的主要形态有：普通两全保险、期末双倍两全保险、两全保险附加定期寿险、联合两全保险等。

第二节　人寿保险规划流程与方法

一、人寿保险的效用

1. 对个人和家庭的效用

人寿保险作为一种化解人身基本风险的手段，其作用正日益为人们所重视，因为人对生命中的不可预知越来越有认识。人们会担心过早地离开亲人，而使整个家庭陷入困境；会担心万一身染重病，不仅要支付巨额的医疗费用，而且还要影响收入，给家庭经济造成困难。除此之外，随着人们寿命的不断延长，养老的时间也随着加长，于是老有所养也日益成为人们关心的问题。凡此种种，如不提早筹划就会成为后顾之忧。人寿保险正是从这几方面给人们提供了保障，具体而言：

(1) 经济保障，化解意外伤害造成的损失。据统计，人受伤的风险概率是1/3，遭遇车祸的风险概率为1/12，死于车祸的风险概率是1/5000，死于突发事件的风险概率是1/2900，心脏病突然发作的概率是1/77，死于心脏病的概率是1/340，死于中风的概率是1/1700。上述数字虽然只有多少分之一，但对于遭遇风险的个人来说是100%。人身保险可以把个人、家庭遭遇人身风险而引发的经济损失转嫁给保险公司，即缴纳确定金额的保险费以后，发生死亡、伤残、疾病、衰老等人身风险时，从保险公司领取一笔保险金以保证家庭生活的稳定，避免因家庭主要劳动力成员发生保险事故造成家庭收入减少或支出增加，甚至生活陷入困境等情况的发生。

(2) 投资手段。由于长期人寿保险中保险公司要对投保缴纳的保险费计算利息，满期给付的保险金大大高于缴纳的保险费，所以投保长期人寿保险往往被作为一种投资手段。此外，投保人还可以将寿险保单作为抵押向保险公司申请借款，也可以随时请求解除合同，领取退保金，因此人寿保险单具有现金价值，往往被视为个人金融资产。由此可见，投保人寿保险不仅可使被保险人安心工作，不再担心人身风险的发生带来经济利益的丧失，而且定期缴纳保费又具有强制储蓄效应。

(3) 保险单所有人和受益人还可享受税收减免。一般税法规定，在被保险人死亡时保险人给付的人寿保险金可以免交所得税。付给受益人的保险金还可以全部或部分免交遗产税。给保险单所有人的所有支付，如退保金、红利、两全保险期满生存的给付，可以免交所得税的收入金额相当于所交付的保险费金额。对年金收入也只征收适量的所得税，即只对其中的利息收入部分征税。

2. 对企业的作用

现代社会中，随着工业化进程加快，越来越多的人在企业中工作。企业作为投保人，缴纳保费为员工投保人身保险，当员工发生死亡、伤残、疾病等事故时或年老退休后可以从保险公司领取一笔保险金，从而稳定企业支出，提高员工福利，增强企业凝聚力，而且不少国家还对此采取鼓励措施，规定企业为员工投保人身保险支出的保险费，在一定金额以内的部分，可以列入成本，作为税前支出。

另外，通过投保人寿保险，还可以使企业经营不致遭受关键员工突然死亡的影响，确保合伙事业不因任一合伙人的死亡而解散，可以使职工安居乐业；同时提高企业信用，使企业的证券发行工作顺利进行。

二、人寿保险规划的流程和方法

1. 分析个人或家庭的寿险需求

(1) 分析个人或家庭的基本人身风险及其危害

① 过早死亡。首先是丧葬费用，其次可能是支付死者的到期债务，再次是生存者的收入需求。在分析早亡的风险会产生哪些保险需求时，我们关注的是早亡者的死亡对其家庭的财政收入状况会造成什么影响。如果一个人向其他家庭成员提供全部或部分金钱的扶助、支持，那么他的早亡必将对家庭财政收入状况造成巨大的影响，使得生存的其他家庭成员产生一些经济和保险需求。这些需求主要体现在以下几个方面：首先，是生存的孩子的经济需求；其次，是生存的配偶的经济需求；最后，是其他生存的被抚养者的经济需求。有些时候，一个人除了抚养小孩、照顾配偶外，还要向其他亲属提供一定程度的经济支援。比如：当年老的父母和成年子女生活在一起时，如果子女早亡，对父母的生活安排必然会产生经济上的影响。

② 健康丧失。首先是住院费用。其次有可能是手术费。这项费用并不经常发生，通常是因为生病或受伤才产生的，但价格昂贵。再次是长期护理费用。现在的人寿命越来越长，到老年时经常会受到诸如关节炎、骨质增生、帕金森综合症的困扰，加上行动不便，无疑会产生家庭医学护理照料的需求，这些护理内容通常会包括医生经常性地上门检查、家庭病房，以及有专门护理人员帮助老人洗澡、穿衣、吃饭和进行其他活动。这些理疗项目显然意味着一大笔费用的支出。

(2) 分析不同阶段的个人或家庭的寿险需求

① 单身期阶段。

特点：经济收入比较低且花销大。这个时期是未来家庭资金积累期。当事人年纪轻，主要集中在20～28岁之间，健康状况良好，无家庭负担，收入低但稳定增长，面临的风险主要是意外死亡或伤残。

保险需求分析：寿险需求不高，主要可以考虑性价比较高的定期死亡保险，以减少因意外或疾病导致的死亡经济损失。

② 家庭形成期。

特点：这一时期是家庭的主要消费期。经济收入增加而且生活稳定，家庭已经有一定的财力和基本生活用品。为提高生活质量往往需要较大的家庭建设支出，如购买一些较高档的用品，贷款买房的家庭还须一笔大开支——月供款。夫妇双方年纪较轻，健康状况良好，家庭负担较轻，收入迅速增长，保险意识和需求有所增强。

保险需求分析：为保障一家之主在万一遭受意外后房屋供款不会中断，可以选择交费少的定期险、意外险等，除此，还可购买以孩子为被保险人的少儿成长型保险。

③ 家庭成长期。

特点：家庭成员不再增加，整个家庭的成员年岁都在增长。这一时期，家庭的最大开支是保健医疗费、学前教育、智力开发费用。理财的重点是适当安排上述费用。同时，随着子女的自理能力增强，年轻的父母精力充沛，时间相对充裕，又积累了一定的社会经验，工作能力大大增强，有投资创业需求。

保险需求分析：建议夫妇双方购买以足额生存给付为主的养老保险或带有储蓄性的两全分红保险，以及万能寿险等投资性产品。

④ 家庭成熟期。

特点：在这一阶段里家庭支柱成员的工作能力、工作经验、经济状况都达到高峰状态，子女已完全自立，债务已逐渐减轻，理财的重点是扩大投资。同时夫妇双方年纪较大，健康状况有所下降，家庭成员不再增加，家庭负担较轻，收入稳定在较高水平，保险意识和需求增强。

保险需求分析：人到中年，身体的机能明显下降，在保险需求上，对养老、医疗、重大疾病的需求较大。同时应为将来的老年护理生活做好安排。

⑤ 退休期。

特点：这段时间的主要内容应以安度晚年为目的，理财原则是身体、精神第一，财富第二。大多中等收入家庭应合理安排晚年医疗、保健、娱乐、锻炼、旅游等开支，投资和花费有必要更为保守，可以带来固定收入的资产应优先考虑，保本在这一时期比什么都重要，最好不要进行新的投资，尤其不能再进行风险投资。

保险需求分析：夫妇双方年纪较大，健康状况较差，家庭负担较轻，收入减少，以生存给付为主的养老保险和老年护理保险应占主要地位。

延伸阅读

中国家庭寿险需求调查报告

2010年7月，泰康人寿保险股份有限公司邀请了包括北京大学在内的行业内外二十名专家设计了市场调查和评价指标体系，以中国家庭寿险需求为主题，在中国大陆31个省、自治区、直辖市开展大规模问卷调查。本次调查项目以家庭为视角，探讨中国家庭的基本状况、御险意识、抗风险能力，以及基于这些因素对寿险服务的需求状况，力图了解中国家庭寿险消费的行为特征与趋势，整个调查研究项目前后历时近一年，泰康人寿保险公司委托零点研究咨询集团进行了本次调查。所访问的群体包括中国大陆31个省、自治区、直辖市的6302个普通家庭。调查采用国际通用的多阶段随机抽样方式在全国范围内进行抽样，调查结果与其他民意测验专业机构采用类似抽样方法获得的结果具有可比性。问卷包括了对家庭生命周期、家庭资产、家庭结构、教育程度、职业、风险意识、单位性质和收入等社会经济指标的大量信息分析。

在零点公司调查的基础上，泰康人寿保险公司联合北京大学经济学院、北京大学中国保险和社会保障研究中心邀请了来自全国的二十多位专家学者举行了题为《中国家庭寿险需求调查》的专题研讨会，会议依托零点公司的市场调查结果，持续研究以家庭为纽带的寿险需求变化趋势与方向，旨在推动行业关注客户需求，提高行业服务水平，满足消费者日益增长的、全方位、多层次的人寿保险需求。

(1) 中国家庭小型化趋势明显，老龄化压力增大。

近三十年来，中国家庭规模不断缩小，户均人口数从1982年的4.41人/户降低到2000年的3.44人/户。本次调查显示，中国目前家庭的户均人口数为3.38人，比2000年略有下降，但仍高于美国、加拿大等国家户均3人左右的水平。整体上来说，中国家庭的小型化趋势相对比较明显。分城乡来看，城市家庭户均人口数仅有2.69人；而县城和农村的这一数字则分别为3.05人和3.83人。

调查显示，目前中国的家庭结构是以核心家庭为主流，比例达到70.8%；其次是主干家庭，比例为23.2%；单人家庭比例为4.6%，复合家庭和其他类型家庭大约占到1.4%。在核心家庭中，家庭成员包含有夫妇及子女的标准核心家庭占到核心家庭的93.2%。

分城乡来看，城市和县城中，核心家庭比重大的特点更加显著，分别占家庭总数的79.4%和77.5%，均比农村高15个百分点左右；相对应的，农村的主干家庭比重明显较高(32.4%)，远远高于城市与县城(9.7%,15.2%)。另外，城市中单人家庭比例接近一成(9.9%)，高于县城和农村地区(4.7%,2.2%)。

从中国家庭所处的生命周期来看，目前超过八成(81.7%)的中国家庭处于满巢阶段，其中满巢Ⅲ期家庭的比重最大，占38.4%，满巢Ⅱ期与满巢Ⅰ期家庭的比例相当，均在两成以上(23.1%，20.2%)。另外，空巢家庭比例将近一成(7.9%)，单身/未婚家庭和两口之家的比例最低，分别仅为5.6%和4.8%。

从家庭中子女的年龄分布来看，子女年龄在19～22岁大学阶段的比重最大，占满巢Ⅲ期家庭总数的44.5%；其次是子女在17～18岁高中阶段(19.3%)。以一般人22岁大学毕业独立生活开始计算，子女年龄在22岁以上仍然与父母同住的家庭占满巢Ⅲ期的36.2%，这从某种程度上验证了当前中国家庭中"啃老"现象的存在，由于生活压力的增加，年轻人越来越倾向于推迟独立生活，甚至结婚、生育的年龄。但实际上，这部分群体一旦建立自己的家庭，中国的空巢家庭将出现较大幅度的增加，也对我国未来的老龄化趋势带来新的压力。

(2) 县域家庭风险意识和存款意识低。

从城市和县域(县城及以下乡镇)家庭认为未来五年会出现的支付情况及会存钱准备的比例来看，城市和县域家庭普遍选择了养老和子女教育支出。其中，城市和县域家庭选择最多的都是子女教育支出(44.2%，45%)。而对于重大疾病和意外事故等突发性风险，县域家庭的风险意识和存钱意识都相对较低，分别仅为21.1%和13.8%。而由于县域家庭所处的生活、工作和交通环境等普遍不佳，县域家庭面临的突发性风险其实更大。

调查发现，城市家庭表示会准备的存款额度普遍高于县域家庭，其中在重大疾病、意外事故两个方面差距更大。但两者表示准备的额度总体均偏低。如重大疾病方面，城市和县域家庭分别表示会准备7.7万元和4.6万元，但实际上，根据相关的行业公开数据，对于重大疾病的治疗费用，癌症平均治疗费用12万元，重大器官移植10万～20万元。也就是说，如果不考虑保险支付，家庭即使准备了预定中的存款，也难以有效地应付重大疾病风险。

而对于养老费用、子女教育费用，尽管城市和县域家庭表示会准备的额度相对高于其他方面，尤其是子女教育费用(10万元，8.6万元)，但在未来通货膨胀的预期下，同等额度子女教育费用的防范能力可能会有所减低。

(3) 家庭抗风险能力低，渠道集中于存款和向亲友借款。

通过一个设定的情景来探析中国家庭的抗风险能力："如果家庭主要劳动力得了大病，需要花费50万元，请问会通过哪些渠道来筹集，各自可以筹集到多少？"调查显示，城市和县域家庭中分别只有54.7%和40.9%表示可以通过各种途径凑齐50万元。其余难以筹集到50万元的家庭中，城市和县域的平均资金缺口分别是10.2万元和16.1万元。

进一步来看，中国家庭抗风险能力的来源渠道整体上比较集中，"存款"、"向亲友借款"、"社保赔付"和"变卖固定资产"是城市和县域家庭选择的前四位，只不过城市家庭将"社保赔付"排第三，县域家庭则是将"变卖固定资产"放在第三位。

在选择顺序上，城市和县域家庭选择"存款"时都基本分布在第一和第二选择；城市居民选择“向亲友借款”主要在第三和第四选择(25.4%,27.4%),而县域家庭则主要在第二和第三选择(43.8%,21.3%);城市和县域家庭选择“社保赔付”都主要集中在第一选择(35.9%,15.7%),但城市家庭选择的比例明显更高。

在家庭可以筹集到的资金中,上述四项所占的比例之和在城市和县域分别达到了73.6%和84.6%。也就是说,中国家庭的抗风险能力基本围绕在家庭层面上,主要是依靠自己的既有能力,它的社会近圈,如亲友救济、单位报销和社会远圈,如政府救助、社会救助,不论是选择可能性还是提供的贡献度都比较低。

(4) 社会保险高覆盖低保障,商业寿险多是锦上添花。

调查显示,与社会保险相比,商业人身保险对于提升家庭的抗风险能力的贡献度还不突出,在城市和县域家庭资金结构中所占的比例分别仅为:4.6%和1.1%,而社会保险的这一比例则相应为15.5%和7.4%。

具体来说,这与中国家庭的商业人身保险的覆盖率相关,主要表现为两个方面:一是市场普及率低,城市和县域分别有47.5%与32.9%的家庭目前购买了商业人身保险,而社会保险的普及率则分别达到了88.9%与87.5%。当然,从社会保险的保障能力来看,只有5.6%的家庭社会保险属于高保障。二是家庭成员覆盖率低,城市和县域家庭中的商业人身保险覆盖率仅为31%和15%,社会保险的这一比例则分别达到了74%和77%。

调查发现:社会阶层越高的家庭,越有更高的商业人身保险参保率。在城市和县域家庭中,商业人身保险在不同阶层家庭抗风险能力中所占的比重基本上随阶层提升而增长。

(5) 家庭责任意识高,投保对象首选子女。

家庭责任意识的高低对寿险的发展有着重要的推动意义,它所体现出来的责任大小、责任方向,对寿险的发展更是有着直接的指导意义。调查显示:

① 县域家庭的责任意识明显高于城市家庭,表示必须承担对父母、爱人与子女各项责任的比例均超过六成。而城市家庭的相对应比例均要低20个百分点左右。特别是在“爱人的养老”方面,县域家庭责任意识比城市家庭高出32.5个百分点。

② 在父母、爱人和子女中,城市家庭对子女的责任意识最高,而县域家庭对爱人的责任意识最高,对子女责任略低一些,但同样很高。

③ 相较而言,城市和县域家庭对父母的责任更多体现在赡养(46.5%,67.1%),医疗的比例相对较低;对子女的责任则是“为子女准备教育金”相对更多(57.3%,70.9%),这也是城市和县域家庭差别最小的方面。

商业人身保险作为一种补偿赔付手段,它的价值即在于最大限度地防范家庭风险,保障家庭的正常生活。因此,一般来说,为家庭主要劳动力购买保险更能体现出其防范风险的价值。

调查显示:在家庭生命周期处于满巢阶段时,中国家庭购买对象最可能选择的是子女,尤其在满巢Ⅰ期和Ⅱ期,选择子女的比例均在四成以上,都超出选择户主和爱人等家庭主要劳动力的比例;城市家庭在满巢Ⅲ期选择子女的比例也在五成以上(54.3%);而在满巢之前和之后的家庭发展阶段，基本上首选投保对象都是户主或爱人；在单身/未婚阶段，选择为父母亲投保的比例接近三成(27.7%)，这一比例相对较高。

(6) 寿险实际客户群以中高收入家庭为主体。

调查显示，从城乡整体来看，将近四成的家庭(36.5%)拥有寿险，城市中寿险普及率(47.5%)，明显高于县域地区(32.9%)。通过对地域、家庭收入、资产、学历、生命周期和户主职业等因素的多元对应分析结果表明：目前寿险仍然主要是中高收入中国家庭的消费品，而他们本身对风险就具有一定的防御能力。

现有寿险消费群体的主要家庭特征表现为：家庭学历高；一般担任企事业单位的管理者或者从事普通白领工作；家庭月收入水平5000元以上；家庭资产在100万元(含)以上；从家庭生命周期看，消费能力稳定的两口之家，以及寿险需求较大的满巢Ⅰ期和Ⅱ期家庭是寿险的主要消费者。

(7) 一般家庭成为寿险未来的潜在消费群体。

调查显示，在城市家庭中有31.8%的家庭表示未来一年会购买寿险，而县域家庭中这一比例为14.5%。通过对地域、家庭收入、学历、生命周期、户主职业、是否拥有寿险等因素的对应分析，我们可以将寿险的潜在用户分为三个群体。

① 忠实群体。

忠实群体属于表示肯定会购买寿险的潜在用户。具体的家庭特征表现为：职业为体力劳动者或个体户/小摊主、自有职业者，家庭收入稳定性相对低，一般处于中低水平，家庭的风险水平较高；家庭学历一般在中等水平；满巢Ⅱ期、Ⅲ期家庭也倾向于表示肯定会购买寿险。

② 游移群体。

游移群体属于表示可能会购买寿险的潜在用户。一般情况下该类群体已经拥有商业人身保险并且家庭生活水平相对较高。具体的家庭特征表现为：家庭户主职业为企事业单位管理者或普通白领，家庭学历较高，家庭收入在中等偏上水平，家庭生活有较充分的保障。

③ 绝缘群体。

绝缘群体属于表示不会购买寿险的非潜在用户，一般从事社会较底层的工作，家庭收入水平较低。具体来看，家庭学历水平低，职业为家庭主妇，而且目前并非寿险的实际用户，家庭抵御风险能力较差。

(8) 寿险代理人渠道营销优势明显。

渠道营销对家庭的寿险消费有重要的影响，尤其是直接的面对面沟通渠道，人们以此来做出寿险消费的决策。进一步分析发现，"通过寿险公司业务员或营销员"购买寿险是目前中国家庭最为认可的方式，城市和县域家庭选择的比例均在六成左右(68.4%，59.8%)，其次是选择"直接去保险公司办理"(35.2%，44.3%)。

这在一定程度上显示出中国家庭对寿险代理人渠道的认可，其实这与寿险代理人从业人员多有很大关系，而且也要看到，寿险代理人在带来高业务量的同时，也带来了很多的问题。

(9) 寿险认知水平与寿险购买意愿正相关。

调查显示：中国家庭的寿险认知程度仍处于较低水平，对于市场上的寿险产品，仅有27.2%的家庭表示了解其相关信息，而明确表示不了解的比例超过半数(51.2%)，农村表示不了解的比例更高(54.2%)。可以说，中国寿险市场的培育还不成熟。

通过家庭对寿险作用的认同度分析，我们发现：寿险认同度越高的家庭购买寿险的可能性越大，这一趋势在城市家庭中体现更加明显。城市家庭对寿险认同度越高，未来一年计划购买寿险的比例就越高；县域家庭受此影响相对较弱，对寿险高认同度和中认同度的家庭表示会购买寿险的比例相当(19.5%，18.4%)，但仍高于低认同度家庭。

(10) 寿险行业服务满意度高，而产品设计难获认可。

中国的寿险市场起步较晚，目前来说仍处于初级发展阶段。其表现之一即是中国家庭的保险消费水平较低，2009年中国保险密度仅为831.14元，不足世界平均水平的四分之一(595.10美元)。尽管从寿险产品的开发层面来说，中国寿险产品并不输于欧美国家，但由于中国市场上消费者对寿险的认知水平不高，再加上寿险产品的设计过于专业化，因此很难得到消费者对产品的认可，反而在服务方面，由于各寿险品牌竞争的加剧，消费者基本可以享受到较好的服务。

调查显示，在服务方面，城市和县域家庭对寿险服务质量和服务速度的满意度相当，均高于对产品的评价，其中城市家庭的满意度更高一些。在产品方面，目前寿险产品大概能够满足六成以上城市家庭的需求(61.1%)，但对县域家庭而言，这一比例仅为47.5%。寿险产品在理赔、条款设计的合理性上获得的满意度最低。

资料来源：http://news.vobao.com/2013/7/13/759151482789.html.

2. 合理确定保险需求强度(即合理确定保险金额)

多数人购买寿险的目的是通过死亡保险金的给付，使在经济上依赖被保险人的人在被保险人去世后，生活能保持与以前相仿的水平；因此，消费者购买寿险保额并非越高越好，可通过计算生命价值和家庭需求的方式来确定寿险保额。

(1) 计算生命价值。生命价值法是以一个人的生命价值作为依据，来考虑应该购买多少保额的保险。操作具体分三步：一是估计被保险人以后的年均收入；二是确定退休年龄；三是从年收入中扣除各种税收、保费、生活费等支出。据此计算，可得出被保险人的生命价值。比如，王先生今年30岁，假设其60岁退休，退休前年均收入9万元，平均年收入的三分之一自己花费，三分之二用于家人，按生命价值法则，王先生的生命价值是(60岁－30岁)×(9万元－3万元)＝180万元。

(2) 考虑家庭需求。在计算出生命价值后，还要考虑家庭需求情况，即当事故发生时它可以确保家人的生活准备金总额。具体计算方式是，将家人所需生活费、教育费、供养金、对外负债、丧葬费等，扣除既有资产，所得缺额作为寿险保额的估算依据。

由此确定下来的保险金额将是一个合理的、适用的保障。

3. 确定适合的保险费

花多少钱买保险合适？俗话说“有多大的脚穿多大的鞋”。一般来讲，支出的保险费按照一般年收入的10%～20%即可。当然这是一般规律，是最基本的保障数目。有人认为自己生命、财产价值很高，也可以买更多的保单，但一定要量力而行。因为保险计划是可以不断调整的，结合自己目前的经济能力适当选择保险产品，尤其是在基本保险需求之外额外增加的保险费用，这部分钱不要划入财务规划的保险项目，而要列入财务理财增值项目。然后再从这个项目的角度，来考虑是增加还是减少，以后经济条件增强时还可进一步覆盖。

4. 选择合适的寿险商品

面对日益众多的寿险产品，消费者应该如何做出理性选择呢？可从以下几方面入手。

（1）比保障范围

挑选寿险产品不能只是单一地考虑价格、比较价格，一定要联系保险合同中具体的保障责任范围来比较。即使是同一类险种，比如都是综合疾病保险计划，甲公司的一款重疾保险计划责任为重疾和身故保障利益；乙公司的疾病保险计划则涵盖了重疾、疾病终末期、老年护理、全残、身故、各类意外身故残疾或烧伤、重大自然灾害额外保障等多种保险利益，两者之间显然不能简单地说，甲公司的产品比乙公司的产品便宜故而优选甲公司产品，因为两者的保障范围差异较大。所以，在比较的时候，要选取同样的险种来比较；即便是同类险种，险种名称相同，也要仔细看看保障责任范围是否相同。

（2）比产品价格

和其他商品一样，不同公司推出的同类保险产品的价格（费率）也多少会有差异，即便是同一家公司推出的同类产品，也可能出现价格差异。因此，比较价格是挑选保险产品时必要的一步。比如，保险责任比较容易理解的意外险，在保险责任和免责范围相同的情况下，同样投保10万元保额，同样是一个30岁的男性去购买，A公司给出的价格是200元，B公司给出的价格是180元，C公司给出的价格是230元，存在差异，自然要货比三家。

（3）比除外责任范围

同样的，即便是相同的价格、相同的责任保障范围，如果条款中对于除外责任的范围变数不同，也就相当于价格不同，原理同“保障范围”那一部分。因此，要仔细阅读除外责任范围。

（4）比各种条件设置

同样的保障范围，同样的除外责任，同样的价格，却也可能出现性价比的差异。因为还可能有“观察期”“免赔天数”等条件设置的不同，在健康医疗类险的比较中，特别要注意这些。

（5）比收益结算水平

如果要购买分红险、万能险、投连险等具有投资理财功能的险种，则还要比一比各自的收益水平情况。对于分红险、万能险、投资连结保险，缴纳的保险费仅仅是其真正价格的一部分，还有一部分的“价格”可以从今后的收益来得到体现，也就是说，如果今后收益回报高，那么相当于抵消了一部分的价格成本，对绝对价格而言就低了；反之，产品的绝对价格就显得较高了。

5. 合理确定保险期限

保险期限也称保险期间，是指保险合同的有效期限，即保险合同双方履行权利和义务的起讫时间。由于保险期限一方面是计算保险费的依据之一；另一方面又是保险人和被保险人双方履行权利和义务的责任期限，所以，它是保险合同的主要内容之一。保险人应根据客户寿险风险存在时间、实际需求状况及缴费能力状况加以合理确定。保险期限并非越长越好，因为保障期限特别长在很多情况下并没有实际的必要和效果。例如对于固定保险金额的保险来说，保障到 70 岁和保障到 80 岁，虽然可以多保障 10 年，但是考虑到通货膨胀因素的影响，相同保额的实际保障能力是急剧萎缩的。

第三节　人寿保险规划实例

一、寿险规划应注意的问题

1. 先满足保障需求，后考虑投资需求

众多消费者在选择险种的过程中，存在一个误区，就是往往对投资型险种情有独钟，常常选择的是“高收益，高回报”的险种，而忽视保险的基本保障功能。普通人寿保险和健康险等是最具有保障意义的险种，但是有时并没有得到消费者应有的重视。于是，不少消费者花了钱投保返还型或者投资型险种，当风险来临时，却发现保险“不管用”。一味追求保险的投资收益，犹如空中楼阁。这也是一些投保人遭遇风险时才发现保险不“保险”的根源。

2. 先保家长，后保小孩

很多人想到买保险，往往是在有了孩子之后。越来越多的家长开始利用保险手段给孩子制订一个周全的保障、教育、储蓄计划。与此同时，家长们也忽略了一条必要的条件：给孩子交保费的是自己。

“重孩子轻大人”是很多家庭买保险的误区。家长为孩子投保的最终目的是增加孩子的保障。而对孩子来说，最大的保障来自父母，即便没有保险，出现了问题还有家长来想办法解决。但是如果是孩子所依赖的父母出了意外，没有任何经济能力的孩子才是真的失去最基础的保障。因此，买保险要遵循一个最基本的原则：先保家长，尤其是对家庭财务贡献度最高的人。采用这种“曲线救国”的方式，首先对自己和配偶的保障下足功夫。只有家庭支柱获得足够的保障，孩子的风险才可能降到最低。

3. 先满足保额需求，后考虑保费支出

如果投保时，保险代理人告诉消费者：买保险要关心保额，不要关心保费，往往消费者会心存质疑，其实很简单，保额比保费更重要。保额通过科学的风险评估和需求分析可以得出，作为必要的保障额度，购买得太少显得保额不够，购买得太多影响你的财务结构，而保费则可以根据投保人的实际情况来调整，不同的人身阶段、不同的财务状况、不同的职业类别，可以有不同的选择方式来安排你的保费支出。比如消费型产品（保费低）与返还型产品（保费高）的选择、保费缴纳期限长（年度缴费低）短（年度缴费高）的选择，通过合理组合均可以达到你所需的保额。

4. 寿险购买时间尽量提早

原因有三个：一是购买越早，被保险人身体状况越好，越容易通过保险公司体检。二是购买越早，保费越低廉。三是风险无处不在，无时不有，早获取保障，降低人身风险。

5. 充分利用附加险提升自身保障

附加险是指附加在主险合同下的附加合同。附加险不能单独投保，却有着主险无法比拟的优势。附加险虽不起眼，但性价比颇高。选择合适的附加险可帮助被保险人获得多次理赔的机会。相比主险而言，附加险往往会被投保人所忽视，但实际上，附加险往往能起到很好的保障补充作用，令个人、家庭整个保险体系更为完整。附加险最大的优势是，可用较少的保费获得更高保额的保障。一般附加险的保险期限为一年，客户在每个保单周年日可以根据新的保障需求进行适当的调整，比如减少或增加附加险、提高附加险的保额，甚至每年都可以选择保险公司最新的附加险品种等。通过附加险和主险的灵活组合和搭配，可以满足不同客户的保障需求并提升原有自身保障。

二、中产型退休老年家庭寿险规划案例

李万福和陶秀芝已经到了快退休的年纪。2008 年，妻子陶秀芝 55 岁，已经办理了退休手续；李万福 59 岁，即将退休。夫妻两人有一个孩子李丽，李丽 2008 年时已经 28 岁，已成立了自己的小家庭独立地生活，并准备要宝宝了。李万福和陶秀芝的收入不算很高，属于中等收入水平，他们已经有一套 100 平方米的自用房，而且还有一套 40 平方米的老公用房用以出租。退休后，陶秀芝每个月从社会保障领回的养老金是 2000 元左右，而李万福还在工作，每个月的收入在 6000 元左右。每年，李万福和陶秀芝用于生活的基本生活开支也不高，如果不考虑医疗费用，仅仅吃饭、穿衣等基本费用一般保持在 4 万元左右。夫妻两人身体还比较健康，同时，两人所在的单位也给两人按照规定办理了各种社会保障。

资料来源：粟芳．家庭保险规划．上海：上海财大出版社，2009.

1. 提炼客户信息

李万福和陶秀芝是典型的中产型老年家庭。他们的年龄已不再年轻，但身体还算硬朗，孩子已经长大独立了，身上所承担的家庭责任也仅限于夫妻之间的守望相助，同时，两人都有比较充足的社会保障，如表 4-1 所示。

表 4-1　客户信息

老李夫妇——退休老年型(中产型)	
丈夫：李万福	妻子：陶秀芝
年龄：老年型	年龄：老年型
健康状况：比较健康	健康状况：良好
个人收入：独立，有结余	个人收入：独立，能自给自足
社会责任与压力：小，仅限于夫妻之间	社会责任与压力：小，仅限于夫妻之间
社会保障及企业保障：充分	社会保障及企业保障：充分

2. 分析客户保险需求

老李一家最主要的特征就是孩子已经长大成人，而且能够独立生活，老李夫妇身上所承担的社会责任及家庭责任比较小。所以，老李一家的保障重点应该是老李夫妻自己。

从夫妻两人实际情况出发，经分析，不难发现老李夫妻两人间的责任也比较小。因为，夫妇两人都有退休金，即使没有对方的收入也能满足自己最低的生活要求。所以，即使老李夫妇中的任何一方死亡了，对于对方的经济影响也是很小的。再者，老年人的死亡风险比较高，因此买人寿保险所需的保费就比较贵，所以，不建议老李夫妇购买人寿保险。

中产型老年家庭老李夫妇所面对的风险依次主要是：养老风险、疾病风险和意外伤害风险。虽然老李夫妇都能够从社会保障中领取基本养老金，但鉴于我国目前社保保障程度偏低的事实，其所能够领取的养老金只能维持基本生活需要，而且，随着时间流逝，老李夫妇面临的养老金缺口会越来越大，所以，老李夫妇目前首先应该考虑的就是规避养老的风险。其次，随着年龄增长，患病概率大大增加。有数据显示，在人的一生中，70%的医疗费用是在人生最后的30%的时间内花费的。所以，可能到了老年，社会保障所提供的基本医疗保障将捉襟见肘，因此老李夫妇应该做好充分的准备保障医疗费用，包括重大疾病保险。但是，需指出的是，老李夫妇在购买医疗保险时不用附加收入保障保险。因为老李夫妇退休了，他们的收入固定地来源于社会保障，即使老李夫妇因病无法继续工作，他们的收入也不会减少，只是支出会有所增加。至于意外伤害风险，尽管老人发生意外的可能性比较大，然而影响比较小，即使老李夫妇因意外而残废，他们的收入也不会减少，仍然只是支出会有所增加，所以，可以适当考虑一下意外伤害风险规避，主要是意外伤害所致的医疗费用。客户保险需求如表4-2所示。

表4-2　客户保险需求

老李夫妇——退休老年型（中产型）	
丈夫：李万福	妻子：陶秀芝
短寿风险：死亡风险比较大，但影响很小	短寿风险：死亡风险比较大，但影响很小
长寿风险：风险较大，影响比较大	长寿风险：风险较大，影响比较大
健康风险：存在，影响大，考虑重疾风险	健康风险：存在，影响大，考虑重疾风险
意外伤害风险：存在，影响比较小	意外伤害风险：存在，影响比较小

3. 制订保险规划方案

老李夫妇在家庭中有着比较相似的经济地位，所以，老李夫妇各自的保险规划应该是大体相当的。各个险种的重要程度依次为养老保险、医疗保险、意外伤害保险、人寿保险。同样的，在考虑保障金额时，应当以保障家庭生活水平不变为原则。

尽管老李夫妇的养老风险比较大，分散养老风险的渠道也很多，比如：通过自己的银行存款实现风险自留等，但是最有效的财务型分散风险的手段与方式还是借助养老保险的力量。购买养老保险需根据个人实际经济状况，只要经济能力许可，没有上限限制。

在考虑医疗保险时，首先要考虑老李夫妇的重大疾病保险，该险种的保额不必太高，否则投保人可能无力承担对应的较高保费。对老李夫妇建议 20 万元适宜，因为根据消费者调查及医疗机构数据显示，治疗大病的必需费用是在 16.6 万元左右。其次还应考虑老李夫妇的一般性问诊费用和住院费用。根据他们的身体情况、社会医疗保险情况等建议其适当地购买补充医疗保险。

在考虑意外伤害保险的保额时，也是以保障家庭生活水平不变为原则。从前面分析不难看出，由于老李夫妇即使发生了意外，其收入水平也不会下降，只是支出会有所增加，所以，对于意外伤害保险，老李夫妇每年只需适当买些即可，根据其家庭实际收支状况和家庭责任程度，建议其投保该产品时保额在 15 万～20 万元之间为宜。规划方案可参见表 4-3。

表 4-3　客户保险规划方案

老李夫妇——退休老年型(中产型)保险规划	
近期保险方案	1. 老李夫妇根据自己的经济实力和理财资产购买一定的养老保险 2. 建议购买 20 万元左右的重大疾病保险，并根据自己身体状况和当地医疗费用水平适当购买门诊费用保险和住院保险 3. 老李夫妇分别购买 15 万～20 万元的意外伤害保险
中长期保险方案	可以适当购买终身寿险以规避遗产税

本章小结

人寿保险是以被保险人的生命作为保险标的，以被保险人的生存或死亡作为保险事故，并在保险期间内发生保险事故时，依照保险合同给付一定保险金额的一种人身保险形式。人寿保险是人身保险中最基本、最主要的组成部分，被保险人在保险期内死亡或期满生存，都可以作为保险事故，即当被保险人在保险期内死亡或达到保险合同约定的年龄、期限时，保险人按照保险合同约定给付死亡保险金或期满生存保险金。

普通人寿保险的保险品种主要是死亡保险、生存保险和两全保险。死亡保险是以被保险人的死亡为保险事故，在保险事故发生时，由保险人给付一定的保险金额的保险。生存保险，是以被保险人在保险期满或达到某一年龄时仍然生存为给付条件，并一次性给付保险金的保险。两全保险是指无论被保险人在保险期内死亡或保险期满时生存，都能获得保险人的保险金给付的保险。

人寿保险规划的流程主要有：进行个人或家庭的基本人身风险分析；进行不同阶段的个人或家庭的寿险需求分析；合理确定保险需求强度(即合理确定保险金额)；量力而行确定合理保费；选择合适寿险商品；合理确定保险期限等环节。

在选择保险商品时不能只是单一地比较产品价格，还应从险种保障范围、承保条件、除外责任范围与约定、保险公司结算收益等方面入手。

思考与练习

一、简答题

1. 简述人寿保险的定义特征。
2. 简述人寿保险的分类。
3. 简述人寿保险的作用。
4. 简述人寿保险规划流程。
5. 简述寿险规划应注意的问题。

二、案例分析

李女士，27岁，已婚，有一子，半岁，本人为××销售公司营销策划，月薪4500元，年终奖金1万元。丈夫王先生33岁，私营业主，年收入20万元左右，但是由于经济环境影响，公司经营存在风险，不稳定，收入也有一定波动。该家庭每月生活费开支大约8000元，每年教育费开支大约2万元，大宗物品消费开支大约2万元。两人现有商品房一套，120平方米，私家车一辆，银行存款8万元。王先生父母在农村，无固定收入，李女士父母退休，有退休金，双方身体尚可，无须陪护。请根据背景材料为该家庭做出寿险规划方案。

第五章

健康保险与人身意外伤害保险理财规划

学习目标

通过本章的学习，使学生了解健康风险的类型；掌握健康风险管理流程；熟悉重大疾病保险和医疗保险的主要保障内容；掌握人身意外伤害保险的基本内容；能够帮助客户制订健康保险和人身意外伤害保险规划方案。

案例导入

周医生，男，50岁，从某国企职工医院停薪留职自办诊所，单位上“三险一金”等保险。妻子40岁，无单位、无职业，自费缴养老保险，年缴费2000元左右，无其他保险，两个女儿已大学毕业，待业在家。诊所平均月收入4500元，月均日常开支2000元，月结余2000元，全部存银行，银行存款20万元。几年前投资股市1万元，现该股已退市，预计仅值800元，无其他投资。周医生想60岁时退休安度晚年，不再开诊所；还要为女儿准备婚嫁金，同时对自己和妻子的养老及健康保障表示担忧。

第一节　健康保险

一、健康保险的含义

健康保险是对因健康原因(疾病、意外伤害等)引起的费用支出或收入损失提供补偿或给付的保险。如同人寿保险并不是保证被保险人在保险期限内避免生命风险一样，健康保险并不是保证被保险人不受疾病困扰、不受伤害，而是以被保险人因疾病或伤害等原因需要支付医疗费、护理费，因疾病或意外造成残疾、暂时或永久不能工作而减少劳动收入作为保险事故的一种人身保险。健康保险的承保责任范围主要包括两个方面：一是因疾病或意外事故所产生的医疗费用；二是因疾病或意外事故所导致的收入损失。其中收入损失既包括因疾病或意外造成残疾、暂时或永久不能工作而减少的收入，也包括因患病治疗而耽误工作减少的劳动收入。

健康保险与人身意外伤害保险具有许多共同之处，因此国外有时将两者合二为一，统称健康保险。其实，人身意外伤害保险与健康保险在保险责任上是有区别的，在这里必须明确：第一，两者虽然都要对被保险人的意外伤害提供保障，但意外伤害保险的保险责任仅限于意外伤害造成的死亡、残疾，其他原因如疾病、生育引起的残疾、死亡及其发生的医疗费用则不属于其保险责任范围，而是属于健康保险的保险责任范围。第二，意外伤害保险是向被保险人或受益人给付死亡或残疾保险金，有些还会附加给付医疗保险金，但对因意外伤害造成的其他损失（如劳动收入减少损失）则不属于意外伤害保险的保险责任，而属于健康保险中收入损失的保险责任范围。简单点说就是，意外伤害保险负责的仅是因意外事故引起的死亡与残疾的定额给付，而健康保险则负责由疾病或意外事故导致的医疗费用（门诊费、药费、手术费等）开支和正常收入损失。

健康保险所承保的疾病风险应符合以下三个条件。

第一，由非明显的外来原因造成的。疾病应当是由人体内在的原因所致精神或肉体上的痛苦或不健全。当然，某些疾病可以由外界原因诱发，如细菌传染、误服药物等，但这些外来的感染必然要在身体内部潜伏并酝酿一段时间才会形成明显的病症，因而还是内在原因引发的，属疾病范畴。

第二，由非先天性的原因造成的。即保险合同订立前已经先天存在的疾病或器官性能上残缺不全或畸形应排除在健康保险范围之外，健康保险负责的仅是由健康状态转入疾病状态。

第三，由非长寿的原因造成的。人的生命周期都要经历成长和衰老的过程，在趋于衰老期间的一些病态是必然的生理现象，这不属于疾病，因此为了增强体质、延缓衰老的保健费用不能纳入健康保险的范围。

健康保险是一种综合保险，内容广泛而复杂，一般情况下，凡不属于人寿保险、人身意外伤害保险的人身保险都可以归为健康保险。需要特别说明一下，健康保险作为人身保险的一种，其覆盖的范围因国家而异，因此对健康保险概念的界定也有不同的阐述。在有些国家，比如美国，健康保险是包括意外保险、疾病保险、医疗费用保险、失能收入保险以及护理保险等多个险种的统称，涵盖范围相当广泛。在这些国家，健康保险的保费收入往往可以达到人身保险保费收入的一半左右，是一项重要业务；而在我国，根据中国保险监督管理委员会 2006 年 9 月实施的《健康保险管理办法》规定，健康保险包括疾病保险、医疗保险、失能收入保险和护理保险。还有一些高福利的发达国家则明文规定，健康保险的保险人是政府或健康保险合作社，私人保险人很少经营，这就将健康方面的人身风险基本上完全纳入了社会保险体系，方便政府管理。

二、健康保险的种类

按照不同的方式划分，健康保险可分为不同的类型。

1. 按照保险金给付方式分类

按照保险金给付方式，健康保险分为定额给付型保险、实报实销型保险与津贴给付型保险三类。

(1) 定额给付型保险是指保险人在被保险人发生合同约定的保险事故时，按照合同约定的保险金额和方法一次或分次给付保险金的保险。

(2) 实报实销型保险是指保险人针对被保险人因患疾病或发生意外事故时实际支出的医疗费用，按照保险合同的约定报销并补偿其经济损失的保险。

(3) 津贴给付型保险是指保险人按照被保险人的实际住院天数和合同约定的每天住院补贴的标准额度给付保险金的保险。

2. 按照组织性质分类

按照组织性质，健康保险分为商业健康保险和社会健康保险两类。

（1）商业健康保险是指投保人与保险人双方遵循自愿原则，以双方所达成的保险合同为基础，在被保险人出现合同中约定的保险事故时，由保险人给付保险金的一种保险。

（2）社会健康保险是指国家通过立法的形式强制实施的，对劳动者因患病、生育、伤残等原因所支出的费用和收入损失进行物质帮助的一种制度。

根据《国务院关于建立城镇职工基本医疗保险制度的决定》，我国实行的是社会统筹和个人账户相结合的社会健康保险制度。

3. 按照续保方式分类

按照续保方式，健康保险分为保证续保条款的健康保险和非保证续保条款的健康保险两类。

（1）保证续保条款的健康保险是指只要被保险人继续缴费，合同就可以成立，直至约定年龄为止。被保险人有选择保险公司的权力，而保险公司却没有选择被保险人的权力。

（2）非保证续保条款的健康保险是指在每一次续保时，保险公司有选择是否予以承保的权利。这类保险的保单一般可以包括可撤销保单和条件续保保单两种。可撤销保单是指在每一次续保时，保险公司可以以任何理由拒绝续保、变更保单或责任范围的健康保险保单。而条件续保保单是指保险人仅可根据保单载明的特定理由拒绝续保的保单，如果拒绝续保，需要提前 30 天发出拒绝续保通知书。

三、疾病保险

1. 疾病保险的内涵

疾病保险是指以合同约定的疾病发生为给付保险金的保险。疾病保险并不考虑被保险人的实际医疗费用支出，而是依照合同约定给付保险金。疾病保险是健康保险的重要组成部分。

疾病保险对所承保的疾病有一定的限制，即该疾病必须是由人体内部的某种原因引发，某个或多个器官或组织异常甚至某个系统病变而导致功能异常，从而出现各种病理表现。比如感冒引起的咳嗽、肺炎等。此外，因遗传等原因造成的先天性疾病以及由于人的衰老等自然现象所引起的诸如视力减退、记忆力下降等必然疾病，疾病保险不予承保。

2. 重大疾病保险

重大疾病保险是指以合同约定的重大疾病为保险对象，以疾病发生为给付保险金条件的保险。当被保险人罹患合同约定的疾病时，无论是否已经发生医疗费用，或发生了多少费用，都可获得保险合同约定额度的补偿。

疾病保险一般承保特种疾病，即那些较为严重的、难以治疗的疾病，如癌症、中风等。特种疾病保险最先于 1983 年由南非的一家保险公司推出销售，在南非销售成功后，于 1985 年起在英国、澳洲推广，在两地推广成功后，经过主要再保险公司不断地协助与支持，销售范围扩大至世界各地。我国目前推出的此类保单一般均命名为“重大疾病保险”，是 1995 年首次引入的，也是目前国内医疗保险市场上最受欢迎的险种之一。

重大疾病保险所保障的“重大疾病”通常具有以下三个基本特征：一是病情严重，会在较长一段时间内严重影响患者及其家庭成员的正常生活与工作；二是治疗花费巨大，此类疾病需要进行较为复杂的药物或手术治疗，需要支付昂贵的医疗费用；三是不易治愈，会持续较长的一段时间，甚至是永久性的。中国保险行业协会制定的《重大疾病保险的疾病定义使用规范》规定，保险公司将产品定名为重大疾病保险，必须包括 25 种疾病中发生率和理赔率最高的 6 种疾病：恶性肿瘤、急性心肌梗死、脑中风后遗症、冠状动脉搭桥术（或称冠状动脉旁路移植术）、重大器官移植术、终末期肾病（或称慢性肾功能衰竭尿毒症期）。

表 5-1 对四款典型重大疾病保险的条款进行了对比。

表 5-1 四款典型重大疾病保险条款的对比

<table>
<tr><th colspan="2">险种
条款</th><th>康宁定期
（至 70 岁）</th><th>康宁终身
（终身）</th><th>康盛终身男性
（终身）</th><th>健康天使
（至 80 岁）</th></tr>
<tr><td rowspan="4">保险责任</td><td>重疾给付</td><td>保险金额</td><td>2 倍保险金额</td><td>80%保险金额（一类重疾）20%保险金额（二类重疾）</td><td>1 年内：10%保险金额＋所缴保费
1 年后：保险金额×(1＋2%×保单经过整年度)</td></tr>
<tr><td>身故给付</td><td>保险金额</td><td>3 倍保险金额</td><td>保险金额</td><td>所缴保费</td></tr>
<tr><td>高残给付</td><td>保险金额</td><td>3 倍保险金额</td><td>无</td><td>无</td></tr>
<tr><td>生存给付</td><td>所缴保费</td><td>无</td><td>无</td><td>所缴保费</td></tr>
<tr><td colspan="2">重大疾病等待期</td><td>180 天</td><td>180 天</td><td>90 天</td><td>无</td></tr>
<tr><td colspan="2">重大疾病种类</td><td>10 种</td><td>10 种</td><td>25 种</td><td>32 种</td></tr>
</table>

延伸阅读

部分重疾“轻症”也给赔了

一直以来，保险公司提供的重大疾病保险，只保中晚期癌症、急性心梗、冠状动脉搭桥（须开胸手术）等 25 种重大疾病，而这些重大疾病前期较轻的疾病，比如早期原位癌等“轻症”，却不能获得保险公司的赔偿，重疾险甚至被部分投保者戏称为“保死不保生”。最近一段时间，多家保险公司陆续推出重疾险“轻症赔付”产品，也就是重大疾病前期较轻的疾病，在没有达到重大疾病给付标准的时候也能够得到保险公司的赔偿。

市民常女士今年 2 月份查出乳腺癌早期，花了 5 万元左右的治疗费用。常女士想到自己曾买过一份重大疾病保险，于是找到保险公司进行理赔，但保险公司以常女士所患早期原位癌不在理赔范围为由拒绝赔偿。根据保险公司重疾险条款，早期原位癌确实不在重疾险的理赔范围内，中晚期癌症才能算是“重疾”，类似的轻症重疾还有很多。现在，这种“轻症”疾病得不到保险赔偿的状况有了改变。

多家保险公司新近推出重疾险的“轻症赔付”产品，这些产品不仅对传统的重症疾病进行赔付，还将重大疾病前期症状较轻的疾病纳入赔偿范围。一家合资保险公司新推出的“轻症赔付”产品，可对原位癌、冠状动脉介入手术(传统重疾险只对开胸手术进行赔付)、脑中风等10种高发的“轻症”疾病进行赔偿。一家中资保险公司将胰岛素依赖型糖尿病在内的12种“轻症”疾病纳入赔付范围。一家本月在重大疾病基础上新增轻度重疾保障的保险公司销售人员告诉记者，自从该公司重疾险新增8种轻症保障后，销售业绩非常好。粗略统计，保险市场上新增的重疾“轻症赔付”产品将近10种，这些产品普遍将原位癌、冠状动脉介入手术(非开胸手术)、不典型的急性心肌梗死、轻微脑中风、心脏瓣膜介入手术等纳入到了保障范围。

各家保险公司传统重大疾病险可保障大病的数量并不相同，有的20多种，有的40多种。但根据保监会的要求，所有保险公司的重疾险都包括6种必保疾病，分别是：恶性肿瘤(不包括部分早期恶性肿瘤)、急性心肌梗死、导致永久性功能障碍的脑中风后遗症、重大器官移植术或造血干细胞移植术(须异体移植手术)、冠状动脉搭桥术(须开胸手术)、终末期肾病(须透析治疗或肾脏移植手术)。很多购买了重大疾病保险的市民并不了解重大疾病的定义，以为只要是癌症或心脏搭桥手术等，都属于重疾险的理赔范围。部分对重疾险有所了解的市民则戏称重疾险是“保死不保生”的险种，凡是治愈可能性大的疾病都不在理赔范畴。随着医疗水平的提高，当初所定义的重大疾病已经不能完全符合医疗水平的发展。比如冠状动脉搭桥术(须开胸手术)，现在这种手术根本用不着开胸，只需要做微创手术即可。鉴于类似情况的出现，保险公司在重大疾病保险基础上提出了“轻症赔付”，使投保人患病后，即使没有达到重大疾病给付标准也能够得到赔付。业内人士表示，重疾险“轻症赔付”的出现，也符合普通公众对重大疾病的理解，在一定程度上能减少重大疾病的理赔争议。

目前保险市场上的重疾险“轻症赔付”产品保障的轻症数量、销售价格和赔付额度都不相同。比如一家保险公司的该类产品在保障35种重大疾病基础上附加保障8种轻症，如果被保险人患8种轻症任意一种，提前给付保额的30%；另一家保险公司该类产品在保障40种重大疾病的同时对8种轻症进行赔付，如果被保险人患轻症，可获得医疗费用的50%并且不超过总保额20%的额外赔付。

资料来源：www.china.com.cn.

四、医疗保险

1. 医疗保险的内涵

医疗保险是指以保险合同约定的医疗行为的发生为给付保险金条件，为被保险人接受诊疗期间的医疗费用支出提供保障的保险。医疗保险以被保险人为了治病所发生的各种医疗费用为保障目的，其所包含的医疗费用主要包括门诊费用、药费、住院费用、护理费用、医院杂费、手术费用、各种检查费用等。

《健康保险管理办法》第四条规定：“医疗保险按照保险金的给付性质分为费用补偿型医疗保险和定额给付型医疗保险。费用补偿型医疗保险是指根据被保险人实际发生的医疗费用支出，按照约定的标准确定保险金数额的医疗保险。定额给付型医疗保险是指按照约定的数额给付保险金的医疗保险。费用补偿型医疗保险的给付金额不得超过被保险人实际发生的医疗费用金额。”

2. 医疗保险的主要内容

(1) 保险期限和责任期限

保险期限是指保险人对保险合同预定的保险事故所造成的损失承担给付保险金责任的阶段。责任期限则是指被保险人自患病之日起的时间段,如果被保险人患病治疗超过保险期限,则保险人只负责责任期限内的医疗费用开支。也就是说,只有发生在保险期限内的保险事故才能享受责任期限的待遇,被保险人在保险期内患病但保险期内还未治愈,从患病之日起的不超过责任期限内所支出的医疗费用由保险人提供补偿保险金。责任期限一般可定为 90 日、180 日、360 日不等,以 180 日居多。

案例

王先生购买了一张个人医疗费用保险单,保险期限从 2010 年 4 月 1 日至 2011 年 3 月 31 日,责任期限为 180 日。试分析保险人在以下情形中应该承担的医疗费用。

情形一:王先生 2010 年 8 月 1 日患病住院接受治疗,并于 2011 年 1 月 1 日治愈出院。

分析:由于王先生在保险期限内患病,并在保险期限内治愈,保险人应该承担该病所有保险范围内的医疗费用。

情形二:王先生 2010 年 8 月 1 日患病住院接受治疗,并于 2011 年 8 月 1 日治愈出院。

分析:王先生在保险期限内患病,保单规定的 180 天责任期限在 2011 年 2 月 1 日前结束。保险人承担该病保险责任期限内(截至 2011 年 2 月 1 日)的属于保险范围的医疗费用,对 2011 年 2 月 1 日以后的治疗费用不予补偿。

情形三:王先生 2011 年 2 月 1 日患病住院接受治疗,并于 2011 年 5 月 1 日治愈出院。

分析:王先生在保险期限内患病,治疗期在保单规定的 180 天责任期限之内,保险人应承担全部属于保险范围的医疗费用。

情形四:王先生 2011 年 2 月 1 日患病住院接受治疗,并于 2011 年 9 月 1 日治愈出院。

分析:王先生在保险期限内患病,保单规定的 180 天责任期限结束于 2011 年 8 月 1 日,保险人应承担责任期限内发生的属于保险范围的医疗费用。2011 年 8 月 1 日至 2011 年 9 月 1 日之间的医疗费用发生在责任期限之外,保险人不予赔偿。

资料来源:北京金融培训中心. 个人风险管理与保险规划. 第 2 版. 北京:中信出版社,2009.

(2) 保障项目

被保险人患病治疗过程中,医疗费用涉及的范围很广,既有治疗疾病的直接费用,如药费、手术费,又有与治病无关但患者必须支出的费用,如假肢费、整形费。原则上,保险人只负责直接费用,间接费用可负可不负,无关费用一律不予负责。一般保险人均会列入保障范围的费用有：药费、手术费(包括麻醉师费和手术室费)、诊断费、专家会诊费、化疗费、输血输氧费、检查费(包括心电图、CT、核磁共振等)、拍片透视费、理疗费、处置费、换药费及 X 光治疗费、放射治疗费等。有些费用是否属于保障范围，则视保险单的具体规定而异，如住院床位费、家属陪护费、取暖费、异地治疗交通费等。另外，还有一些费用是作为除外责任的，如病人的膳食费、滋补药品费、安装假牙假眼费、美容性整形整容费、器官移植的器官费用等。

(3) 医疗费用分摊方式

医疗费用分摊条款是医疗保险常用条款之一，通常采取免赔额和比例分担两种形式。除此之外，还有给付比例与免赔额结合法、限额给付法、免责期限(即在合同生效的最初一段时间内，保险人对被保险人发生的保险事故不负赔偿责任，以减少带病投保现象，降低保险人的经营风险)等方式。

① 免赔额。免赔额是保险公司不予赔付的一部分金额，医疗保险中一般都采用绝对免赔额。保险人只负责超过免赔额的部分，免赔额以下部分由被保险人自己承担。

② 比例给付。保险人一般对超过免赔额的部分按照约定的比例给予补偿，通常为80%，剩余的20%由被保险人承担。

③ 保单限额。保险公司承担的最高赔偿限额。不论被保险人在保险期限内一次患病还是多次患病，保险人只对该限额内的医疗费用予以补偿，当实际医疗费用超过规定限额后，超额部分不予补偿。

④ 止损条款。当被保险人支付的免赔额和分摊额达到规定限额(如 5000 元)后，保险人将补偿被保险人发生的其余费用。

案例

崔女士买了一份医疗保险，该保单日历年度免赔额为 500 元，并包含一个 20%的比例分摊条款和 5000 元的止损条款。假设崔女士在 2012 年发生保险责任范围内的医疗费用为：①400 元；②4000 元；③40 000 元，问崔女士和保险人各自应承担的医疗费用是多少？

分析：

(1) 医疗费用 400 元。

因发生的医疗费用在免赔额以内，所以全部由崔女士自行承担。

(2) 医疗费用 4000 元。

崔女士应承担的医疗费用为 500+20%×(4000−500)=1200(元)

保险公司应承担的医疗费用为 4000−1200=2800(元)

(3) 医疗费用 40 000 元。

500+20%×(40 000−500)=8400(元)，因为有 5000 元止损条款，8400 元大于 5000 元，所以，崔女士应承担的医疗费用应为 5000 元，保险公司应承担的医疗费用为 40 000−5000=35 000(元)。

资料来源：北京金融培训中心. 个人风险管理与保险规划. 第 2 版. 北京：中信出版社，2009.

延伸阅读

我国的基本医疗保险制度

我国基本医疗保险体系由职工基本医疗保险、城镇居民基本医疗保险和新型农村合作医疗三项制度组成，最终目标是实现全民医保。

(1) 城镇职工基本医疗保险

从 20 世纪 80 年代开始，我国进行了一系列医疗保险的改革与试点，在此基础上，1998 年 12 月 14 日国务院下发了《关于建立城镇职工基本医疗保险制度的决定》。制度规定：城镇所有用人单位及其雇员必须参加，基本医疗保险费用由用人单位和职工双方共同负担，单位缴费占职工工资总额的 6%左右，个人缴费占本人工资的 2%左右。个人缴费全部计入个人账户，用人单位缴费的 30%左右划入个人账户，其余部分用于建立统筹基金。个人账户主要用于小病或门诊费用，统筹基金主要用于大病或住院费用。

(2) 新型农村合作医疗制度

2002 年 10 月 29 日，中共中央、国务院发布了《关于进一步加强农村卫生工作的决定》，决定明确指出：要“逐步建立以大病统筹为主的新型农村合作医疗制度”，到 2010 年，使农民人人都能享受初级卫生保健。新农合实行个人缴费、集体扶持和政府资助相结合的筹资机制，并且资金来源以政府投入为主，农民自愿缴费参保。

(3) 城镇居民基本医疗保险制度

2007 年 7 月 10 日，国务院发布了《关于开展城镇居民基本医疗保险试点的指导意见》，决定从 2007 年起开展城镇居民基本医疗保险试点，2010 年在全国推开，逐步覆盖全体城镇非从业居民。该指导意见规定，不属于城镇职工基本医疗保险制度覆盖范围的中小学阶段的学生(包括职业高中、中专、技校学生)、少年儿童和其他非从业城镇居民都可以自愿参加城镇居民基本医疗保险。城镇居民基本医疗保险实行个人缴费和政府补贴相结合的制度，以家庭缴费为主，国家对个人缴费和单位补助资金制定税收鼓励政策。2008 年进一步将接受普通高等学历教育的全日制本专科生、全日制研究生纳入保障范围。

资料来源：http://www.mohrss.gov.cn/index.html.

3. 社会医疗保险与商业医疗保险的区别

社会医疗保险与商业性医疗保险的区别主要体现在以下几个方面。

(1) 两者的基本属性不同。强制性社会医疗保险是公益性福利事业，带有强制性，各类用人单位必须依法参加该项保险。商业性医疗保险属于商业性质，以营利为目的，不带有强制性，主要靠保险公司的商业信誉去争取客户。

(2) 两者的保险范围不同。前者的保险范围较广，不仅保“大病”，而且保“小病”，不仅对参保人的住院费用给予一定补偿，而且对其门诊费用也给予一定补偿。而后者的保险范围很小，一般只对其承保范围内的几种或者某一种疾病的住院费给予一定金额的补偿。

(3) 两者保险费筹集方法不同。前者由国家、单位、个人三方面负担,个人按照工资的一定比例以保险费的形式缴纳,负担较少。后者费用完全由参保人承担,国家和单位不予分担(用人单位自愿为劳动者分担的除外)。

(4) 两者的管理制度不同。前者由政府集中领导,由各地医疗保险机构具体管理。后者由金融机构领导,由商业保险公司具体承办,保险公司作为相对独立的经济实体,实行自主经营、自负盈亏的核算制度。

(5) 参保人参加保险的条件不同。前者的参保条件没有什么特殊规定,无论是健康人还是患病的人都可以参加该保险(具体规定详见医疗保险制度的相关文件)。后者的参保条件以保险公司的规定为准,只有具备参保条件的人,保险公司才接受其参保。

(6) 两种保险制度给予参保人的保险待遇不同。前者一般按照医疗费的一定比例给予补偿,数额具有不固定性,不完全以个人缴纳的保险费用为准,具有社会救济的性质;而后者则一般按照一定金额补偿,补偿金额具有固定性或者一定范围,超支部分则由个人负担,具有商业性的救济性质。

在实践中,由于社会医疗保险不可能补偿参保人全部的住院医疗费用,因此商业医疗保险就可作为社会医疗保险的有益补充,弥补参保人差额部分的损失。根据医疗保险的补偿原理,医疗费用的理赔是以实际医疗费用支出为最高限额的,对社会医疗保险作出补偿后的剩余医疗费用,商业保险公司将按照保险条款理赔。

五、失能收入损失保险

失能收入损失保险是指以因保险合同约定的疾病或者意外伤害导致工作能力丧失为给付保险金条件,为被保险人在一定时期内收入减少或者中断提供保障的保险。

失能收入损失保险的给付一般有以下特点。

(1) 给付方式。一般不按年或一次性给付,而是按月或按周进行补偿,以便及时观察被保险人的实际残疾状况的变化,同时也更好地维持被保险人生活开支。

(2) 给付期限。给付期限可以是短期或长期。短期补偿是为了补偿在身体恢复前不能工作的收入损失,一般为1~2年;长期补偿则规定较长的给付期限,一般是补偿全部残疾(永久性丧失全部劳动能力)而不能恢复工作的被保险人的收入损失,通常规定给付到60周岁或退休年龄或被保险人死亡。

(3) 推迟期。在残疾后的前一段时间称为推迟期,在这期间不给付任何补偿,推迟期一般为3个月或半年。

(4) 给付金额。在完全残疾下,残疾给付一般只补偿原来实际收入水平的75%~90%,以鼓励残疾人积极寻求力所能及的劳动达到自我补偿。在部分残疾下,按残疾前后收入差额进行比例给付。

六、护理保险

护理保险是指以因保险合同约定的日常生活能力障碍引发护理需要为给付保险金条件,为被保险人的护理支出提供保障的保险。它的一个重要品种为长期护理保险,是为因年老、疾病或伤残而需要长期照顾的被保险人提供护理服务费用补偿的健康保险。该产品主要负担老年人的专业护理、家庭护理及其他相关服务项目费用支出。

随着世界人口的迅速老龄化，各国不断增加的老年人口的健康保健费用问题正日益凸显。老年人的医疗费用，特别是生活护理问题，已逐步成为各国社会保障体系所关注的焦点问题。据统计，欧美发达国家和日本的老年人独居率已高达40%，鉴于此，在建立社会性老年人服务体系的强烈呼声下，各国长期护理保险应运而生。该险种起源于美国，随后进入法、德、英、爱尔兰等欧洲国家和南非，在亚洲，日本于2000年将长期护理保障作为公共服务产品引入国家社会保障体系，要求40岁以上的人都要参加新的长期护理方案。

国内第一家专业健康保险公司——中国人民健康保险股份有限公司，在全国范围内推出了"全无忧长期护理个人健康保险"，这是国内首个具有全面保障功能的长期护理保险，具有填补国内保险市场空白的重要意义。"全无忧长期护理个人健康保险"通过健康管理式的长期护理模式，将为客户提供长期护理、老年护理、癌症、老年疾病、身故等全方位、多层次的综合保障，使被保险人在患上难以预料的疾病以及发生意外时，得到经济上的援助。"全无忧长期护理个人健康保险"投保年龄为18～59岁，交费期为20年。该产品可以根据被保险人不同年龄阶段的实际保障需求，提供两倍基本保险金额的保障。

产品内容包括，在60周岁以前，如果被保险人不幸因各种原因丧失了独立生活自理能力，被保险人将得到保险公司每年给付的8%保额的长期护理保险金，用以支付该被保险人各年的护理费用支出，并豁免今后的各期保险费；该产品还对年满60周岁时尚未达到领取长期护理保险金条件的客户，特别设计了从60周岁当年起每年按保额的8%领取老年护理保险金的保障，充分满足了被保险人年老后对老年护理和高额医疗费用的保障需求；此外，保险期间内，如被保险人罹患癌症或约定的五项老年疾病(急性心肌梗死、中风、严重老年性痴呆、慢性呼吸功能衰竭、帕金森氏病)之一，即可得到最高两倍保额的一次性现金给付，及时缓解其治病导致的巨大经济压力。

除了保障生者的健康，如果被保险人不幸身故时，其指定的受益人可获得最高两倍保额的身故保险金，也就是说，只要参与到这款产品当中，被保险人的健康将被中国人民健康保险股份有限公司的这款长期护理险一包到底。目前在全国范围内，很少有保险公司涉足这类险种，并非这块蛋糕没有吸引力，而是较高的经营风险和管理难度阻碍了该险种的发展。

案例

某女性，30周岁，投保全无忧长期护理个人健康保险，保额10万元，交费期为20年。假设该客户在35周岁时不幸丧失日常生活能力，55岁身患癌症。可享受的保障如下。

(1) 长期护理保险金。

35～55周岁之间每年领取：100 000×8%＝8000(元)

可领取长期护理保险金：8000×20＝160 000(元)

(2) 癌症保险金：100 000×2－160 000＝40 000(元)

(3) 合计领取：160 000＋40 000＝200 000(元)

交费情况：年交保费7600元，折合成每天保费额为20.8元。

实际交纳保费：7600×5=38 000(元)

自35周岁开始，享受保费豁免，即无须交纳以后各期保费。该女性以38 000元换来20万元的保障。

案例

某男性，30周岁，投保全无忧长期护理个人健康保险。保额10万元，交费期为20年。假设客户70岁时患中风，可享受的保障如下。

(1) 老年护理保险金。

60周岁开始每年领取：100 000×8%=8000(元)

共领取老年护理保险金：8000×10=80 000(元)

(2) 老年疾病保险金。

70岁时可一次性领取：100 000×2-80 000=120 000(元)

(3) 合计领取：80 000+120 000=200 000(元)

交费情况：年交保费7800元，日交保费21.4元。

第二节　健康保险规划流程与方法

健康是人类永恒追求的主题，一场不期而至的疾病会给个体带来收入的中断和大笔医疗费用的支出以及其他一些损失，如何规避和管理这一人身和财务风险是摆在每一个人面前的重要问题。按照风险管理的方法，我们首先需要明白我们面临的风险的损失频率和损失严重性，弄清防范这些风险的途径有哪些，购买保险需要注意什么。

一、生活中的健康风险

随着社会生产力的提升，人们的生活水平有了长足进步，平均寿命不断提高，但是由于不断恶化的外界环境和自身的不良生活习惯引发了更多的健康问题。

1. 健康风险的特点

健康风险是人类一生中无法避免的风险，同一般纯粹风险一样具有客观性、损害性、某一风险发生的不确定性、大量风险发生的可测定性、风险的发展性等共性。健康风险还有以下突出特点。

(1) 多发性。人吃五谷杂粮焉能不病，生病和就医已经成为日常生活的组成部分。21世纪人体的十大风险包括疾病、食物、自然灾害、环境污染、中毒、暴力冲突、交通事故、吸烟、药物、毒品，所有这些风险都将集中在人体疾病和遭受意外伤害的发生率上。

(2) 复杂性。这表现在：第一，疾病种类繁多，而且大量存在同病异症、异病同症的现象，个体差异明显。第二，疾病治疗和康复不仅与病种有关，还与医疗水平、诊断技术、治疗时机有关。第三，新技术和新药的使用既为治疗带来新机会，又使费用效益评价非常困难。

(3) 社会性和易变性。某些疾病具有传染性，不仅会危害个人，而且可能大规模爆发，如20世纪初的流感全球大流行，造成的死亡人数超过了第一次世界大战。同时很多病毒容易发生变异，使得许多病“无药可医”。

2. 影响健康风险的因素

(1) 广义健康风险因素

① 社会环境因素。水、空气、食物等污染，生产环境的职业性危害，噪声及不安全的交通设施都会对健康造成威胁。经济收入、居住条件、营养状况及文化程度等都对健康有很大影响。

② 个人生活方式。吸烟、酗酒、滥用药物、缺乏体育锻炼、不合理的饮食习惯等不良生活方式大大增加了健康风险。

③ 年龄、性别、遗传因素。一般来说年龄越长，健康风险越大，恶性肿瘤、高血压、冠心病等的发病率会上升。有些疾病如系统性红斑狼疮仅在女性发病，而前列腺癌只可能侵害男性。还有一些疾病如血友病、蚕豆病等都是遗传性疾病，与遗传因素密切相关。

(2) 健康危险因素

健康危险因素系存在于人的机体内、外环境中，与疾病发生发展有关的诱发因素。根据病因学研究，很多疾病与危险因素的联系已得到明确。如冠心病与高血压、糖尿病史、体力活动、吸烟、体重、家族史、血清胆固醇含量有阳性联系。乳腺癌，如母亲和姐妹中有乳腺癌史则患病危险因素增高。饮酒、肝炎史、血吸虫病史是预测肝硬化危险因素的参考指标。

3. 健康风险损失频率和程度

(1) 疾病发生率

随着我国经济发展，人民生活水平提高，人口老龄化和不良生活方式、环境污染的存在，疾病谱发生了根本变化，慢性非传染性疾病已成为主导疾病。2008年我国城市前十位疾病死亡率及死因构成见表5-2。

表5-2 城市前十位疾病死亡率及死因构成(2008年)

排名	死亡原因	死亡率/每年每千人	构成/%
1	恶性肿瘤	166.97	27.12
2	心脏病	121.00	19.65
3	脑血管疾病	120.79	19.62
4	呼吸系统疾病	73.02	11.86
5	损伤和中毒	31.26	5.08
6	内分泌、营养和代谢及免疫疾病	21.09	3.43
7	消化系统疾病	17.60	2.86
8	泌尿生殖系统疾病	6.97	1.13
9	神经系统疾病	6.34	1.03
10	传染病(不含呼吸道结核)	4.73	0.77
十种死因合计		92.55	

知识链接

我国疾病谱已转变

我国疾病谱已发生明显转变，不良饮食习惯成为影响国民健康的首位危险因素。中国医学科学院、北京协和医学院基础医学研究所杨功焕教授等对2010年全球疾病负担、伤害及危险因素研究(GBD2010)中我国数据进行分析后发现，城市化、收入增加和老龄化导致中国非传染性疾病快速增加；卒中(脑中风的学名)、缺血性心脏病和慢性阻塞性肺疾病(COPD)是2010年国人死亡的主要原因。几种慢性病患病率见图5-1。

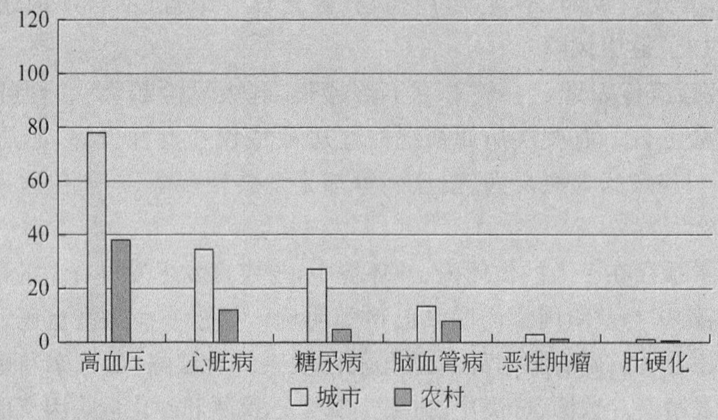

图5-1 慢性病患病率

2010年，我国的首位死因为卒中(170万人死亡)，其次是缺血性心脏病(94.87万人死亡)和COPD(93.4万人死亡)。1990年，我国前三位死因依次为下呼吸道感染、卒中和COPD(见表5-3)。在研究涉及的20个国家中，我国的年龄标准化寿命损失年(YLL)低于所有的新兴经济体，略高于美国；我国的年龄标准化残疾损失健康生命年(YLD)最低；我国人均健康寿命(HALE)和人均寿命分别位于第10位和第12位。1990—2010年，我国因新生儿疾病、感染性疾病和儿童损伤导致的YLL显著下降。2010年，精神和行为障碍、物质使用障碍和肌肉骨骼疾病是我国近半YLD的“来源”，我国YLD的前十位病因包括：腰背痛、重度抑郁症、颈痛、其他肌肉骨骼疾病、糖尿病、骨关节炎、跌倒、COPD、酒精滥用和其他听力丧失。我国YLD中残疾调整生命年(DALY)所占比例从1990年的28.1%上升到2010年的39.4%。2010年，我国DALY的主要原因是心血管疾病(卒中和缺血性心脏病)、癌症(肺癌和肝癌)、腰背痛和抑郁症，其中卒中和缺血性心脏病占15.2%。在我国前15个早死病因中，癌症占了5个，包括肺癌、肝癌、胃癌、食管癌和结直肠癌。研究者报告，膳食危险因素、高血压和烟草暴露是构成我国DALY的主要危险因素。若从我国2010年年龄标准化的DALY率来看，大气细微颗粒污染和固体燃料导致的家庭室内空气污染分列第4位(在G20中排第2位)和第5位(在G20中排第3位)危险因素。

表 5-3 1990 年和 2010 年我国寿命损失年前十位

顺序	1990 年	2010 年	顺序	1990 年	2010 年
1	下呼吸道感染	脑中风	6	新生儿脑病	肝癌
2	脑中风	缺血性心脏病	7	缺血性心脏病	胃癌
3	COPD	COPD	8	自我伤害	自我伤害
4	先天性畸形	交通意外	9	早产并发症	下呼吸道感染
5	溺水	肺癌	10	交通意外	食管癌

过去 20 年内,中国疾病谱发生了快速转变。儿童早死率下降 80%;传染性疾病、妊娠期疾病、新生儿疾病和营养相关疾病在各年龄段均明显减少。目前的疾病负担主要是心血管疾病、肺癌和 COPD、交通意外损伤及精神障碍和骨骼肌肉疾病等导致慢性残疾的主要疾病。我国非传染性疾病和慢性伤残的原因由儿童传染性疾病转变为成年人非传染性疾病。我国的"独生子"政策是疾病谱快速转变的重要原因,这种形势在未来几十年内还会加剧。

该疾病负担分析将为我国公共卫生政策的制定提供有用的框架。纠正不良饮食习惯、减少烟草暴露以及控制高血压、胆固醇和空腹血糖水平是我国公共政策需要优先考虑的事情,当然还包括控制大气污染和室内空气污染。

我国在降低传染性疾病导致的死亡率和残疾负担上有突出的成绩。过去 20 年内,我国 5 岁以下儿童因腹泻和下呼吸道感染死亡人数减少 90%,肠道线虫感染、脑膜炎、破伤风、麻疹和腹泻等疾病发病率也显著下降,但传染性疾病控制方面的挑战并未消除,艾滋病负担不断增加,流行性感冒间断爆发。

个人行为方式和生活习惯导致的疾病负担逐步增加,最常见的不良生活习惯包括水果摄入量低、高盐和低谷物饮食、吸烟、饮酒和缺乏运动。此外,老龄化导致我国慢性残疾率升高,老年人精神障碍、肌肉骨骼疾病、神经系统疾病以及视力和听力丧失负担日益增重。

资料来源:卫生部网站.

(2) 损失程度

健康风险包括疾病风险和残疾风险,这类风险对个人或家庭经济方面的影响主要表现在两个方面:一方面是医疗费用风险,意想不到的疾病和伤害都可能会给个人及其家庭带来灾难性的医疗费用负担;另一方面是收入损失风险,由于疾病或残疾非但不会减少人对收入来源的需要,而且病人在生病期间、残疾者在残疾期间对收入的需求必然还会提高。

① 疾病风险。

疾病风险可以分为狭义疾病风险和广义疾病风险两个层次。狭义疾病风险是指由于人体内部患染疾病的风险;广义疾病风险是指除了疾病引起的风险外,还包括生育及意外伤害事故等方面引起的人身风险。

在人类所面临的多种人身风险之中,疾病风险是一种危害严重、涉及面广、复杂多样,且直接关系到每一社会成员基本生存利益的特殊风险。首先，疾病风险的危害具有严重性。疾病风险发生后，会给人们的生活、工作带来困难、损失，甚至是不幸。疾病风险的危害对象是人，它对人体健康造成伤害，造成暂时性或永久性劳动能力的丧失甚至消灭。其风险损失不仅仅是经济上的损失，而且还有健康和生命的损失以及心理的损伤，而这些是无法用金钱来弥补的。其次，疾病风险具有普遍性。疾病风险对于每个人或每个家庭而言都是无法回避的，其发生频率也高。再次，疾病风险具有复杂性。人类已知的疾病种类繁多，每一种疾病又因个体差异而表现各异。此外，环境污染、社会因素、生活方式、精神工作压力和心理因素等各种因素所致疾病，以及未知疾病、潜在疾病和亚健康状况蔓延等均使得疾病风险很难化解，并且一般的风险测算技术也难以适用，防范疾病显得尤为困难。最后，疾病风险具有社会性。由于某些疾病具有传染性，这类疾病风险不仅直接危害个人健康，而且会危及整个地区乃至社会。

② 残疾风险。

残疾风险是指由于疾病、意外伤害事故等导致人体机体损伤、组织器官缺损或功能障碍等的风险。从经济角度上讲，残疾这种“活死亡”所带来的问题可能比真正的死亡更为严峻。如果是家庭中的主要赚取收入者死亡，那么其结局仅仅是家庭一部分收入来源的终止；但如果其残疾，那么不仅是家庭的部分收入来源终止，而且家庭的收入需求通常还要增加(如残疾者的医疗费用、生活自理辅助设备的购置等)，因此，残疾给残疾者家庭所带来的经济问题显然会比前者严重。严格地说，残疾者是指工作能力受到损害，不得不依赖某些工作之外的经济来源以获得收入的人。如果残疾者所在家庭中的其他人都是依赖于这份失去的收入来源而生活，情况会变得更为糟糕，残疾给个人和家庭造成的财务负担也就更大。表 5-4 和表 5-5 为人均医疗费相关数据。

表 5-4 卫生部门综合医院门诊人均医疗费用 单位：元/次

年份	合 计	卫生部属	省 属	省辖市	地辖市	县 属
1995	39.9	82.7	65.8	43.3	34.6	24.8
2000	85.8	140.9	134.5	92.2	68.9	54.9
2004	118.0	234.8	175.2	124.1	97.5	77.3
2005	126.9	247.1	192.5	130.7	105.2	84.2
2007	136.1	281.5	200.0	139.2	112.5	93.2
2008	146.5	281.5	219.8	152.6	117.8	98.9

表 5-5 卫生部门综合医院出院者人均医疗费用 单位：元

年份	合 计	卫生部属	省 属	省辖市	地辖市	县 属
1995	1667.8	5026.5	3915.9	2205.8	1291.1	880.6
2000	3083.7	8548.2	6513.8	3718.0	2279.6	1592.3
2004	4284.8	11 916.2	8925.4	5121.9	3082.9	2089.5

续表

年份	合 计	卫生部属	省 属	省辖市	地辖市	县 属
2005	4661.5	12 650.9	9871.2	5452.4	3380.9	2266.5
2007	4973.8	13 117.4	10 200.6	5892.5	3774.9	2491.9
2008	5463.8	13 980.7	11 084.1	6557.1	4115.3	2712.0

资料来源：卫生部统计信息.

二、健康风险管理

1. 健康风险管理目标

健康风险管理的目标是最大限度地满足个人或家庭的效用，即以最小的成本获得尽可能大的健康安全保障。损失前目标主要包括在健康风险发生前，利用自测、体检等方式进行全面、细致的健康检查，确定身体健康状况，通过锻炼、饮食调配、戒除不良习惯等方式降低健康风险，减轻家庭生活对健康风险的担忧。损失后目标主要指疾病或残疾等健康风险一旦出现，应及时采取有效措施予以抢救或者补救，将损失降到最低限度。

2. 健康风险管理流程

1）健康风险识别

健康风险识别是健康风险管理的第一步，是指对风险管理主体面临的和潜在的健康风险加以判断、归类，对风险性质进行鉴定的过程。健康风险多种多样、错综复杂。健康风险识别对尚未发生的、潜在的和客观存在的各种风险系统地、连续地进行识别和归类，并分析其产生的原因。

健康风险识别的方法包括以下几种。

（1）常识性识别法。这是指在日常经验积累基础上，通过观察和实践判定疾病风险发生的可能性，例如不良的日常生活习惯、既往身体状况不佳、家族拥有遗传病史、生活环境或工作环境恶劣等，都会导致疾病发生的概率大大上升。

（2）征兆性识别法。例如眼球外凸可能代表甲状腺疾病，鼻头有类似蜘蛛纹红斑可能代表肝病，颈椎、脊椎酸痛可能代表颈椎疾病等。

（3）体检识别法。这是指通过到医院及相关卫生部门体检，检查身体是否存在发生疾病风险的可能性。

2）健康风险评估

识别个人可能面临的健康风险后，需要进一步对收集到的信息进行分析，以便能够估计特定损失事故的发生概率及其可能对个人（家庭）造成的经济后果。风险评估主要针对不同风险的一般发生概率来估测。健康风险可以参考一般疾病发生概率和疾病治疗费用进行评估。在进行健康风险评估时，我们可以将风险分为损失概率高、损失概率低和损失程度高、损失程度低等不同类型进行评估。

3）健康风险管理计划

完成了健康风险识别和评估等工作后，下一个步骤就是研究各种风险管理技术并将其运用到健康风险管理计划中。一般来说，风险管理技术分为控制型和财务型两大类。

(1) 控制型风险管理技术。

控制型风险管理技术主要表现为：在事故发生前降低事故发生频率；在事故发生时将损失降低到最低程度。控制型风险管理技术主要包括下列方法。

① 风险回避。即设法回避损失发生的可能性。

② 损失预防。损失预防是指在损失发生前为了消除或减少可能引起损失的各种因素而采取的措施。

③ 损失抑制。损失抑制是指在损失发生时或发生后为缩小损失幅度而采取的各项措施，它是处理风险的有效技术。

(2) 财务型风险管理技术。

财务型风险管理技术包括以下三种。

① 风险自留。风险自留是指对风险的自我承担。在进行健康风险管理时，面对一些日常的门诊疾病如感冒、肠胃炎症等导致的医疗费用或收入损失，完全可以通过预留应急资金而实现风险自留。

② 财务型非保险转移风险。转移风险是指为避免承担损失风险，而有意识地将损失或与损失有关的财务后果转嫁给其他人或企业去承担的一种风险管理办法。而非保险转移风险是指个人或家庭通过订立合同或协议的方式将损失后果转移给非保险机构或个人的风险管理办法。例如某些事业单位，通过劳动合同约定员工因病引起的医疗费用损失由单位按照一定比例承担。

③ 保险。从风险管理角度来说，保险是单位或个人通过订立保险合同将健康风险转嫁给保险人的一种风险管理技术。目前，在健康保险风险管理方面，保险是运用最为广泛的一种风险管理技术。个人可以通过社会医疗保险、单位团体福利以及商业健康保险三个方面来实施健康风险管理计划。

4) 健康风险管理计划的实施和监控

运用风险管理技术制定风险管理计划后，风险管理者应该及时实施该计划，如购买保险、执行锻炼和饮食计划等。风险管理计划的实施要求有足够的执行力和自我约束力，尤其是良好的饮食和锻炼计划，以保证实现自己的承诺。随着时间的推移，我们应当对已经实施的计划进行监控和改进，以随时关注可能发生的新的健康风险以及可能的损失幅度，再次进行识别、评估，及时对健康风险管理计划进行适时调整。

综上所述，健康风险管理的四个步骤并不是一劳永逸的，而是一个周而复始、循环反复的过程。

延伸阅读

全国每分钟有6人确诊癌症　地域分布明显

我国近20年来癌症呈现年轻化及发病率和死亡率“三线”走高的趋势。从全国肿瘤登记中心发布的《2012中国肿瘤登记年报》中获悉，我国每分钟就有6人确诊为癌症。同时，癌种也呈现地域化特点，如胃癌集中在西北及沿海地区。

肺癌居癌症死亡首位

从病种看，居全国恶性肿瘤死亡第一位的仍是肺癌，其次为肝癌、胃癌、食管癌和结直肠癌，前10位恶性肿瘤占全部恶性肿瘤的84.27%。死亡率最高者男女均为肺癌，如图5-2所示。

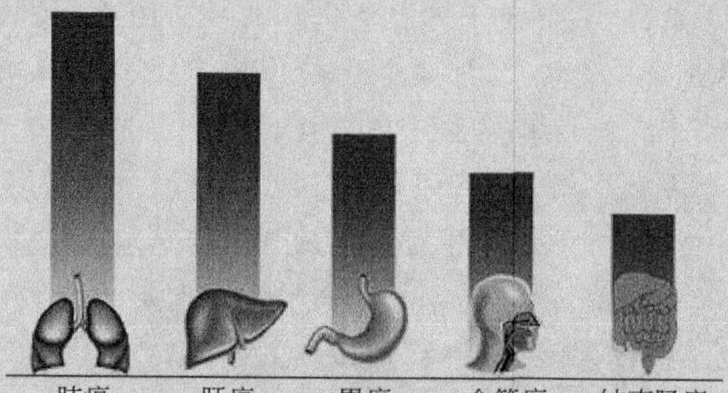

图5-2　恶性肿瘤死亡排行

全国肿瘤登记中心副主任陈万青分析指出，全国肿瘤发病率1989年仅为184/10万，但去除老龄化的影响，发病率和死亡率变化不大。我国癌症负担的日益增加主要缘于人口老龄化。

男性死亡率高于女性

这是我国首次发布肿瘤发病情况登记年报，数据来源于24个省的72个监测点，覆盖8500万人。年报显示，每年新发肿瘤病例约为312万例，平均每天8550人，全国每分钟有6人被诊断为癌症。

恶性肿瘤发病率全国35～39岁年龄段为87.07/10万，40～44岁年龄段几乎翻番，达到154.53/10万；50岁以上人群发病占全部发病的80%以上，60岁以上癌症发病率超过1%，80岁达到高峰。

全国肿瘤死亡率为180.54/10万，每年因癌症死亡病例达270万例。我国居民因癌症死亡的几率是13%，即每7至8人中有1人因癌症死亡。肿瘤死亡率男性高于女性，两者比例为1.68∶1。

癌症地域分布明显

20年的统计数据显示，我国癌症发病呈现年轻化趋势，包括乳腺癌、肺癌、结肠癌、甲状腺癌等疾病的发病年龄均低于此前年龄。就地区而言，监测数据显示，城市地区的结直肠癌发病率上升速度快。

监测还显示我国癌症发病呈地域分布明显，其中，食管癌高发区主要集中在河南、河北等中原地区；胃癌高发区主要集中在西北及沿海各省，如上海、江苏、甘肃、青海等较为突出；肝癌高发区集中在东南沿海及东北吉林等地区。

中国抗癌协会癌症康复工作委员会主任委员史安利称，我国对癌症发病原因的调查和研究已进行了20多年，但因其病因复杂，尚未得出权威性的结论，这在卫生技术水平全球领先的美国亦是如此。目前,我国专家只是推测肿瘤的发病原因与当地的饮食风俗、环境气候等有一定关系,但无定论。

北京肺癌发病率10年增56%

北京市卫生局统计数据显示,2010年肺癌位居北京市户籍人口男性恶性肿瘤发病的第一位,在女性中居第二位,仅次于乳腺癌。2001—2010年,本市肺癌发病率增长了56%。全市新发癌症患者中有20%为肺癌患者。

专家表示,我国城市人口的肺癌发病率已接近发达国家水平。男性发病率高于女性,北京新发肺癌患者男女比例为160∶100。

宣武医院胸外科主任支修益说,肺癌发病的增加与人口老龄化、城市工业化、农村城市化、环境污染化以及生活方式不良化有关。吸烟也是导致肺癌的重要因素之一。烟草中与肺癌相关的有害物质达69种。烟民每天吸烟的支数乘以吸烟的年限是“吸烟指数”,如果一位烟民吸烟20年,平均每天吸一包,那么,这位烟民的吸烟指数就是20×20=400,而“吸烟指数”大于400的烟民就属于肺癌高危人群。

资料来源:www.china.com.cn.

3. 健康筹资

从全球来看,健康筹资最常见的无非是社会医疗保险和商业健康保险两种。

(1) 社会医疗保险

社会医疗保险是国家和社会根据一定的法律法规,为向保障范围内的劳动者提供患病时基本医疗需求保障而建立的社会保险制度。我国的社会医疗保险由基本医疗保险和大额医疗救助、企业补充医疗保险和个人补充医疗保险三个层次构成。

我国于1998年开始推进城镇职工基本医疗保险制度的改革,目前我国还建立不起一套完善的社会保障制度。卫生部部长陈竺2013年在全国卫生工作会议上指出,造成上述情况的原因是,医药卫生改革的整体性、系统性、协调性不够。他以医保报销举例说,虽然基本医保政策范围内报销比例已达75%,但由于报销目录外用药未得到有效控制,实际报销比例只有50%左右。

我国在新一轮医改中提高了肾透析等20种大病的保障水平。不过,陈竺认为,此项工作已遇到一个重要“瓶颈”。“医疗机构尤其是中西部县级医院服务能力不足,影响了政策落实。”陈竺说。鉴于此,陈竺提出,要巩固和完善国家基本药物制度和基层运行新机制,提高基层医疗卫生服务水平和效率,健全稳定长效的多渠道补偿机制,确保基本公共卫生服务经费足额及时到位,尽快化解债务,继续推进中西部地区基层医疗卫生服务体系建设,巩固完善和扩大国家基本药物制度,加强对医疗卫生机构和医务人员用药行为的监管,严厉打击商业贿赂等不法行为。

(2) 商业健康保险

商业健康保险通过设计不同的费率、不同的产品,给客户提供了更多的选择。商业健康保险是对社会医疗保险的补充,分为“小补充”和“大补充”。

“小补充”提供社会医疗保险“起付线”以下部分的保障。各大保险公司推出的住院补贴、津贴、住院费用保险、手术补偿保险等可以差额补偿的方式对起付线以下的自负部分进行报销,以补充其社保的不足部分。

"大补充"提供社会医疗保险"封顶线"以上部分的保障。一般封顶线以上的医疗费用大多为大病医疗,由于花费高,不仅有较高的自负额,而且有大量的自负部分,因此各大保险公司推出了定期与终身的重大疾病保险,这类健康险对"封顶线"以上的部分提供了补偿,同时也满足了人们对较高层次医疗费用的需求。

三、健康保险规划流程

1. 明确保障范围

健康保险中的重大疾病保险只针对合同列明的重大疾病设置保障,除了《重大疾病保险的疾病定义使用规范》规定必保的 6 种疾病外,其余 34 种重大疾病都是可选项目。而重大疾病保险的保费与所保疾病的多少是成正比的。因此,进行健康保险规划时,应针对投保人自身情况,选择高发、易发或社会医保未覆盖的疾病投保,如常见的心血管疾病、老年性疾病等。

2. 优选保险险种

重大疾病保险和医疗保险都有很多种类可供客户选择。

(1) 重大疾病保险的种类

按照承保方式,重大疾病保险可分为主险和附加险两部分,客户既可以选择独立保险单独投保,也可将之作为其他险种的附加险投保。按照保险对象,重大疾病保险可分为女性和男性重大疾病保险,分别针对不同性别易患的重大疾病划分保险责任,更有针对性。例如,对于男性而言,他不需要选择带有系统性红斑狼疮(多见于女性)或脊髓灰质炎(少儿多发)保障的重大疾病保险。按保险期限,重大疾病保险可分为定期型和终身型重大疾病保险,前者规定有限的保险期间,包含生存给付责任,保费相对较低;后者的保险期限为终身,不包含生存给付责任,但包含肯定发生的死亡给付,保费相对较高。

(2) 医疗保险的种类

医疗保险则有费用补偿型、定额给付型和综合型几种类型。进行医疗保险规划时,应结合社会医疗保险的保障内容进行选择。例如,费用补偿型保险的赔付一般定在社会医疗保障之后,以社保未赔付部分作为基数计算赔偿金额,而定额给付型保险则不存在此规定。因此在选择医疗保险险种时,在社会医疗保险的基础上建议优先选择定额给付型保险,如果经济条件允许,可以继续投保费用补偿型或者综合型保险,以完善保障计划。

3. 确定保险金额

无论是重大疾病保险还是医疗保险,都需要确定保险金额。重大疾病保险给付的保险金主要有两方面的用途:一是为被保险人支付因疾病或手术治疗所花费的高额医疗费用;二是为被保险人患病后提供经济保障,尽可能避免被保险人的家庭在经济上陷入困境。因此,保险金额的选择要考虑当前的医疗花费水平,以帮助被保险人渡过重疾难关为主要标准。令人烦恼的是,人进入 32 岁后发病机会加大,进入 50 岁后发病率提高 5 倍,因此,一个人后 20%的时间将花掉一生医疗费用的 80%。根据目前的医疗统计数据粗略计算，在当今社会环境下，一个人一生需要的医疗费用为 25 万元，如果居住在大中城市则要翻番。目前几类较为常见的重大疾病医疗费用见表 5-6。

表 5-6 目前几类较常见的重大疾病医疗费用

病　　症	入院押金	医疗费用
癌症（恶性肿瘤）	1 万～2 万元	10 万～30 万元
心肌梗死	1 万～2 万元	5 万～10 万元
主动脉手术	—	7 万～8 万元
器官移植（肾移植、肝移植等）	—	5 万～30 万元
脑中风	1 万元	5 万元以上
慢性肾衰竭（尿毒症）	—	15 万～30 万元
白血病	—	20 万～30 万元

4. 合理选择交费方式

重大疾病保险的交费方式有趸缴和期缴两种，其中，期缴时间有 5 年、10 年、15 年、20 年不等。选用哪种交费方式，最重要的是要根据自己的经济收支状况、承受能力，以及所追求的付出与保障的需求比而定。若合同列明有保费豁免条款，建议投保人尽量拉长交费期间。首先，拉长交费期间可减轻投保人每期交费负担；其次，在保费豁免条款下，若被保险人在交费期间罹患保单所列重大疾病，则既可获得保险金给付，且免缴后续保费，合同继续有效。也就是说，假如购买一份 10 万元的重大疾病保险，交费期间为 20 年，如果在投保第三年患重大疾病，即可获得 10 万元的保险金给付，且免缴后续 18 年的保费。如果是高端客户，考虑到资金富裕，时间宝贵，可以采用趸交。

5. 避免重复投保

避免重复投保是特别针对医疗保险而言的，医疗保险符合费用补偿条款，保险人的赔付仅仅以被保险人所花费的医疗费用为限，即使投保人购买一份保额为 10 万元的医疗保险，如果实际医疗费用仅花费 5000 元，那么最多也只能获得 5000 元的赔付。对被保险人而言，重复投保是一种浪费。

四、健康保险投保注意事项

每个人在选择健康保险的时候都有很多的困惑，怎么买，如何买，什么样的保险才是真正适合自己的保险。其实，只要遵循“三大纪律八项注意”就可以了。

1. 投保健康保险的“三大纪律”

“三大纪律”第一条：越早买越划算。道理很简单，买得越早，交费就越少，越早买，意味着你能省下很可观的一笔费用。

“三大纪律”第二条：首选住院医疗保险。很多人买保险，有的人偏重疾病保险，有的人则偏重分红保险。其实，不管你买什么保险，一定要首先选择住院医疗保险，比如住院定额医疗保险，这样你在住院或者是手术方面的费用都可以得到保障。

"三大纪律"第三条：选适合自己的保险。首先我们需要明确，我们为什么要买保险，买保险的目的是什么，或者说我们有什么样的保险需求。每个人都需要保险，但要选择真正适合自己的保险很难。所以，在买保险之前，一定要先明白自己究竟有哪些保险需求。

2. 投保健康保险的"八项注意"

(1) 保证续保。很多人买保险，是为了在需要保险的时候保险能起到保障的作用。所以在买保险之前，请一定要选择有续保的保险产品。什么叫续保？中国人民健康保险公司提出一个新的概念：首年度保证续保，含义是不因投保人身体变化的原因而产生拒保，只要投保人在投保时是健康的，则第二年无论投保人身体是否发生变化，都保证续保，这样，在最大限度上保证投保人的利益，在最需要保险的时候，保险能为投保人带来最大的贴身保障。但是，有些保险条款是不保证续保的，即被保险人身体健康时年年交纳保费，一旦患了某种严重疾病，次年保险公司就有权终止合同，不再继续为投保人承保或者是对这种疾病和相关疾病作除外责任，也就是说被保险人在最需要保险时失去了保障。

(2) 选定额给付的保险产品。比如住院定额，只要符合条件，则住院、手术等费用都会每天定额给付，在最大限度上减轻投保人的负担。

(3) 一定要买主险。很多保险产品都附加了很多附加险，但实际上，附加险必须是主险存在的条件下才会有效，当主险不存在了，附加险也会随主险失效。所以，任何保险，必须选择主险才能最大化的保障自己的保险利益。

(4) 买意外+疾病的保险。任何时候意外伤害+意外医疗都是必须要保的，这是保险最基本的法则。

(5) 五大保险责任都要保。住院、手术、重大疾病、器官移植和重症监护要齐全，一样都不能少。

(6) 一定要买高档的品种。只要条件许可，尽量购买高档的保险产品。未来医疗费用只会越来越高，多花一些钱是值得的。

(7) 一定要坚持续保。保单生效以后，只要退保肯定是会有损失的。所以，一定要坚持续保。

(8) 选总额限制的保险产品。首先，选总额限制的保险产品，你会在有医疗费用支出的时候，不会产生争议，该理赔多少钱，都心里有数。再者，总额限制的产品可以最大化地保证你的保险利益，你能得到多少，最高多少保额都很清楚，照单理赔就是，省心又省力。

第三节 健康保险规划实例

案例

王伟和李伶夫妻都是"80后"，今年30岁，消费观念比较超前，都是月光族，不过在有房有车又无贷的现状下，压力并不大。但是不久前，他们的宝宝诞生了，随之而来的花费以及想要给宝宝良好的生活和教育的想法，让夫妻俩感到了生活的压力。

王伟是一家医药公司的调研人员，每月收入4000元；李伶是公司文秘，月收入为

2500元。支出方面,由于没有房贷,只需每月交纳300元的物业费和停车费。两人每月基本开销为1500元,王伟交际应酬每月支出为1500元,李伶购买衣服和化妆品每月支出在1000元左右,其他休闲花销每月为1000元左右,两人每月总支出5300元。年末王伟有1.5万元的年终奖,李伶有1万元的年终奖。王伟的投资渠道主要是股票,目前,股票市值约8万元。另外,两人有2万元的活期存款、

王伟属于有一定保险意识的年轻人,在社保之外还为自己和妻子购买了保额分别为10万元和5万元的终身寿险。另外,为汽车投保了交强险、10万元的车损险、10万元的三责险。考虑到自己的工作性质,需要经常出差,意外伤害风险增加,王伟还为自己购买了意外险,年交保费200元,保额为8万元。

他们的宝宝现在刚满3个月,初为人父的王伟很希望孩子将来的生活过得更好。因此他觉有必要完善一家人的保险保障。该投哪些险种,多少保额成了他心中的一大疑虑。

案例分析:

(1) 提炼客户信息

① 家庭成员信息。王伟,30岁,医药公司市场调研员,有社保和10万元的终身寿险,年收入6.3万元。李伶,30岁,公司文秘,有社保和5万元的终身寿险,年收入为4万元。儿子,3个月,目前无保险保障。家有房产一套,汽车一辆,市值8万元的股票,2万元的银行存款。

② 家庭每年支出情况。日常生活费用支出为1.8万元,交际应酬支出1.8万元,服装和化妆品支出为1.2万元,其他休闲花销1.2万元,商业保险支出为6440元。

③ 客户期望。为宝宝提供良好的生活和教育环境,完善家庭保险保障。

(2) 健康保险规划建议

目前王伟夫妻分别拥有10万元和5万元的终身寿险,寿险保额明显存在缺口,考虑到宝宝年幼,建议适当增加寿险保额。王伟是家庭经济来源的主力,所以他的保额需要增加15万~20万元;李伶是孩子的母亲,她的保额也要相应增加10万~15万元,考虑到两人目前收入及支出情况,每年可交纳保费的能力有限,所以两人保额均选择最低,即王伟增加15万元,李伶增加10万元。保费的交纳期限选择为宝宝的整个成长期(20年)最为合适,这样,每年承受的保费压力再次减少。另外,两人一旦发生意外,将会给孩子造成致命打击,建议两人应购买最少20万元的意外伤害保险。

考虑到将来健康方面可能存在的问题,建议王伟夫妻购买保额为10万元的重大疾病保险,附加保险费率较低的住院医疗保险。但考虑到重大疾病保险费率较高,夫妻同时投保经济负担较重,可选择投保消费型的综合保健卡,同样10万元的保障,费用相差很大。附加住院医疗保险的保障是最高每次8000元的住院医疗补助,每天25元的住院补贴。宝宝满6个月以后健康风险增加,建议为宝宝购买短期住院医疗保险,俗称“宝宝卡”。小宝宝可获得最高每次5000元的住院理疗补助,每天50元的住院补贴。

购买保险不要求一步到位,应根据自己的经济情况和保险需求结构,进行适当的平衡和选择,在以后的生活中,再根据自己的情况(无论是经济上的还是保险需求结构上的变化),进行保险保障的补充、调整和完善。保费支出不要因为初为父母的欣喜而过于盲目,原则上以感觉承受无压力即可,并且保费的选择要适度。

第四节 人身意外伤害保险规划

一、人身意外伤害保险概述

人身意外伤害保险是指被保险人在保险有效期内，因遭受非本意的、外来的、突然发生的意外事故，致使身体蒙受伤害而残废或死亡时，保险公司按照保险合同的规定给付保险金的保险。

1. 意外伤害必须符合的要件

(1) 外来因素造成的，是指由于被保险人身体外部原因造成的事故，如车祸、被歹徒袭击、溺水、食物中毒等。

(2) 突发的，是指在瞬间造成的事故，没有较长的过程，如落水、触电、跌落等。而职业病是逐步形成的，而且是可以预见和预防的，故不属于意外事故。

(3) 意外发生的，是指被保险人未预料到和非本意的事故，如飞机坠毁等，另有一些事故虽然可以预见或避免，但由于无法抗拒或履行职责不得回避，也应列入“意外”范围，如轮船着大火被迫跳海逃生，见义勇为与歹徒搏斗而负伤等。

(4) 非疾病的。疾病所致伤害，虽不是本人事先所能预料的，但它是人体自身产生的结果，不属于意外事故。如脑溢血发作不省人事不属于意外伤害。

(5) 身体受到伤害。意外伤害的对象必须是被保险人的身体所属部位，且伤害事实成立，如虽触电但未伤及身体，则属伤害事实不成立。

2. 人身意外伤害保险的保险责任

1) 人身意外伤害保险的保障项目

死亡保障是指被保险人因遭受意外伤害死亡时，保险人给付死亡保险金。残疾保障是指被保险人因遭受意外伤害残疾时，保险人给付残疾保险金。医疗费用保障是指被保险人因遭受意外伤害支出医疗费时，保险人给付医疗保险金。停工保障是指被保险人因遭受意外伤害丧失或暂时丧失劳动能力，不能工作时，保险人给付停工保险金。

死亡保障和残疾保障是人身意外伤害保险的主要承保内容，是人身意外伤害保险的基本保障项目。医疗费用保障和停工保障属于人身意外伤害保险的派生项目，一般不单独承保。

2) 人身意外伤害保险的保险金给付方式

(1) 死亡保险金的给付方式。

死亡保险金的数额由合同规定，若被保险人在保险有效期内因发生保单规定的意外事故而死亡，保险人按照保险合同规定的数额如数向受益人给付保险金。死亡保险金给付时要注意以下几点。

① 当保险人承担身故保险金给付责任后，保险责任即告终止。

② 如果在给付死亡保险金之前，已经给付过残疾保险金，则应当从死亡保险金中扣除已支付的残疾保险金。

③ 如果被保险人因意外事故而被依法宣告失踪或死亡，保险人给付死亡保险金后，被保险人生还，则被保险人应当向保险人退还死亡保险金。

④ 如果意外伤害保险中附加了医疗保险，则保险人在给付保险金时，应当分别计算医疗保险金与死亡或残疾保险金。

(2) 残疾保险金的给付方式。

残疾保险金的数额由保险金额和残疾程度两个因素确定。残疾程度一般以百分率表示，残疾保险金的计算公式是：

残疾保险金=保险金额×残疾程度

人身意外伤害保险的保险金额不仅是确定死亡保险金、残疾保险金数额的依据，而且是保险人给付保险金的最高限额，即保险人给付每一位被保险人的死亡保险金和残疾保险金，累计以不超过该被保险人的保险金额为限。当一次意外事故造成被保险人身体若干部分残疾时，保险人按保险金额与被保险人身体各部位残疾程度之和的乘积计算残疾保险金；如果各部位残疾程度之和超过100%，则按保险金额给付残疾保险金；被保险人在保险期间内多次遭受意外伤害事件时，保险人对每次意外伤害造成的残疾或死亡均按合同的规定给付保险金，但给付金额以累计不超过保险金额为限。被保险人的身体损伤在医疗终结时间内彻底治愈的不予给付残疾保险金；在医疗终结时间结束后仍不能痊愈，留有不同程度后遗症的，可按180天时的有效鉴定，对照给付残疾保险金。

(3) 医疗保险金的给付方式。

在综合性的人身意外伤害保险中，被保险人因遭受意外伤害事故支出医疗费用时，由保险人按合同约定予以补偿。医疗费用的补偿设置免赔额条款和共保比例条款，即免赔额以上部分由保险人和被保险人共同承担。医疗费用给付的范围包括治疗费、医药费、抢救费、住院费等。一般而言，人身意外伤害保险条款在医疗费用给付范围方面都有明确规定：被保险人因遭受意外伤害在县级以上(含县级)医院或本公司认可的医疗机构(含门诊部、诊所)支出的，且符合当地社会医疗保险主管部门规定的可报销的医疗费用。

3. 人身意外伤害保险的分类

人身意外伤害保险可分为个人意外伤害保险、团体意外伤害保险和特种意外伤害保险三类。

1) 个人意外伤害保险

个人意外伤害保险是指以被保险人在日常生活、工作中可能遇到的意外伤害为标的的保险，保险期限一般较短，以一年或一年以下为期。

2) 团体意外伤害保险

团体意外伤害保险是指社会组织为了防止本组织内的成员因遭受意外伤害致残或致死而受到巨大的损失，以本社会组织为投保人，以该社会组织的全体成员为被保险人，以被保险人因意外事故造成的人身重大伤害、残废、死亡为保险事故的保险。

3) 特种意外伤害保险

特种意外伤害保险是一种保险责任范围仅限于某种特种原因造成意外伤害的保险。其中最主要的是旅行意外伤害保险、交通事故意外伤害保险和电梯乘客意外伤害保险。

（1）旅行意外伤害保险。这种保险以被保险人在旅行途中，因意外事故遭受伤害为保险事故。保险人一般对约定的旅行路线和旅行期间发生的保险事故承担责任。如飞机失事或船舶碰撞而致旅客的伤害即是。这种保险又可细分为国内旅行意外伤害保险和国外旅行意外伤害保险两种。

（2）交通事故意外伤害保险，主要针对交通工具遇到交通事故给被保险人造成的伤害、残疾和死亡，而且赔偿范围扩大到交通工具之外的等候场所。它所承保的危险有：

① 作为乘客的被保险人在交通工具行驶、飞行过程中所遭受的意外伤害事故。

② 作为乘客的被保险人在交通工具搭乘场所（候车、候机、候船）时所遭受的意外伤害事故。

③ 作为行人的被保险人因遭受空中物体坠落而遭受的意外伤害事故。

④ 被保险人被交通工具所撞，或因交通工具发生火灾、爆炸所遭受的意外事故。

（3）电梯乘客意外伤害保险，是指被保险人乘电梯时发生意外事故造成伤残或死亡时，由保险人给付保险金的保险。投保人是置办电梯或者安装电梯的社会组织或经济单位，被保险人是使用电梯的乘客，保险责任仅限于在专门载乘顾客的专用电梯内的意外事故。

二、人身意外伤害保险规划实例

案例

陈磊是一家小型进出口贸易公司的老板，对于客户的维系以及与供应商的洽谈等事务，一定要亲力亲为。近来由于美国经济不景气，也给公司带来了影响，陈磊不得不更加频繁地往来于各地，以维持公司的有效运营。陈磊的年均收入为 80 万元，在昆山拥有商品住房一套，面积 120 平方米，目前市值 220 万元。三年前看到房价飞涨，陈磊又购买了一套 135 平方米的商品房，新房购置价为 280 万元，首付 110 万元，每月偿还房贷 1.94 万元，还款期为 15 年。另外，陈磊付全款购买了一辆 20 万元的私家车。

陈磊的妻子王艳是一家网络销售公司的企划经理，年薪 20 万元，儿子陈宇翔今年 7 岁，活泼好动，很讨人喜欢。由于工作应酬需要，陈磊夫妻俩每年开销相对较大，每月基本花销在 3 万元左右，还有不可预测的大宗物品的添置费用，比如，陈磊计划为妻子购买一辆私家轿车等。

“七二三”甬温线动车追尾事故中遇难者的信息牵动了很多人，陈磊也不例外。在电视上看到最后虽被救出却失去双亲的两岁半小女孩伊伊，陈磊想到自己的妻儿，也想到了那些和他一起奋斗打拼的员工。意外事故的发生如此可怕，陈磊希望能够给自己，也给员工更多的保障。“我知道人身意外伤害保险主要为意外事故引发的损失予以保障，但是，听说现在的人身意外伤害保险种类繁多，如何选择，我想得到更专业的帮助。”

案例分析：

（1）提炼客户信息，分析保险需求

人身意外伤害保险种类繁多，在选择保险产品时，保险理财规划师应根据客户意外风险特点进行针对性的人身意外伤害保险规划。陈磊的家庭属于中高收入家庭，对于这样的家庭，保险既是保障，又是合理地转移和保护财产的方法。公司的健康运营是保证陈磊一家抗风险能力提高的关键因素之一，国际金融市场的不稳定，增加了外贸企业发展的不可预测性，未雨绸缪对这样的家庭尤为重要。因此，在陈磊的人身意外伤害保险规划中，可以将人身意外伤害保险设计为附加险种。

(2) 人身意外伤害保险规划建议

建议陈磊投保分红型两全保险以及养老保险，同时附加交通工具意外伤害保险和附加医疗费用补偿保险。交通工具意外伤害保险以自驾或乘坐汽车、火车、飞机等交通工具时发生的意外伤害事件为保险金给付条件，具有保险时间灵活、保障针对性强、低费率高保障等特点。大多数交通工具意外伤害保险对于自驾或乘坐特定交通工具出险给予多倍赔付，能够满足陈磊抵御主要意外风险的需要。

延伸阅读

意外伤害保险保障范围大幅扩展

据新华社北京2013年6月8日电，中国保险行业协会8日联合中国法医学会共同发布《人身保险伤残评定标准》，对意外伤害保险的保障范围较原标准有了大幅扩展，将成为商业保险意外险领域残疾给付的新的行业标准。

在覆盖范围方面，新标准改变了原标准以肢体残疾、关节功能丧失为主的情况，增加了神经精神和烧伤残疾，扩大了胸腹脏器损伤、智力障碍等残疾范围，覆盖了神经系统、眼耳、发声和言语、呼吸系统、消化系统、泌尿和生殖系统、运动、皮肤8大门类。新增了对心脏、肺、肝、脾、胃、胰等胸腹脏器和肠结构损伤的20余种残疾状态条目；由于意外事故而造成的烧伤等皮肤残疾也纳入了保障范围。

此外，在残疾等级设置方面，新标准由原来的7个等级34项增至10个等级281项。特别是新增加了原标准未包括的8～10级的轻度伤残保障100余项，将大幅增加对保险消费者的残疾保障程度。

新标准将从2014年1月1日起正式使用。

资料来源：天津日报，2013-06-09.

本章小结

健康保险是对因健康原因(疾病、意外伤害等)引起的费用支出或收入损失提供补偿或给付的保险。如同人寿保险并不是保证被保险人在保险期限内避免生命风险一样，健康保险并不是保证被保险人不受疾病困扰、不受伤害，而是以被保险人因疾病或伤害等原因需要支付医疗费、护理费，因疾病或意外造成残疾、暂时或永久不能工作而减少劳动收入作为保险事故的一种人身保险。

健康保险的承保责任范围主要包括两个方面：一是因为疾病或意外事故所产生的医疗费用；二是疾病或意外事故所导致的收入损失。其中收入损失既包括因疾病或意外造成残疾、暂时或永久不能工作而减少的收入，也包括因患病治疗而耽误工作减少的劳动收入。健康是人类永恒追求的主题，一场不期而至的疾病会给个体带来收入的中断和大笔医疗费用的支出以及其他一些损失，如何规避和管理这一人身和财务风险是摆在每一个人面前的重要问题。

人身意外伤害保险是指被保险人在保险有效期内，因遭受非本意的、外来的、突然发生的意外事故，致使身体蒙受伤害而残废或死亡时，保险公司按照保险合同的规定给付保险金的保险。意外伤害必须符合条件才能称得上意外，人身意外伤害保险可分为个人意外伤害保险、团体意外伤害保险和特种意外伤害保险三类。

健康保险与人身意外伤害保险具有许多共同之处，因此国外有时将两者合二为一，统称健康保险。其实，人身意外伤害保险与健康保险在保险责任上是有区别的。所以，保险理财规划师一定要和客户解释清楚，并在不违背客户要求的基础上统筹安排。

思考与练习

一、简答题

1. 简述健康保险的种类。
2. 简要说明生活中可能遇到的健康风险。
3. 简述健康风险管理流程。
4. 简述健康保险规划中应注意的问题。
5. 意外伤害保险的构成要件有哪些?
6. 简述人身意外伤害保险的保险责任。

二、案例分析

1. 焦先生今年45岁，某企业中层管理干部，年收入20万元。焦先生的妻子金女士41岁，银行会计，年收入10万元，两人均有社保。因焦先生应酬较多，体检结果显示高血压、高血脂、高血糖，其妻患有乙肝大三阳，两人育有一个12岁的女儿，女儿在学校参保学生平安险。

请根据上述案例，从分析该家庭面临的健康风险入手，为该家庭制订一份健康保险规划方案。

2. 刘先生，今年37岁，快递公司员工，年收入2.5万元，年支出1.5万元，有活期存款4万元，缴纳基本养老保险。两年前，刘先生和妻子离婚，10岁的儿子跟着刘先生生活，平常由刘先生的父母照顾。刘先生自己和儿子没有购买任何商业保险。在资产方面，刘先生有老式自助商品房一套，市值25万元。刘先生的父母都有退休工资，够老两口日常花销，并办有社会医疗保险，以及各有一份保额为5万元的重大疾病保险。

请根据上述案例，从分析该家庭面临的风险入手，为该家庭制订一份人身意外伤害保险规划方案。

第六章

养老保险理财规划

学习目标

通过本章的学习，学生应掌握我国社会养老保险制度的主要内容；掌握商业养老保险主要险种的优、缺点及适用范围；熟悉当前可以运用的养老方式；掌握养老保险规划的流程；能够熟练地为客户量身定制养老保险规划方案。

案例导入

张老板今年35岁，计划60岁退休，目前全家年生活费80 000元。张老板希望退休后的家庭生活水平能保持在目前的85%，并准备至少20年的退休生活准备金。预计今后生活费年上涨4%，投资报酬率退休前为6%，退休后为2%。假设张老板没有其他养老资源，问：张老板退休前每年投资多少才能达到自己的退休规划目标？

第一节　养老保险

一、养老保险概述

养老保险是政府通过法律形式的制度安排，使劳动者在老年丧失劳动能力退出劳动力队伍后能得到基本生活的保障。养老保险是社会保险体系的核心，它影响面大、社会性强，为各国政府所特别重视。

1. 养老保险模式

(1) 普遍保障模式。国家为全体国民，甚至在本国侨居一定年限的外国居民提供均一水平的养老金，以保障其最低生活水平的养老保险计划。养老金与个人退休前收入无关，资金主要靠国家财政补贴。北欧国家、英国及澳大利亚、新西兰等国均采用此种养老保障模式。

(2) 收入关联模式。指通过社会保险机制为工薪劳动者建立的退休收入保险计划。它强调纳费与收入、退休待遇相关联，并建立在严格的保险运行机制基础之上。收入关联的养老保险模式是世界上大多数国家实行的老年社会保险模式。美国、日本是这一模式的代表。

(3) 多层次养老保险模式。国家根据不同的经济保障目标，综合运用各种养老保险形式而形成的老年经济保障制度。虽然多种保障形式的结合事实上是不少工业化国家已有的制度安排，如北欧诸国在普遍保障基础上建立与收入关联的保险模式，但较为典型的多层次养老保险模式是指瑞士等国在20纪世80年代中期形成的三个层次保障模式：第一个层次，由国家建立的强制国民年金保险制度，提供最基本的老年经济保障；第二个层次，建立法定的企业补充养老保险计划；第三个层次，建立个人储蓄性养老保险，旨在提供较高收入保障。并且，各个层次的保障程度及其协调都纳入国家的总体经济保障计划。

(4) 强制储蓄养老保险模式。通过建立个人退休账户的方式积累养老保险基金，当劳动者达到法定退休年龄时，将个人账户积累的基金、利息及其他投资收入，一次性或逐月发还本人作为养老保险金。这种模式主要是在二十多个亚非国家和一些拉美国家推行。强制储蓄养老保险模式以新加坡中央公积金制度和智利商业化管理的个人账户最为典型。

2. 养老保险的给付条件

养老保险给付的基本条件通常包括：①法定退休年龄。只有达到法定退休年龄者，方可按一定的计算公式获得相应水平的养老金，提前退休者可按一定比例发给减额养老金。一些国家鼓励延期退休，则规定有相应的增额养老金。②工龄或缴费年限。不少国家规定须满足10～15年的最低缴费期限。这一标准近年来有所提高，如日本提高到25年，英国提高到20年。③被保险人必须完全退休。④被保险人必须是永久居民，或本国公民，或在国内居住满一定期限。以上条件并非要求全部满足，不同类型养老保险模式的国家其侧重点不尽相同。

3. 养老保险的给付标准

养老保险的给付标准通常取决于不同的养老保险模式与保障目标。如在普遍保障的养老保险制度下，保险金的给付范围包括全体国民，给付标准在于提供均一的低水平养老金，而与领取者的实际收入无关。例如，目前英国65岁以上的退休者每周均可以得到114英镑的基础养老金。在收入关联的养老保险制度下，保险金给付范围和程度直接取决于保险覆盖面、劳动者收入水平、缴费期限等诸多因素，一般与收入状况密切关联。比如，法国大多数劳动者在退休后可以得到相当于退休前薪金80%的退休金。而在社会统筹与个人账户相结合的养老保险制度下，保险金给付程度则取决于社会平均工资的某一比例及个人退休账户积累额的大小。此外，养老保险给付水平还直接取决于具体保障目标及社会政策目标，取决于其他经济保障形式的发展程度。

延伸阅读

我国的养老保险制度

目前，我国的养老保险体系基本上由四部分构成：企业职工基本养老保险制度、新型农村社会养老保险制度、机关公务员退休养老保险制度及城镇居民养老保险制度。

(1) 企业职工基本养老保险制度。自20世纪80年代，我国开始了养老保险社会统筹试点，逐步探索建立由国家、企业和个人共同承担的资金筹集方式，并确定了社会统筹和个人账户相结合的基本模式。1997年7月国务院颁布了《关于建立统一的企业职工基本养老保险制度的决定》。2005年，国务院颁布了《关于完善企业职工基本养老保险制度的决定》，进一步将无雇工个体工商户、非全日制从业人员和其他灵活就业人员纳入覆盖范围。现行政策规定：用人单位缴纳基本养老保险费的比例，一般不超过企业工资总额的20%；职工按照本人缴费工资的8%缴费，计入个人账户。新的养老金计发办法为：

$$基本养老金=基础养老金+个人账户养老金$$

$$基础养老金=\frac{\begin{matrix}当地上年度在岗\\职工月平均工资\end{matrix}+\begin{matrix}本人指数化月\\平均缴费工资\end{matrix}}{2}\times 1\%\times 缴费年数$$

$$本人指数化月平均缴费工资=当地上年度职工平均工资\times 职工平均工资指数$$

$$个人账户养老金额标准=\frac{个人账户储蓄额}{计发月数}$$

(2) 机关公务员、事业单位人员养老保险制度。我国事业单位工作人员、公务员以及参照《公务员法》管理的工作人员实行的是退休养老制度，费用由单位或国家负担，个人不缴费，养老金标准以本人工资为基数，按工龄长短计发。目前，事业单位养老保险制度改革正在推行，并已于2009年起在山西、浙江、广东、上海、重庆等五个省市开展先期试点工作。

(3) 新型农村社会养老保险制度。2009年国务院发布《关于开展新型农村社会养老保险试点的指导意见》，并在全国选取10%的县进行试点。根据指导意见，新型农村社会养老保险实行个人缴费、集体补助和政府补贴相结合的筹资方式。强调政府补贴是新型农村社会养老保险与老的农村社会养老保险最重要的区别。

(4) 城镇居民社会养老保险。2011年6月国务院发布《关于开展城镇居民社会养老保险试点的指导意见》，决定自2011年7月1日启动城镇居民养老保险试点工作。根据指导意见，年满16周岁(不含在校学生)、不符合职工基本养老保险参保条件的城镇非从业居民，可以在户籍地自愿参加城镇居民养老保险；城镇居民养老保险试点实施范围、缴费标准、财政补贴、基础养老金标准与新型农村社会养老保险试点基本一致。

资料来源：http://www.mohrss.gov.cn/index.html.

二、养老保险的特征与作用

1. 养老保险的特征

养老保险是社会保险的核心，其保险基金结余规模最大，社会影响力最大，运行过程中表现出以下特征。

(1) 强制性。国家通过立法，强制用人单位和劳动者个人必须依法参加养老保险，履行法律所赋予的权利和义务，缴纳养老保险费，待劳动者达到法定退休年龄时，可向社会保险部门领取基本养老金，享受基本养老保险待遇，保障退休以后的基本生活。

(2) 互济性。养老保险费用来源一般由国家、企业或单位、个人三方共同负担，并在较高的层次上和较大的范围内实现养老保险费用的社会统筹和互济。

(3) 普遍性。每个人都有老年岁月，这是人生的必经阶段。养老问题不仅是社会问题，而且是一个全球性问题，关系到一个国家或社会的经济、文明发展，需要我们予以足够的重视。由于养老保险的实施范围很广，被保险人享受待遇的时间较长，费用收支规模庞大，因此，必须由政府设立专门机构，在全社会统一立法、统一规则、统一管理和统一组织实施。

2. 养老保险的作用

养老保险是以老年人的生活保障为指标的，通过再分配手段或者储蓄方式建立保险基金，支付老年人生活费用。它的实施具有以下作用。

(1) 确保劳动者老有所养，免除其后顾之忧，能够激发劳动者的工作积极性，促进劳动生产率的提高。

(2) 保证为社会再生产不断更新劳动力。

(3) 养老保险具有调节收入分配、安定社会的作用，劳动者有从事劳动的义务，经过漫长的职业生涯，在退休后有享受养老保险的权利。

三、养老保险的补充——商业养老保险

商业养老保险是为保障投保人的退休老年生活质量，在投保人缴纳相应费用之后，在一定年龄后可领取养老金的商业性退休养老保险产品。商业养老保险是社保养老保险的有力补充，个人根据自身经济能力、保障需求自由购买。商业养老保险包括以下几项。

1. 传统养老保险

传统养老保险是投保人与保险公司通过签订合同，双方约定确定的领取养老金的时间，约定相应的额度领取，通常来说，其预定利率是确定的，一般在2.0%～2.5%。历史上，这个预定利率是变化的，一般都会与当时的银行利率保持相当水平。银行利率高时，这个预定利率也高。在20世纪90年代末的高利率时代，商业养老保险的预定利率曾高达10%。2013年8月5日，中国保监会启动普通型人身保险费率政策改革，普通型人身保险取消2.5%的预定利率上限，将定价权交给公司和市场，改革后新签发的普通型人身保险保单，法定责任准备金评估利率不得高于保单预定利率和3.5%的小者。

优点：回报固定，风险低。由于这类产品的回报是按照合同约定的预定利率来计算的，不受外界银行利率变动的影响，所以即使是在出现零利率或者负利率的情况下，也不会影响养老金的回报利率。现在的预定利率虽然在3.5%以下，但是在20世纪90年代末期出售的一些养老产品，仍然按照当时10%的利率设计来支付养老金。

缺点：很难抵御通胀的影响。因为购买的产品是固定利率的，如果通胀率比较高，从长期来看，就存在贬值的风险。十年前的一万元与今天的一万元，价值确实差很远。而且，这部分投入到养老保险的资金，同时也失去了在股票、基金等渠道里获利的投资机会。

适合人群：以强制储蓄养老为主要目的，在投资理财上比较保守的人。

2. 分红型养老保险

分红型养老保险通常有保底的预定利率，但这个利率比传统养老险稍低，一般只有1.5%～2.0%。分红险除固定的最低回报外，每年还有不确定的红利获得。

优点：除了有一个约定的最低回报，这部分资金的收益还与保险公司经营业绩挂钩，理论上可以回避或者部分回避通货膨胀对养老金的威胁，使养老金相对保值甚至增值。

缺点：分红具有不确定性，红利的多少和有无，与保险公司的经营状况有关系，也有可能因该公司的经营业绩不好而使自己受到损失。目前我国规定，保险公司应当将可分配盈余的70%以红利的方式分配给投资人。但是，保险公司的规范化管理依然是问题。

适合人群：既要保障养老金最低收益，又不甘于坐看风云者。

3. 万能型寿险

万能型寿险在扣除部分初始费用和保障成本后，保费进入个人投资账户，有保底收益，目前一般在1.75%～2.5%，有的与银行一年期定期税后利率挂钩。除了必须满足约定的最低收益外，还有不确定的“额外收益”。

优点：万能险的特点是下有保底利率，上不封顶，每月公布结算利率，目前大部分为5%～6%，按月结算，复利增长，可有效抵御银行利率波动和通货膨胀的影响。账户比较透明，存取相对比较灵活，追加投资方便，寿险保障可以根据不同年龄阶段提高或降低。万能型寿险可以灵活应对收入和理财目标的变化。

缺点：万能险一般承诺有1.75%～2.5%的保底收益，但是，储蓄利息的计算基数是进入银行账户的所有本金，而万能险的收益计算基数是保单的账户价值，即个人所缴保费中，扣除初始费、账户管理费等费用以外的资金。若以30岁男性客户每年分别将固定资金投向某公司万能险和银行储蓄相比较，到第5年，这位客户无论是每年投5000元、1万元还是5万元，收益率都不如银行储蓄高。

适合人群：理性投资理财者，坚持长期投资，自制能力强。

4. 投资连结保险

投资连结保险是一种基金，是一种长期投资产品，设有不同风险类型的账户，与不同投资品种的收益挂钩，不设保底收益，保险公司只是收取账户管理费，盈亏全部由客户自负。

优点：以投资为主，由理财专家选择投资品种，不同账户之间可自行灵活转换，以适应资本市场不同的形势。如果坚持长线投资，有可能收益很高。

缺点：是保险产品中投资风险最高的一类，如果受不了短期波动而盲目调整，有可能损失较大。

适合人群：该品种有可能血本无归，因此不适合将养老寄托于此的人。适合风险承受能力强，以投资为主要目的，兼顾养老的人。

案例

平安吉星盈瑞养老金保险

产品类型：主险

投保年龄：18～50岁

缴费期限：十年

保险期间：至88周岁

生存保险金：保额×15%

满期保险金：保额×1000%

身故保险金：保额×1000%

意外身故特别保险金：保额×500%

即交即领，年年返还。

满期返本，生存至88岁返还所交保费。

疾病身故10倍保额赔付；意外身故15倍保额赔付。

每年可参与保险公司分红。

投保示例：张先生，30岁，职员，月均收入10 000元，需要一份理财养老保险，希望交费时间为10年。选择投保平安吉星盈瑞养老金保险，年缴保费12 000元，可获得保障利益如下。

利益一：每一年返还期交主险保险费的15%，即1800元，返还至88岁，若不领取，可以留存于公司享受3.5%的年利，在需要的时候可以作为急用金、养老金、孩子的教育金、婚嫁金、创业金补充等。若未领取，自60岁起每年领取6000元至88岁。

利益二：每年分红（保险公司必须将分红险的可分配盈余的70%作为红利分给客户）若不领取，可以留存于公司，享受3.5%的年复利，需要时可以部分领取。若未领取，至60岁每年领取4600元（中档分红演示）至88岁。

利益三：若被保险人未发生理赔，至88岁退还所交保险费12万元。若以上三笔钱均未领取，至88岁累积收益达65万元。

利益四：若疾病身故赔付期交保险费的10倍（12万元），若意外身故，赔付期交保险费的15倍（18万元）。

利益五：急需用钱，可以贷款现金价值的80%，贷款期间生存金和分红及保障正常享受。

该产品与市场同类产品相比，有以下优势。

优势一：返还最快，没有之一。

优势二：返还比例也是市面最高，每年返还期交保费的15%。

优势三：本金不损失，保证返还本金。

优势四：高额人身保障，最高15倍的期交保险费赔付，为身价保驾护航。

资料来源：http://quick.xiangrikui.com/case/278394.html.

第二节　养老保险规划流程与方法

一、养老的方式

1. 家庭养老

（1）家庭养老的定义

费孝通教授早年在谈到家庭的概念和实体的时候，显然强调了夫妇关系（婚姻关系）和亲子关系（血缘关系）的双合。而家庭养老，概括地说，是“在家养老”和“子女养老”的相结合。在中国，家庭养老通常被解读为由子女供养，并且更多的是指来自儿子的赡养。中国宪法规定："父母有抚养教育子女的义务，成年子女有赡养扶助父母的义务。"这是对东方反哺模式的法律解说。归根究底，养老的实质是由谁来提供养老资源，这是区分养老方式最重要的标准，同时也可以看出，家庭养老是相对于社会养老来说的。因此，从实质上来说，家庭养老是指由家庭成员提供养老资源的养老方式和养老制度。

(2) 家庭养老的优势

① 家庭养老是一种环环相扣的反馈模式。在经济供养上，家庭养老是代际之间的经济转移，以家庭为载体，自然实现保障功能，自然完成保障过程。父母养育儿女，儿女赡养父母，这种下一代对上一代予以反馈的模式在每两代之间的取予是互惠均衡的，在家庭单位内形成一个天然的养老基金的缴纳、积累、增值以及给付过程。

② 家庭养老促进代际交流，给予老年人精神归属感。家庭与老年人的关系是非常密切的，对于中国老年人，尤其如此。家庭是老年人毕生精力和努力的结晶，保留了老年人整个生命历程的印记，使老年人感到安全和对亲情需求的满足，满足老年人"叶落归根"的心理。费孝通教授讲过："家，强调了父母和子女之间的相互依存。它给那些丧失劳动能力的老年人以生活的保障。它也有利于保证社会的延续和家庭成员之间的合作。"可见，老年人更多的是从子女身上获取那种情感慰藉，"儿女孝顺，含饴弄孙"是中国老年人晚年生活的最高理想和最大精神寄托。

③ 家庭养老降低社会成本。与社会养老相比，家庭养老是把这个社会的养老负担转化为子女的负担，一旦政府的社会保障职能不能兑现，可以规避社会养老在基金管理方面的风险，同时也不存在服务和交易费用支出问题。

④ 家庭养老是中国传统道德强大内在力的必然结果，中国人提倡尊老爱幼，在全社会形成养老尊老的风气，自古以来被认为是子女一种理所当然、责无旁贷的义务。

(3) 家庭养老的不足

① 未富先老，人口老龄化与社会经济发展水平不相适应。根据联合国公布的老龄化社会标准，2000 年的人口普查数据就显示中国已经步入了老龄化社会。据预测，从 2020 年开始，中国将步入老龄化严重阶段；2050 年，中国将步入超高老龄化国家行列。老年人口将达 4.37 亿，约占总人口 30%。然而，与其他老龄化问题严重的发达国家相比，中国的老龄化面临更为艰难的问题。中国经济在飞速发展的同时，人均 GDP 仍然处于较低水平，不足发达国家的 20%，这种被称为"未富先老"的状况是社会的隐忧。

② 子女数量减少，家庭养老负担加重。生育率下降、人均寿命延长直接导致家庭供养资源减少，子女养老的人均负担成倍增长。如今，中国第一代独生子女的父母已经开始进入老年。"4-2-1"家庭模式作为中国今后几十年的主流家庭模式，是一个风险型的家庭架构，对养老而言更是如此。独生子女的现实不仅使父母早早步入空巢的阶段，更长的经历空巢期，同时也将他们置于一种更加脆弱的家庭养老的基础之上，无论是经济来源、生活照料，还是亲子交往、精神慰藉，他们能从这唯一的孩子身上得到的都是非常有限的。

③ 传统养老观念受到各种不良价值观念冲击。改革开放以来，中国经济社会发生了重大变革，对公民的个体价值给予了多方面的承认，并从道义上肯定了追求个人幸福的合理性，个体价值的确立动摇了传统家庭伦理的基础。另外，在现代社会中，由于社会分工的发展和科学技术的日新月异，老年人在经济资源、文化资源等方面均处于较低的地位，

再加上行动不便、体弱多病等因素的影响，渐渐地，几世同堂的家庭就少了其应有的向心力和凝聚力，所有这一切都导致了当代中国家庭养老功能的弱化。

④ 农村家庭养老压力大。农村老年人口占全国的75%，是中国老年人的主体。中国老龄科学研究中心调查显示，当前农村老龄化程度比城镇高1.24个百分点，预计这种状况将持续到2040年。可见，与城市相比，农村的养老压力更大。与此同时，农村养老还面临着城市化、家庭结构小型化、计划生育和人口价值观念改变等带来的一系列挑战。农村人口的大量外出导致赡养脱离，养儿难以防老，这是农村几千万留守空巢老年人面临的普遍难题。从今后发展看，随着农村人口生育率的下降，农村老年人老难所养问题将更加突出。

2. 社会养老

世界银行等机构经过调查研究，提出了三个支柱养老保险体系(1994)，并通过很多国家的改革经验证明其是可行而成功的。我国的养老保险制度依照国际惯例，由上述三个层次构成：第一层次是基本养老保险，由政府通过征税或缴费方式，强制执行，覆盖全社会；第二层次是企业年金，在政府鼓励下自行建立，采用个人账户积累和市场化运营模式；第三层次是商业保险，由商业保险公司举办，个人自愿投保。其中，前两个层次属于社会养老的范畴。

(1) 基本养老保险

基本养老保险是按国家统一的法规政策强制建立和实施的社会保险制度。企业和职工依法缴纳养老保险费，在职工达到国家规定的退休年龄或因其他原因而退出劳动岗位并办理退休手续后，社会保险经办机构向退休职工支付基本养老保险金(也称“退休金”)。我国的基本养老保险制度就是通常所说的社会统筹与个人账户相结合。该制度在养老保险基金的筹集上采用国家、企业和个人共同负担的形式，社会统筹部分由国家和企业共同筹集，个人账户部分则由个人按一定比例缴纳。基本养老保险是由国家强制实施的，其目的是保障离退休人员的基本生活需要。

养老金替代率是指劳动者退休时，养老金领取水平与退休前工资收入水平之间的比率。国际劳工组织制定的《社会保障最低标准公约》，提出养老金替代率最低目标为55%。以国际经验来说，如果退休后的养老金替代率大于70%，即可维持退休前现有的生活水平；如果达到60%～70%，即可维持基本生活水平；如果低于50%，则生活水平较退休前会有大幅下降。而据中国社科院世界社保研究中心发布的《中国养老金发展报告2012》对城镇基本养老保险替代率进行测算，数据显示，养老金替代率由2002年的72.9%下降到2005年的57.7%，此后一直呈下降趋势，到2011年，这一数字更是降至50.3%，低于国际警戒线。因此，单纯依靠基础养老金只能糊口，而不能享受到高品质的老年生活。所以，即使参加了基本养老保险，最好还是要通过其他方式自行积累一部分养老金，以弥补退休后基本养老金的不足。

(2) 企业补充养老保险

企业补充养老保险又称企业年金，是指由企业根据自身经济实力，在国家规定的实施政策和实施条件下为本企业职工所建立的一种辅助性的养老保险。它居于多层次的养老保险体系中的第二层次，由国家宏观指导、企业内部决策执行。

企业补充养老保险与基本养老保险既有区别又有联系。其区别主要体现在两种养老保险的层次和功能上的不同，其联系主要体现在两种养老保险的政策和水平相互联系、密不可分。企业补充养老保险由劳动保障部门管理，由经劳动保障行政部门认定的机构经办。企业补充养老保险的资金筹集方式有现收现付制、部分积累制和完全积累制三种，保险费可由企业完全承担，或由企业和员工双方共同承担，承担比例由劳资双方协议确定。

我国自 2004 年 5 月 1 日开始实施《企业年金试行办法》以来，进展一直很缓慢，覆盖率也很低。截至 2012 年年底，我国建立企业年金的企业已达 5.47 万家，参加职工 1847 万人，积累基金 4821 亿元，但覆盖率仅有 7.8%（占参保城镇职工基本养老保险总人数 22 981 万人的百分比），其中国有企业与银行企业年金占企业年金的 80%以上，民营企业年金仅占一小部分。

3. 社区养老

社区养老是家庭养老与社会养老的结合，它是以家庭养老为主，社区机构养老为辅，在为居家老人照料服务方面，又以上门服务为主，托老所服务为辅的整合社会各方力量的养老模式。这种模式的特点在于：让老人住在自己家里，在继续得到家人照顾的同时，由社区的有关服务机构和人士为老人提供上门服务或托老服务。它吸收了家庭养老和社会养老方式的优点和可操作性，把家庭养老和机构养老的最佳结合点集中在社区。是针对中国社会转型期在 21 世纪上半叶所面临的巨大老龄化问题所提出的一种新型养老方式。

社区养老使老年人在熟悉的社区环境里能找到安全感、归属感和亲切感，是积极应对少子老龄化、老年空巢化、空巢失能化的正确选择。

延伸阅读

美国社区居家养老经验可资借鉴

美国的社区居家养老服务有以下几种做法。

一是全托制的“退休之家”，设施完备，服务周到。设施包括了医务室、图书室、计算机室、健身房、洗衣房、紧急呼叫系统等。服务包括了就餐、打扫房间、组织活动、出行安排等。

二是日托制的“托老中心”，白天在中心活动，晚上回家休息。中心同样设施完备，并提供星级服务。起居室一人一床，一人一房。还有阅览室、保健室、活动室等。老年人除了不用为一日三餐操心外，还可以阅读、交往、制作手工艺品，安度晚年。

三是组织“互助养老”。让老年人结伴认对、互助养老。

四是提供上门服务。美国政府有一个福利性居家养老项目：由政府财政出钱，派家庭保健护士为有需要的老年人提供服务。家庭保健护士不同于保姆，他们不仅仅为老年人做饭、洗衣、打扫卫生，还得有护理知识。但前提是美国公民，有永久绿卡，才能享受这些待遇。移民美国的中国老人，一般是通过儿女申请拿到绿卡。

美国家庭护理员制度支持了居家养老模式，真正有品质、有保障的养老必须做到物质保障、照料保障、医护保障和精神保障“四位一体”。家庭护理员介于家政服务员与专业护士之间，主要工作就是照顾住在家里或住宅式护理中心的孤独老人、伤残人士、长期病患者等。例如，在纽约每个区都设有一个护理中心，护理员由该中心管理调配。中心根据老年人的健康状况与自理能力，决定护理员在服务对象家的天数。一般情况下，老年人健康状况尚好，又有自理能力的，每周安排3天，护理员上午8时上班，下午6时下班，每天8～12小时；如果出现急病或意外伤害，护理中心会调整护理员工作的天数；对于健康状况不佳，又没有自理能力的老年人，每天均有护理员陪伴在他们身边。每天护理员到服务对象家上班时，即在那里打电话向护理中心报到，说明已经到达服务对象家。同时护理中心的管理人员还经常到服务对象家了解护理员的表现，并征求服务对象对护理员与护理工作的意见与建议，对于业绩好的护理员及时予以表扬与奖励，对于表现差的护理员给予适当的批评、教育或处罚。护理员一般每小时工资6～12美元，工资由护理中心支付，服务对象不需付钱。

美国还拥有目前世界最大的非营利性质的老年照顾机构"居家养老院"。在美国50个州有5000个社区分支机构，拥有美国最庞大的义工队伍，每天都有80万～120万名义工将100多万份热饭热菜送到行动困难或者无法自己解决膳食问题的老人家中。

全球社会对"社区养老"逐渐达成共识，打造"养老社区"成为趋势。美国的社区居家养老是"品质养老"的典范，其优质服务和品质生活让人产生快点老的感觉。入托老年人根据自己的收入情况交费，差额部分由联邦政府的财政补贴和社会捐赠弥补，从中体现了政府的养老责任和社会的人道关怀。

美国养老社区有四种类型。

在美国，养老社区一般分为四类：生活自理型社区、生活协助型社区、特殊护理社区，以及持续护理退休社区。一般的，社区与医院和专业护理机构均有紧密合作。其中，生活自理型社区主要面向年龄在70～80岁之间，生活能够自理的老人。生活协助型社区主要面向80岁以上、没有重大疾病，但生活需要照顾的老人。社区提供包括餐饮、娱乐、保洁、维修、应急、短途交通、定期体检等基础服务，并可通过付费方式享受其他生活辅助服务，以及用药管理和阿尔茨海默病(老年痴呆症或老年失智症)的特殊护理。特殊护理型社区主要面向有慢性疾病的老人、术后恢复期的老人及记忆功能障碍的老人。社区内设有专业护士，提供各种护理和医疗服务。持续护理退休社区面向那些退休不久、当前生活能够自理，但不想由于未来生活自理能力的下降而被迫频繁更换居所的老人。为了实现对入住老人的持续护理服务，此类社区一般是生活自理单元、生活协助单元与特殊护理单元的混合。

以上四种模式，生活协助型社区在过去几年发展最快。目前，全美共有1900处持续护理退休社区(CCRC社区)，但82%为非营利性组织所有，其中，相当一部分是从传统养老院转型而来的。对于营利性的养老社区运营商来说，生活协助型社区的占比通常在50%以上，而CCRC社区占比一般不到10%。

资料来源：http://www.china-insurance.com/news-center/newslist.asp? id=203076.

4. 个人养老

(1) 商业保险

目前，有养老功能的商业保险有很多，大致可分为四种，即传统型养老保险、分红型养老保险、万能型养老保险、投连险。传统型养老保险的预定利率是确定的，因此日后在什么时间领多少钱是投保时就可以知晓的，但收益率不高，这一类型适合于理财风格保守不愿承担风险的人群；分红型养老保险一般有保底的预定利率，但往往低于传统型养老保险，不过分红型养老保险在预定利率之外还有不确定的分红利益；万能型养老保险大多有保证收益，一般在1.75%～2.5%之间，但是这个回报率只是针对扣除初始费用后的投资账户；投连险的收益随资本市场变动而波动，收益较高，但波动性也比较大，在运作过程中可能出现亏损，收益和风险要由投保人100%享受或承担。总的来说，由于退休养老的特殊性，在选择商业保险时应坚持稳健的原则，以降低风险、实现保值增值为主要目的。

(2) 金融投资

金融投资是目前大多数人比较熟悉的养老方式。可供选择的工具很多，一部分属于有固定收益的品种，如银行存款、人民币理财产品、外币理财产品、国债等，这类产品的优势是至少可以保本，但平均收益不会太高。另外一部分属于风险与收益成正比的品种，如股票、基金、期货、权证等。对于以养老为目的的投资来说，一些稳健型的投资品种应该是首选，如基金。而基金也随风险收益的不同分为货币型、偏债型、平衡型、偏股型等，每个人应根据实际情况进行选择。由于养老金的储备是一个长期的过程，有专家建议投资者最好采用定期定投的方式，因为这样可以均摊成本，从而降低风险，符合稳健的特点。近来有一些基金公司推出了生命周期基金，这类基金中的股票投资比例会随着年龄的增长而不断下调，对于倾向于依靠基金养老的人群来说，也是一个不错的选择。

(3) 以房养老

以房养老也被称为"住房反向抵押贷款"或者"倒按揭"，是指老人将自己的产权房抵押出去，以定期取得一定数额养老金或者接受老年公寓服务的一种养老方式，在老人去世后，银行或保险公司收回住房使用权，这种养老方式被视为完善养老保障机制的一项重要补充。2013年国务院印发的《关于加快发展养老服务业的若干意见》明确提出"开展老年人住房反向抵押养老保险试点"，按计划"以房养老"政策会于2014年上半年试行推广。随着我国第一代独生子女的父母进入老年，"4-2-1"的家庭模式已经出现于人们眼前，面对巨大的家庭压力，独生子女一代很难再稳妥地用自己的力量给老年人一个天伦之乐的晚年，而老年人整个晚年的花费也在不断增大，所以以房养老的养老模式作为一种思路，值得期待。

二、养老保险规划的流程

养老保险规划的核心是找到退休时养老金的缺口，它是退休时总生活费用与退休时能够获得既定养老金的差额，即需要自筹的养老金，如图6-1所示。

1. 退休后资金需求分析

(1) 计算退休后第一年生活费标准

计算未来退休后第一年生活费用的一个简单可行的方法是以目前生活支出为基础，仔细分析退休前后支出结构的变化，然后按照差额进行调整，即可得到退休后的支出额。由于同一个家庭的消费习惯不会因退休而发生大幅度的变化，退休后，应酬费、服装费和交通费等开销会相对减少，不需要再供房贷和供养子女上学，但医疗费用会大幅增加，旅游及娱乐费用也会增加。因此，一般来说维持基本养老生活的费用大致占到退休前月支

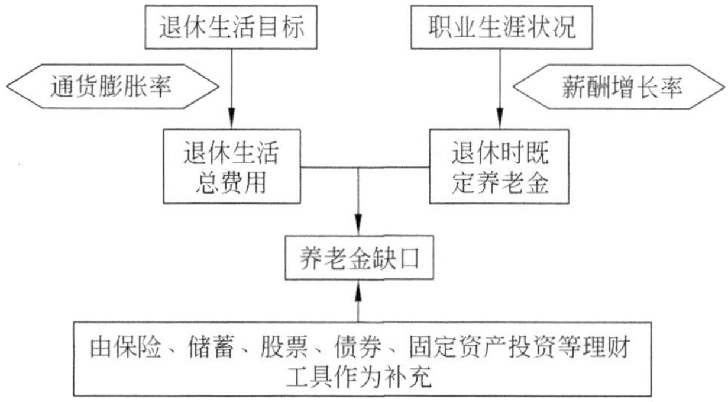

图 6-1 保险理财规划流程图

出的 70%～80%。

在考虑生活费上涨率的前提下，计算退休第一年生活费的实质是求单一金额的复利终值，其公式为：

退休时第一年生活费＝7.5%×目前每年生活费标准×(1＋生活费上涨率)^{n_1}

其中，n_1 为退休年龄与目前年龄之差。

案例

张先生夫妇今年都 40 岁，计划 60 岁退休，预期寿命 80 岁，当前家庭年生活费 75 000 元，预计生活费年上涨率 4%，丈夫月收入 5000 元，妻子月收入 3000 元，工资增长率 4%，投资回报率 5%，拥有一套房产，价值 80 万元，没有其他收入。(假设退休后保持在目前生活费的 80%)

案例中，张先生夫妇退休当年的生活费应为：

$$E=0.8\times 75\,000\times(1+4\%)^{20}=131\,467(\text{元/年})$$

(2) 计算养老期间总费用在退休时点的现值

假定退休后的预期余命为 n，生活费年上涨率为 C，年投资回报率为 R，则求养老期间总费用在退休时点的现值(PV)的实质就是求以下等比数列的和：

$$\frac{E(1+C)^0}{(1+R)^1},\frac{E(1+C)^1}{(1+R)^2},\frac{E(1+C)^2}{(1+R)^3},\cdots,\frac{E(1+C)^{n-1}}{(1+R)^n}$$

即

$$PV=\frac{E(1+C)^0}{(1+R)^1}+\frac{E(1+C)^1}{(1+R)^2}+\frac{E(1+C)^2}{(1+R)^3}+\cdots+\frac{E(1+C)^{n-1}}{(1+R)^n}$$

$$=E\times\frac{1-\dfrac{(1+C)^n}{(1+R)^n}}{R-C}$$

以上例，张先生夫妇退休期间所需养老费用总额的现值为：

$$PV=131\,467\times\frac{1-\dfrac{(1+4\%)^{20}}{(1+5\%)^{20}}}{5\%-4\%}=2\,290\,007(\text{元})$$

2. 计算养老期间总收入在退休时点的现值

第一种算法：不考虑养老金的增长。因为我国现行养老金制度没有引入指数调节机制，因此这种假设是成立的。计算公式为：

$$PV = A \times \frac{(1+R)^n - 1}{R(1+R)^n}$$

以上例，张某夫妻退休后的养老金可以参考替代率指标测算。目前我国养老金替代率已经由经济体制改革前的平均90%下降到目前的50%左右。假定这一替代率(取决于社会保险政策)今后不再变化，也就是说今后退休前月工资1000元的话，退休后可能每月只能领到500元左右的社保养老金。那么：

丈夫的退休金$=0.5\times5000\times(1+4\%)^{20}=5478$(元/月)

妻子的退休金$=0.5\times3000\times(1+4\%)^{20}=3287$(元/月)

夫妻退休金合计$=8765$(元/月)

$$PV=8765\times\frac{(1+5\%)^{20}-1}{R(1+5\%)^{20}}=109\ 231(\text{元})$$

第二种算法：考虑养老金与社会平均工资同步增长。则：

$$PV=8765\times\frac{1-\frac{(1+4\%)^{20}}{(1+5\%)^{20}}}{5\%-4\%}=152\ 676(\text{元})$$

请注意，这里以收入替代率指标进行的测算误差较大，因为替代率是平均指标，具体到个人则有较大的差距，这里只做一般测算。更精确的计算见第三节中的第二个案例。

3. 计算在退休时点上的养老金投资目标值

养老金投资目标值＝退休时的总费用现值－退休时点总收入现值

在上例中：

张某夫妻养老金投资目标值＝2 290 007－152 676＝2 137 331(元)

4. 计算从现在到退休时每年应准备的养老金投资额

计算从现在到退休时每年应准备的养老金投资额的实质是以养老金投资目标值为终值(FV)，计算年金(A)。其计算公式为：

$$A = FV\frac{R}{(1+R)^{n_1}-1}$$

还是以上例，张某夫妻每年应准备的养老金投资额为：

$$A=2\ 137\ 331\times\frac{5\%}{(1+5\%)^{20}-1}=64\ 638(\text{元})$$

5. 制订理财规划，弥补资金缺口

针对缺口进行适当的理财规划，挑选回报率较高和风险较小的投资工具，以保证退休后生活目标的实现。通常可以利用提高储蓄的比例，延长工作年限并推迟退休年龄，进行更高收益的投资，减少退休后的花费和参加额外的商业保险等方式来弥补资金缺口。

案例中张某夫妻由于养老金缺口较大，可以采取压缩档期开支，提高储蓄率，购买分红型养老保险产品，并且可以考虑住房倒按揭这种养老方式。

第三节 养老保险规划实例

一、养老保险规划应注意事项

制订合理、科学的养老保险规划方案应注意以下几点。

1. 保费要合理

要想过上有品质的晚年生活，就需要有充足的养老金，但并不是说保费占年收入的比重越大越好。如果养老保险的保费占收入的比重太大，势必会影响现在的生活，并给生活造成负担，这等于牺牲现在的生活换取未来有尊严的老年生活。一般来说，合理的保费应是年缴保费控制在年收入(工资、奖金、利息或投资收入等)的15%～20%。另外，一定要在年轻时早做规划，而且在经济能力允许的情况下，越早越好。如果50岁以后才考虑退休后的养老生活可不可以呢？有两点必须了解，一是50岁的人正是上有老下有小的时候，可能想要规划养老，但已经心有余而力不足，更何况随着年龄的增长，保险费率也会大幅增长；二是由于身体、健康等方面的原因，50岁的人想要购买商业保险的想法难以实现。

2. 保额要足够

由于每个人都无法预知自己退休后还会活多久，因此退休后的生活费用等各项支出是不确定的，可以预测，但无法准确计算，所以养老保险规划时要做最充足的准备，以备不时之需。消费者应随着个人或家庭经济状况的变化以及人生阶段的不同需求，经常对自己购买的保险产品和保额进行检视，在适当的时候扩大保障的范围并增加保障额度，这样保险才能真正起到全面保障的作用。

3. 保障要全面

养老保险规划并不是单一地解决退休后的吃饭问题，还要考虑退休后看病、休闲娱乐等一系列问题。要保证退休后的生活品质，必须考虑通货膨胀和物价上涨等因素，不仅要考虑退休后的生活费用来源问题，而且要把健康保健支出、医疗费用支出、意外风险等所有问题都考虑进去。因此，进行养老保险规划时，也要考虑终身寿险、意外伤害险、医疗险、重大疾病险等，让养老真正做到无后顾之忧。

二、退休生活费增长率和投资收益率均考虑的方案计算

案例

王某现年41岁，60岁退休，目前年生活费50 000元，退休后保持目前生活标准的80%，生活费年上涨率4%，预期寿命75岁，投资报酬率6%，那么退休前每年要投资多少养老资金？

案例分析：

(1) 计算退休第一年生活费标准。

$$E=50\,000\times80\%\times(1+4\%)^{19}=84\,274(\text{元})$$

(2) 计算整个退休期间生活费现值

$$PV=E\times\frac{1-\dfrac{(1+C)^n}{(1+R)^n}}{R-C}=84\,274\times\frac{1-\dfrac{(1+4\%)^{15}}{(1+6\%)^{15}}}{6\%-4\%}=1\,047\,227(\text{元})$$

(3) 计算从现在到退休时每年应准备的养老金投资额

$$A=FV\frac{R}{(1+R)^{n_1}-1}=1\,047\,227\times\frac{6\%}{(1+6\%)^{19}-1}=31\,020(\text{元})$$

即从 41 岁开始到 60 岁，王某每年要为自己投资 31020 元才能实现预定的退休生活目标。

案例

王先生 40 岁，王太太 40 岁，两人的月平均工资分别为 8000 元和 3000 元。王先生夫妻俩目前月生活费 4000 元。夫妻俩准备到王先生 60 岁时一起退休，并希望退休以后能保持目前的生活水平。王先生夫妻俩所在城市上年社会月平均工资为 2200 元，退休金个人账户现有积累王先生 10 万元，王太太 8 万元。假设：

(1) 王先生夫妻俩退休金规划期定为平均 20 年。

(2) 社会月平均工资增长率 4%。

(3) 通货膨胀率 4%。

(4) 社保账户投资年收益率为 2%。

(5) 退休准备金投资年收益率退休前 6%，退休后 2%。

在不考虑其他资源的情况下，请为王先生夫妻俩做一个退休规划。

案例分析：

(1) 计算退休第一年生活费标准。

$$E=4000\times12\times100\%\times(1+4\%)^{20}=105\,174(\text{元})$$

(2) 计算整个退休期间生活费现值。

$$PV=105\,174\times\frac{1-\dfrac{(1+4\%)^{20}}{(1+2\%)^{20}}}{2\%-4\%}=2\,495\,585(\text{元})$$

(3) 计算夫妻两人社会保险养老金总收入在退休时点的现值。

第一步，计算现有个人账户至 60 岁时的终值：

王先生$=100\,000\times(1+2\%)^{20}=148\,595$(元)

王太太$=80\,000\times(1+2\%)^{20}=118\,876$(元)

合计$=267\,471$(元)

第二步，计算退休期间基础养老金总收入现值。

因为我国目前基本养老金计发办法有三种，分别针对“老人”、“中人”和“新人”，我们以“老人老办法”为例，其计算公式为：

基础养老金＝退休时上年社会月平均工资×20％

① 退休时上年社会月平均工资＝2200×(1＋4％)^{20}＝4820(元)

② 王先生或王太太的退休第一个月基础养老金＝4820×20％＝964(元)

③ 王先生和王太太退休期间基础养老金总收入现值(*PV*)：

$$PV=2\times E\times\frac{1-\dfrac{(1+C)^n}{(1+R)^n}}{R-C}=2\times 964\times 12\times\frac{1-\left(\dfrac{1+4\%}{1+2\%}\right)^{20}}{2\%-4\%}=567\ 223(\text{元})$$

第三步，计算个人账户新入账金额至60岁退休时的终值：

计算的实质是对等比数列 $E(1+C)^0(1+R)^{19}, E(1+C)^1(1+R)^{18}, \cdots, E(1+C)^{19}(1+R)^0$ 求和，公式为：

$$FV=E\times\frac{(1+C)^{20}-(1+R)^{20}}{C-R}$$

王先生当前每月个人账户入账＝2200×3×8％＝528(元)[①]

王先生个人账户终值(*FV*)：

$$FV=528\times 12(\text{月})\times\frac{(1+4\%)^{20}-(1+2\%)^{20}}{4\%-2\%}=223\ 407(\text{元})$$

王太太当前每月个人账户入账＝3000×8％＝240(元)

王太太个人账户终值(*FV*)：

$$FV=240\times 12(\text{月})\times\frac{(1+4\%)^{20}-(1+2\%)^{20}}{4\%-2\%}=101\ 549(\text{元})$$

夫妻合计＝324 956(元)

综合上述三步，夫妻二人社会保险养老金总收入在退休时点的总现值

$$PV=267\ 471+567\ 223+324\ 956=1\ 159\ 650(\text{元})$$

(4) 计算夫妻二人在退休时点的养老金投资目标值。

养老金投资目标值＝2 495 585－1 159 650＝1 335 935(元)

(5) 计算每年的养老金投资额。

$$A=1\ 335\ 935\times\frac{6\%}{(1+6\%)^{20}-1}=36\ 317(\text{元})$$

延伸阅读

养老保险规划九大误区

误区一：我有社保，不需要商业养老保险。

目前构成我国养老金的三大支柱包括：社会基本养老金、企业年金、个人养老金。由于在短时间内绝大部分人还不能从企业年金中受惠，社保的保障水平又相对较低，因此，退休后能否过上较为宽裕闲适的老年生活，很大程度上有赖于个人商业养老保险。

① 当前社保个人账户缴费比例8％，交费封顶线为所在地区上年社会月均工资的3倍。

绝大多数的消费者认为，拥有社会基本养老保险就足够了。其实严格来说，社会基本养老保险的原则是低水平、广覆盖，特别是对于那些在退休前享受较高薪资和生活品质的人群而言，并不能满足他们的养老需求。社保的退休金只是保障老年人的最基本的生活水平，只能满足养老需求的60%左右，这时就需要商业养老保险提供剩下的40%左右的需求。

误区二：年领取金额越多越划算。

不少投保人在投保商业养老保险产品之前，盲目地将年领取金额的多少作为选择养老保险产品的依据，认为年领取金额越多越划算。其实，有的年金保险产品每年领取年金额较少，但满期返还较多，此类产品身故保障功能较强，养老功能不明显；而侧重于养老功能的年金产品，年领取金额较多，一般保障极低或没有身故保障功能，这种产品通常都设有保证领取年限，未到领取年限就身故可将剩余未领取金额给予指定受益人，不少养老险承诺10年或20年的保证领取年限，一般保证领取期越长越有吸引力。

可见，年领取保险金额只是选择养老保险产品的一个重要的考量依据，关键在于根据自身保障、自身经济实力和需求选择为好。如果侧重自身保障，经济实力较好，最好选择保障功能强、满期返还多的养老保险产品为宜；反之，如果自身保险保障比较全面或者经济比较拮据，建议选择年领取保险金额较多，养老功能较明显的养老保险产品。

误区三：领取越早越划算。

选择年金保险产品，应关注产品的领取时间，通常情况下，年金产品设定在某一年龄，如50岁、55岁、60岁才能领取，也有一些即期型产品，如中国人寿"美满一生"年金保险(分红型)，在保单生效的同时即可领取首年年金。如果需要通过年金保险为未来养老提供保障，可选择一定年龄后领取，如60岁开始领取，对于有近期现金需求的人，则可选择即缴即领型。

保险产品要有足够的资金增值时间，才能保证未来的收益。即交即领型的产品因为缺乏资金积累时间，产品现金价值较低，通常很长时间才返本。而在领取时，专家并不建议被保险人采取当年缴费当年领取的方式。对于不必使用生存金的被保险人来说，如果生存金当年不领取，保险公司会累计生息，以复利方式滚存下去，等到养老需要这笔资金时会颇为可观。

误区四：养老保险可以解决一切养老问题。

部分投保者认为，只要我投保了商业养老保险以后，就可以实现老有所养，万事大吉了，其实这也是现在许多投保商业养老保险人群对保险了解不足而导致的一个认知误区。从广义、大视野的角度来看，养老保险的概念比较宽泛，由于老年生活的最大风险不是死亡风险，而是由于活得太久或健康状况不好而导致养老生活资金不足的风险，所以所有为退休生活提供财务准备的保险产品及非保险产品的计划都称为养老保险。比如为了养老进行的储蓄、基金投资、购房等一切投资行为都包含在养老保险的大概念之中。

可见，商业养老保险只是构建个人养老规划的一个不可或缺的重要组成部分或者金融投资工具而已，从一定的角度来看，养老其实并不能算是一种风险，因此购买养老险时除搭配一定的意外、大病保险之外，最好辅助以储蓄、基金、黄金、房产等其他金融投资工具，多措并举才能实现老有所养、安度晚年的良好愿望。

误区五：缴费期限越长越合算。

对于缴费期限，专家建议，在经济许可的情况下，由于短期期缴，可令分红账户基数更大，因此短期期缴收益实际上比长期期缴收益更大。

养老保险产品缴费期限也有许多种选择。一般需交纳一段时间的保费，从5年到15年、20年不等，然后在双方约定的领取日开始领取养老金。保费缴纳期限越短越便宜：考虑货币时间价值和利率的问题，跟住房贷款有点相似，保费越早缴纳，越早开始增值。一次性交清保费要比分期偿付的现值总额要低；期限短的分期偿付要比期限长的分期偿付现值总额低。如果有足够的经济能力，要尽量缩短缴纳保费的期限。

误区六：投保险种最好选择分红险。

据了解，目前市场上可以作为养老金积累的险种大致分为四类：传统型养老险、分红型养老险、投资连结保险和万能型寿险。这四类产品相对而言，传统型和分红型养老回报额度较为确切，投入较少，适合一般工薪阶层；而投连型和万能型由于投入较高，适合投资意识较强、高收入的人群。现在市场上最畅销的是分红型年金险，产品具有保本＋保息＋收益分红的特点，可以有效地抵制通胀率。

可见，选择什么类型的保险，您需要找一位专业代理人，通过沟通，让代理人根据您自身的特点为您设计保障计划，毕竟买保险还是要量力而行、量体裁衣的，适合别人的不一定适合您，险种无所谓好坏，只在于是否适合自己。

误区七：养老保险是自己的事情。

保险学原理告诉我们，保险最主要的功能在于保障，所以，从保险需求出发，投保顺序应该是先满足基本的保障，如意外、医疗等，再考虑养老保险，因为养老保险解决的是几十年以后的事情，而意外、医疗险是解决眼前的事情。换句话说，就是在进行自己的商业养老保险规划之前，需要对自身和家庭所有成员面临的人身风险进行保险覆盖和保全，之后再规划自己的养老保险问题。

另外一个需要注意的问题是：不但需要考虑自己的养老问题，还要考虑孩子的问题，这就是投保养老保险必须坚持的一个原则。所谓下一代投保原则，就是消费者在给自己投保年金保险的同时，给下一代购买一份两全保险是比较明智的选择。因为子女年龄小，所缴保费也会便宜很多，这样可以抵御子女遇到问题需要大笔经济支出所带来的风险。然后再为自己购买一份意外及大病保险，以抵御突发风险。

误区八：投保商业养老保险注重投资收益。

事实上，相对于基金、黄金、房地产等其他金融投资工具而言，商业养老保险的长期收益率也许并不占优势，但为何仍然要选择这一渠道作为个人养老理财的一部分呢？这是因为养老计划最基本的要求是追求本金安全、适度收益、抵御通胀、有一定强制性原则，与一般资金投资追求收益较大化原则有别，而保险恰恰有一个强制储蓄的特点，对于平常消费倾向明显、储蓄率低、投资习惯较差的人群而言，购买商业养老险显得更为稳当，更有效力。同时，对于家族成员有长寿倾向的人群而言，选择养老保险就能“活得越久，领得越多”，这是其他理财方式无法提供的。

养老保险是较有保证的投资，可降低退休规划的不确定性，但报酬率偏低是它最大的缺点，需要投入较多的资金才能满足退休的需求。解决之道是，将退休后的需求分为两部分：第一部分是基本生活支出；第二部分是保证生活质量的支出。基本生活支出是必须保证的，需要能保证给付的养老保险等来满足。除此之外，风险承受力较高的人可以选择股票或基金等高报酬率、高风险的投资工具，使自己退休后仍能保持较高的生活质量。

误区九：投保养老保险越多越好。

一个人需要多少钱养老？一般而言，60 岁退休，假设活到 85 岁，这 25 年间的生活成本就是养老所需的基本费用。如退休后每年的生活成本是 3 万元，那么就需要 75 万元来解决养老问题（如考虑通货膨胀因素，还要再多些）。在确定购买多少养老险时，可考虑与社会养老保险的互补性。

虽然从理论上说，养老险越多越好，但养老险保费比较高，需要有一定的经济收入来支撑。因此，选择养老险的关键就是量入为出。对于白领来说，保费支出占其年收入的 10%～20%较为合理，商业养老金占养老保障的两成至四成为宜。高收入家庭依靠商业养老保险保障养老，社会养老保险及其他投资收益作为补充；中低收入家庭，可主要依靠社会养老保险养老，商业养老保险作为补充。

在购买养老保险时，要考虑 4 个因素：投保年龄、家庭收支、家族寿命、通货膨胀。通常，养老规划制定得早，负担相对较轻。如果家族有长寿史，可考虑领取时间比较长的终身养老险，如果家族无长寿史，无法生存至该养老险精算所依据的寿命，可能会“亏本”，就选择定期养老保险。如果考虑抵御通货膨胀因素，则应选择有增值功能的养老保险。总之，各类养老保险各有所长，也各有所短，购买时可考虑相互组合，取长补短。

资料来源：http://www.xiangrikui.com/yanglao/maibaoxian/20110302/95873.

本章小结

养老保险是政府通过法律形式的制度安排，使劳动者在老年丧失劳动能力退出劳动力队伍后能得到基本生活的保障。养老保险的模式主要有普遍保障模式、收入关联模式、多层次养老保险模式和强制储蓄养老保险模式。

商业养老保险是为保障投保人的退休老年生活质量，在投保人缴纳相应费用之后，在一定年龄后可领取养老金的商业性退休养老保险产品。商业养老保险包括传统养老保险、分红型养老保险、万能型寿险、投资连结保险。

当前我国的养老方式包括家庭养老、社会养老、社区养老和个人养老。

养老保险流程包括退休后资金需求分析、计算养老期间总收入在退休时点的现值、计算在退休时点上的养老金投资目标值、计算从现在到退休时每年应准备的养老金投资额，最后制订理财规划以弥补资金缺口。

思考与练习

一、简答题

1. 我国基本养老保险制度的内容是什么？

2. 商业养老保险有哪些主要险种？各自的特点及适用是什么？

3. 如何计算养老期间的费用总需求？

4. 养老保险规划流程有哪些？

5. 如何看待养老保险规划中的误区？

二、案例分析

1. 利用本章第三节中的第二个案例，如果王先生、王太太属于“新人”时，应如何做养老保险规划。

注：“新人”基础养老金$=\dfrac{\text{当地上年度在岗职工月平均工资}+\text{本人指数化月平均缴费工资}}{2}\times 1\%\times$缴费年数

本人指数化月平均缴费工资＝当地上年度职工平均工资×职工平均工资指数

个人账户养老金额标准$=\dfrac{\text{个人账户储蓄额}}{\text{计发月数}}$

2. 赵先生46岁，独身一人，目前年生活费为20 000元，希望退休后仍能保持目前生活水平，并准备20年的退休金。预期赵先生退休时社保养老金每月可以拿到2200元，并且每年增加1%，退休准备金的投资报酬率退休前为6%，退休后为2%，并且，为了抵消通货膨胀率对退休生活的影响，生活费标准每年应提高4%。问为了实现赵先生的退休规划，他从现在开始每年应投资多少？

3. 王先生今年35岁，计划65岁退休，预期寿命80岁，王先生准备拿出15万元作为退休储备金的启动资金，并且在退休前每年存入一笔资金，退休前投资的期望收益率为8%，退休后投资的期望收益率为4%。目前生活费每年5万元，预计每年通货膨胀率4%。根据以上资料，请为王先生制订养老保险规划方案。

第七章

教育金保险理财规划

学习目标

通过本章的学习，学生应了解教育目标总费用的构成并能计算分析；掌握教育金保险规划的流程；能够运用保险专业知识选择教育投资产品；能够熟练地帮助客户制订教育金保险规划方案。

案例导入

王先生夫妻，今年均为35岁，有一个读小学二年级的女儿，今年7岁。王先生在一家国企做部门主管，月薪8000元，年终奖金40 000元；妻子是某事业单位财务主管，月薪4000元，年终奖10 000元。双方都有社保，除社保外夫妻两人没有投保其他商业保险，女儿的人身意外保险是学校统一投保的。王先生有一间房屋用于出租，每年的租金收入7200元，如现在出售能卖到18万元。一家人目前在外环购置了一套60万元的新房，首付30万元，贷款30万元分20年还，还款额度2500元/月。家里有即将到期的定期存款13万元，活期存款2万元。王先生夫妻除房贷外目前无其他贷款。

王先生家庭财务支出比较稳定，太太办的美容卡每年需要5000元，一家人平均每月的日常生活开支为3000元，家庭应酬支出平均每月500元，每年旅游支出1万元。王先生非常关心女儿的教育问题，因为自己深刻体会到生活质量和受教育程度是成正比的，所以王先生让女儿从小就读于私立学校，多学各种本领，将来准备送女儿出国读大学，研究生也在国外读，如果可以甚至还要读博士。但是，就目前自己的工资水平，要达到他想象中的女儿教育规划，有些困难。

第一节　教育金保险

一、教育规划概述

教育是对未来的投资，是最昂贵也是最具价值的投资。在现代社会中，很多人都有教育需求，人们意识到接受教育进行人力资本的投资非常必要，也很重要。但是一个现实的问题摆在大家面前，那就是教育费用不断上涨，子女教育费用已经成为仅次于购房的一项重要支出。近些年来，我国城市家庭消费支出中增长最快的是教育，其年均增长速度为20%左右，当前“孩子的教育费用越来越高”已经成为家庭生活面临的三大困难之首。

早在2005年，著名社会学家徐安琪便在中国社科院社会学研究所刊物《青年研究》上发表调研报告称，把一个孩子抚养到大学毕业，父母的直接经济支出高达48万元，这是几年前的数据。有人曾经统计过，“在城市，把孩子养到22岁大学毕业，即便是节省的情况下，也需要50万元左右。”在一家会计师事务所任职的郭先生，向记者展示了他儿子的成长预算：“从出生到满两岁，已花销4.6万元；今后吃喝穿用住行，每月1200元，20年计29万元；幼儿园每月1000元，4年计4.8万元；小学到高中，12年正常教育支出6万元；大学4万元，合计49.4万元；加之可能涉及的择校费、医药费等5万元，总额54.4万元。”“如果儿子将来读硕士，加4万元；如果出国留学，加20万元；如果算上买房结婚之类的费用，再加20万元(付首期房贷)。把这些都包括在内的话，到儿子基本独立那一天，我们花在他身上的钱总计可能达到98.4万元。”

知识链接

全国十大城市生育成本排行榜

第一名：北京，276万元

第二名：上海，247万元

第三名：深圳，216.1万元

第四名：广州，201.4万元

第五名：杭州，183.2万元

第六名：南京，170.1万元

第七名：武汉，160.6万元

第八名：青岛，152.6万元

第九名：西安，142.5万元

第十名：长春，131.5万元

南京生育成本的具体计算如下：

怀孕时的营养成本，一年2万元左右；

产前及生产费用6000元左右；

产后及月子费用5000元左右；

学前日常用品成本，包括奶粉、尿布、衣服等6年花40万元；

学前教育成本，包括早教、医疗、玩具等6年40万元；

学前其他成本，保险，旅游也是一项不小的开支，6年10万元；

算上7岁到大学毕业的教育费用，学校常规收费、学校额外收费、择校费等约35万元；

教育其他经费从小学到大学毕业，包括各项学习工具、补习家教等，16年大概花40万元；

人情、送礼、话费、生活费，还有看病等其他费用，约30万元；

综合各项成本，总计170.1万元。

资料来源：http://www.js.xinhuanet.com.

1. 教育规划的内涵

教育规划是指为实现预期教育目标所需要的费用而进行的一系列资金管理活动。根据教育对象的不同,教育规划可分为个人教育规划和子女教育规划。个人教育规划是个人自我完善和终身学习的重要形式。现代社会竞争激烈,个人需要不断充电,个人教育可以通过自学、培训和进修等方式来实现。子女教育规划是教育规划中的重头戏,一般提到的教育规划指的就是子女教育规划。子女教育规划通常是个人(家庭)理财规划的核心,因此,本章所讨论的主要是与子女教育规划相关的问题。

2. 教育规划的原因

每个孩子都是父母心中的宝贝,为子女规划万无一失的人生,更是身为父母的天职。随着教育费用不断上涨,家长应尽早为孩子的教育经费进行规划,具体原因如下:

(1) 没有时间弹性。子女到了一定的年龄就要上学(如 7 岁左右上小学,18 岁左右上大学),不能因为没有足够的学费而延期。

(2) 没有费用弹性。各阶段的基本学费相对固定,这些费用对每一个学生基本是相同的。

(3) 额外费用差距大,必须准备充足。子女的资质不同,整个教育过程中的相关花费差距很大,所以宁可多准备不能少准备。

(4) 专款专用。子女教育要设立专门的账户,就像个人养老金账户用在退休规划,住房公积金账户用在购房规划,只有这样才能做到专款专用。

(5) 持续周期长,总费用庞大。子女从小到大将近 20 年的持续教育支出,总金额可能比购房支出还多。

(6) 阶段性高支出。比如大学教育,平均每个孩子每年 2 万元,4 年就是 8 万元;出国留学费用,总价 15 万元以上。这些费用支付周期短,支付费用高,都需要有提前的财务准备。

二、教育费用

在现代社会,良好的教育无疑会给一个人的生涯带来优势。统计数字表明,在美国,有大学文凭的人比没有的人一生要多收入 100 万美元。从这个角度看,教育投资是个人理财规划中最具回报价值的一项。为了做到未雨绸缪,进行合理的教育规划,父母先要了解当前的教育收费水平和增长情况,并对子女教育费用进行估算。

目前的教育费用主要包括学前(幼儿园)、义务教育、高中、大学及研究生等不同阶段的教育费用和其他支出。近些年来,出国留学成了一种普遍现象,计划送子女出国留学的家长还得准备留学费用。

1. 学前教育——幼儿园费用

许多家长都不愿意让自己的孩子输在起跑线上,如今早教观念越来越深入人心,家长们不惜下血本投资。因此,幼儿园的收费也是水涨船高,许多家长甚至投诉幼儿园的收费比大学还高,给家庭经济造成很大压力。

例如,郑州一般公立的幼儿园保教费和餐费每月在 800～1000 元,而私立幼儿园的费用就远远不止这些。稍微好一点的私立幼儿园,包括保育费、伙食费等在内,价格通常在

1200元/月左右；高级住宅小区配套幼儿园和双语教学幼儿园的收费更高，连同伙食费和接送费每月可达4500～6000元，非幼儿园所在住宅小区居民还需缴纳赞助费。每个家庭可以根据自己的经济承受能力来选择幼儿园，这里我们以中等水平的幼儿园教育支出来估算。假定每月支出1000元，如果按孩子在园时间为4年，每年10个月计算，仅付幼儿园费用这一项4年下来就需要40 000元。

2. 九年义务教育费用

义务教育费用主要包括小学6年和初中3年的费用。如果选择上民办学校，费用将显著增加。小学6年的费用：每生每学期210元，包括杂费50元、课本和作业本费160元，6年12个学期一共2520元。初中3年费用：每生每学期学杂费280元，包括杂费80元、课本和作业本费200元，除了书本费和作业本费外，住校生就读公办初中还需每学期缴纳住宿费150元，6个学期共计900元，则完成整个初中阶段教育的费用总计为2580元。

3. 高中3年费用

普通生就读普通公办高中每学期的学费大概在900元，住宿费各地标准不同，一般为每个学期300元，则完成整个高中阶段教育需要7200元。义务教育和高中阶段如果不在户口所在地或分数不够，还需要缴纳高额的择校费。如河南省的择校费标准为：省级重点3年共计18 000元，市级重点3年共计12 000元，一般高中3年共计7000元。除此之外，上学期间免不了要上各种培训班，中学阶段学校附设的辅导班，一学期一科按500元计算，辅导一科每年约需要1000元，如英语、数学、物理、化学都要辅导，每年约需要4000元。如果请大学生家教，每小时30～50元；一对一老师做家教，每小时100～150元。

4. 大学教育费用

这是父母负担中最沉重的一项。目前普通高校（除去师范、军校等院校）的学费每学年都在5000～10 000元，住宿费在800～1200元不等，按照中间价格估算，父母每年在一个大学生身上需要投入12 000元，4年共需要48 000元。

5. 研究生阶段教育费用

公费研究生不用缴学费，国家一般还提供每月300元的补贴，但是，公费研究生的名额越来越少，从2014年秋季起，国务院常务会议决定向所有纳入国家招生计划的新入学研究生收取学费。现阶段全日制学术学位研究生收费标准，原则上每年硕士生不超过8000元、博士生不超过10 000元，加上每年1200元的住宿费以及生活费，3年研究生教育费用为30 000元左右。中国各层级教育每年学费范围见表7-1。

表7-1 中国各层级教育每年学费范围表 单位：元

学 程	公立学校	私立学校	学 程	公立学校	私立学校
幼儿园	5000～10 000	15 000～30 000	中专	3000～5000	15 000～25 000
小学	1000～3000	20 000～40 000	大专	5000～10 000	10 000～18 000
初中	1200～3200	20 000～50 000	大学	5000～10 000	35 000～50 000
高中	3000～5000	20 000～60 000	研究生	8000～10 000	18 000～20 000

6. 其他费用

除了上述费用外，才艺班的费用也是一大笔开支。包括各种音乐、美术、运动、奥数、多元智能、儿童英语与计算机等课程。有些是私立幼儿园附加课程，多数是另外招生。以每周活动一次、每次平均 50 元计算，每学期三个月，收费 600 元，同时上两个才艺班，每年大约需要 2400 元。

学习特殊才能，如钢琴、芭蕾舞等，钟点费更高，如学钢琴每年的费用支出在 1 万元左右。根据国家统计局发布的 2010 年全国城镇私营和非私营单位在岗职工平均工资数据来看，河南省城镇非私营单位在岗职工年均工资 30 303 元，这意味着，一位家长一年收入的 1/3 都花在孩子的钢琴培训上。钢琴学习的最佳年龄是 3～4 岁，如果一直持续到高中，假设这期间学费不变，14 年下来共计需要指出 14 万元左右。即使不学钢琴，想要学有所成，这样那样的费用加起来没有 10 万元也是肯定不够的。其他教育类费用支出见表 7-2。

表 7-2 其他教育类费用支出范围表 单位：元

才艺班学费	包括各种音乐、美术、运动、奥数、计算机课程等。以每周活动一次，每次平均 50 元，每学期三个月，收费 600 元计算，同时上两个才艺班每年支出费用应该在 3000 元左右。特殊才艺则更贵
辅导班、补习费用	中学阶段学校设辅导班，以一学期每科 500 元计算，一年约需要 1000 元左右；如英语、数学、物理、化学都需要辅导，则一年需要 4000 元左右
家教费用	如果请大学生家教，每小时 30 元；请老师辅导则每小时 100 元左右。每科每月开支在 500 元左右

7. 出国留学费用

在越演越烈的就业竞争中，拥有国际视野和流利的外语将成为孩子未来竞争的重要砝码。因此，为了追求更好的教育条件，让子女长见识、学知识，越来越多的家长热衷于送子女出国留学。但是只有少数高收入或高资产的家庭能负担得起孩子的出国留学费用。出国留学费用包括前期托福或雅思的学习和考试费用、院校申请费用、签证费用等，大约花费人民币 1 万元；中期的保险费、路费、生活必需品、学习设备等，大约需要 2 万元；国外求学阶段所需花费是重点，主要包括学费、生活费、教材费、通信费等，不同的国家消费水平不同，所以这项费用差别比较大，取中间价格每年也需要 10 万～25 万元。如果按留学两年计算，所需花费为人民币 20 万～50 万元。

知识链接

2013 年最新出国留学费用排行榜

根据调查，留学生归国就业热门专业排行如下：第一类为同声传译专业、精算专业、创意设计类专业；第二类为 IT 专业、动漫专业、酒店管理专业；第三类为心理学专业、环境保护专业、会计专业、工程专业。

2013 年最新出国留学费用排行如下(人民币)。

英国：18 万～25 万元/年；

美国：14 万～28 万元/年；

日本：12.4 万～14.5 万元/年；

澳大利亚：11.5 万～15.8 万元/年；

加拿大：11 万～22 万元/年；

新西兰：6.5 万～11 万元/年；

新加坡：5.35 万～11.5 万元/年；

韩国：4.5 万～10 万元/年；

法国：4.26 万～5.26 万元/年；

德国：3 万～6 万元/年。

热门留学国家排行如下(选择比例)：美国，23.4%；澳大利亚，21.6%；英国，13.2%；法国，12.5%；加拿大，10.1%；日本，5.7%；韩国，4.9%；瑞士，2.2%；意大利，1.8%；新加坡，1.4%。

热门留学专业排行如下(选择比例)：管理类专业，15.9%；艺术类专业，14.4%；心理学专业，13.6%；传媒类专业，10.1%；金融财经类专业，7.4%；法律类专业，6.6%。

根据调查，中国学生最向往的国外大学排行如下(选择比例)：哈佛大学(美国)，12%；剑桥大学（英国)，11%；东京大学(日本)，6.9%；斯坦福大学(美国)，6.8%；牛津大学(英国)，6.2%；维也纳大学(奥地利)，5.6%；海德堡大学(德国)，5.4%；巴黎第六大学(法国)，5.2%；麻省理工学院(美国)，4.9%；罗马大学(意大利)，4.7%。

资料来源：http://www.shciic.org.

8. 教育费用总计

在国内接受教育，子女从幼儿园到大学阶段费用总计为：

学前教育费用(40 000 元)＋义务教育费用(2580 元)＋高中教育费用(7200 元)＋大学教育费用(48 000 元)＋其他费用(100 000 元)＝197 780 元

如果还想继续深造，在国内接受研究生教育则费用再加上 30 000 元为 227 780 元左右。

如果大学毕业后到国外接受研究生教育，则费用为 197 780＋350 000＝547 780(元)。

以上结果还未将子女在受教育阶段的生活费考虑在内，学前教育阶段正是幼儿大脑的发育期，父母重视营养补给，生活费用较高；大学生在校的生活费用同样是一大笔开支，由于通信费用大幅增长，大学生社会活动的增加，其每月生活费开支最少也达到 800 元；义务教育和高中阶段生活费相对较少，每月 400 元，但是相对的辅导班费用大大增加。这样算来，从学前教育到大学阶段的生活费支出约为 15 万元。综上所述，从子女出生开始，直到大学毕业，所有生活费和教育费用总计约 40 万元；如果继续出国深造，则共需准备将近百万元的教育费用。

三、教育金保险

教育投资所需金额大、时间长，需要慎重规划。教育费用的筹集可以有很多方式，早些年大家最常采用的就是办理教育储蓄。除此之外，教育金保险是近些年来兴起的一种比较令大家容易接受的教育费用筹集方式。

1. 教育金保险的含义

教育保险又称教育金保险、子女教育保险、孩子教育保险，是以为孩子准备教育基金为目的的保险。它是一种用保险的办法协助父母为其子女积累教育费用，保证子女教育金"专款专用"的险种，起到强制储蓄的作用。教育金保险是分多次给付的，回报期相对较长，一般都是在孩子上初中、高中或大学的特定时间里才能提取教育金。教育金保险投资年限通常最高为 18 年，由于投资年限越短保费越高，从投入产出比来看，越早投资越划算。

教育金保险针对少年儿童在不同生长阶段的教育需要提供相应的保险金，而在目前市场上销售的少儿教育险，除了初中、高中和大学几个阶段的教育基金外，还有参加工作以后的创业基金、婚嫁基金，甚至退休后的养老基金。

2. 教育金保险的种类

目前市场上教育金保险主要分为 3 类。

一是纯粹的教育金保险，提供初中、高中和大学期间的教育费用，通常以附加险的形式出现。

二是可固定返还的保险，其返还的保险金不仅可以作为孩子上学期间的教育费用，在以后还可以持续提供生存金。

三是理财型保险，如万能保险、投资连接保险等，具有较强的投资理财功能，也可作为教育基金的储备，在孩子初中、高中或者大学中的某个阶段领取作为其教育金。

3. 教育金保险的功能

(1) 强制储蓄功能

父母可以根据自己的预期和孩子未来受教育水平的高低来为孩子选择险种和金额，一旦为孩子建立了教育保险计划，就必须每年存入约定的金额，从而保证这个储蓄计划一定能够完成。

(2) 保险保障功能

可以为投保人和被保险人提供疾病和意外伤害以及高度残疾等方面的保障。一旦投保人发生疾病或意外身故及高残等风险，不能完成孩子的教育金储备计划，保险公司将豁免投保人以后应交的保险费，相当于保险公司为投保人交纳保费，而保单原应享有的权益不变，仍然能够给孩子提供以后受教育的费用。

案例

王女士两年前为刚出生的儿子投保了 5 万元保额的教育金保险，并附加了 5 万元保额的儿童重疾险，原本打算分期交费至儿子 18 岁，年交保费 5026.5 元，到了儿子 18～21 岁期间，每年可领取 1.5 万元的大学教育金，25 岁保险期满还可领取 4 万元。第三年，王女士不幸意外身故，生前交纳的保费共计约 1 万元。由于教育金保险具有保费豁免功能，在投保人王女士不幸身故后，将豁免以后的各期保费，保险合同依然有效，仍可保障为儿子在 18～25 岁提供共计 10 万元的资金用于教育，还可为其 25 岁前患上重大疾病提供 5 万元的医疗费。

资料来源：张会丽．保险理财规划．北京：中国人民大学出版社，2012．

(3) 理财分红功能

能够在一定程度上抵御通货膨胀的影响。它一般分多次给付，回报期相对较长，通过定期返还的形式，满足子女不同学龄段的学费需求，某些产品还可享受周年红利和终了红利双重分红的保障。

4. 教育金保险的优点和缺点

教育金保险的优点是兼具储蓄、保障功能。通常，不仅可在被保险人一定年龄后按期给付一定金额的教育金，还可为被保险人提供意外伤害或疾病身故等方面的给付，同时还具有身故或高残保费豁免的优势。

缺点是短期内不能提前支取，资金流动性较差，早期退保可能本金受到损失。

四、教育金保险和教育储蓄的区别

教育储蓄是指个人按国家有关规定在指定银行开户存入规定数额资金用于教育目的的专项储蓄，是一种专门为学生支付非义务教育所需教育金的专项储蓄。教育储蓄采用实名制，开户时，储户要持本人(学生)户口簿或身份证，到银行以储户本人(学生)的姓名开立存款账户。到期支取时，储户需凭存折及有关证明一次性支取本息。

教育储蓄存期分为一年、三年、六年不等。开户对象为在校小学四年级(含四年级)以上的学生。教育储蓄 50 元起存，每户本金最高限额为 2 万元。教育储蓄享有两大优惠：一是到期提取时免征 20%的利息税；二是零存整取却可按照整存整取的储蓄计息。因此，教育储蓄这一风险为零、收益不低的储蓄品种，是历来家长们筹措教育金最常选择的投资工具。

而教育金保险是由保险公司针对教育金需求设计的，是保险公司所销售的少儿险产品的一种，它着重为孩子提供高中教育金、大学教育金、创业金、婚嫁金等。目前的教育保险有分红险和非分红险两种保险，具有储蓄、保障和理财分红等功能。教育保险的特点是通过定期交纳保费，实现教育基金的积累和增值，等到一定的上学年龄领取保险金，同时兼具风险保障功能。

第二节 教育金保险规划流程与方法

一、教育金保险规划应注意的问题

如今，父母都非常重视孩子的教育问题，很多年轻父母在孩子刚出生的时候就考虑给孩子买保险。教育金保险的目的明确，具有半强制性，有助于子女教育金储备计划的贯彻和实施。目前，市面上的教育金保险产品多种多样，通常是孩子一出生就可以投保，但保障时间、保险金的给付项目差别巨大。家长在选择教育金保险时应该量体裁衣，根据自己的收入情况和对子女的预期选择险种,从实际的教育费用出发,进行功能和价格两方面的分析,选择了功能之后,对比同类产品价格,从而选出性价比最高的产品。购买需求之外的保障必然会导致保费增加,增加不必要的经济负担。

如果没有读研或其他深造计划,可重点考虑支付高中和大学教育经费的教育险,而不是那种大学之后领取生存金的保险;如果从孩子小学起就缴纳高学费,可以选择跨度大的保险,如涵盖从初中到大学教育金的保险;如果读高中前孩子教育费用支出较少,或经济条件较充裕,可重点投保大学后领取保险金的教育保险。在选择教育金保险时,家长们要有一定的前瞻性,提前一步考虑其他方面的保障,选择可附加意外险、重大疾病险、住院医疗保险等更具竞争力的保险产品或保险计划。选择教育金保险时,也不妨关注此类产品的额外收益特征,尽量选择能提高资金收益率的产品。具体来说,应注意以下几个方面。

1. 提前规划

提前规划是教育金筹备过程中的首要原则。教育金属于必需花费,在时间上没有弹性。它与其他的消费如购车、买房不同,不可能因为资金不足而推迟。所以,未雨绸缪,在现阶段就做好准备,让手头上的资金,通过恰当的方式不断保值增值,这是家长应该在一开始就需要考虑的问题。

提前规划的必要性还在于,教育金会受不同因素的影响而存在很大差异。这样的因素包括孩子所需要的教育程度、学校性质等。例如,大学本科教育、硕士教育和博士教育所需要的费用是不同的,私立学校和公办学校的费用也相差很大,而国内教育与海外教育所产生的费用更是不可同日而语。所有这些,都要求家长具备提前规划的意识,确定好目标,做到未雨绸缪。

2. 先近后远,先急后缓

购买保险是一种消费,教育金保险也不例外,而所有的消费品是没有必要一次性买全的,因此应该遵循"先近后远,先急后缓"的原则。易发风险应先投保,一定要切合实际、量力而行,待日后收入提升再做相应的保障调整。

3. 专款专用

教育金的储备贯穿孩子的整个教育阶段,是固定时间里的固定支出,任何不可预料的风险都可能让教育金的储备目标无法达成,例如很多人容易犯的一个错误就是定力不够,在中途把教育金用于其他用途,等孩子进入大学或需要继续深造的时候,才发现资金不足。专款专用是教育金储备过程中应该遵循的重要原则,只有这样,才能让孩子的教育得到保障。

4. 先重保障后重教育

很多父母花大量资金为孩子购买教育金保险,却不购买或疏于购买意外保险和医疗保险,这将保险的功能本末倒置。孩子遭受意外伤害的概率相对较高,头疼脑热、生病住院的概率也要比成人高很多。因此,为孩子购买保险时的顺序应当是:意外伤害保险、少儿医疗保险、少儿重大疾病保险。在这些保险都齐备的基础上再考虑购买教育金保险。

5. 保值增值

为了保证有足够的教育金,除了应该确保专款专用外,还有很重要的一点就是要让教育金保值增值。有些家长追求便利，直接把钱储存在银行了事。但是，若干年之后，他们可能发现，自己准备的教育金并没有增值多少，因为通胀，甚至出现了贬值。为了避免这种情况的发生，家长们应该对教育金的筹备作一个周详的分析和计划，结合自身的实际，寻求多种理财方式，如银行储蓄、教育金保险与其他教育理财产品，做到保值增值。需要注意的是，教育金储备的目的不是获取短期的高额回报，而应该注意分散风险，做到长期投入，稳健投资。

6. 购买豁免保费附加险

教育金保险中有"保费豁免"条款，可以说是该保险的独到之处。"保费豁免"顾名思义，就是在一定的条件下，不用交纳保费，也可以保证孩子到期领到教育金。这种设置是为了防止作为家庭经济支柱及投保方、付费方的家长，万一不幸发生意外或因疾病身故等情况，导致无力继续承担这份教育险的保费，可以豁免交纳义务，确保保险合同继续有效，孩子领取教育金的权利、受教育的机会继续有保障。在购买主险时，应同时购买豁免保费附加险。这样一来，万一父母因某些原因无力继续交纳保费时，保险公司将豁免所有未交保费，子女还可以继续得到保障和资助。

不过，每款产品的"保费豁免"条款略有不同。家长们一定要看清"保费豁免"的具体含义：一旦发生约定的事故，到底是豁免主险保费、附加险保费，还是豁免全部应交保费；意外豁免的条件到底是意外身故或高残，还仅仅是意外身故；重大疾病豁免的条件，到底是一经确认投保的家长丧失劳动能力即可开始保费豁免，还是将来万一家长身体状况有好转，需要重新交费等。

二、教育金保险规划流程

合理进行教育金保险规划要遵循一定的流程，如图 7-1 所示。

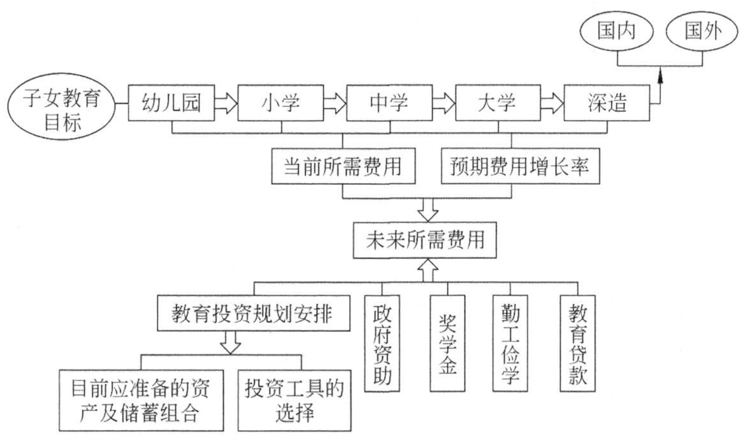

图 7-1　教育金保险规划流程

1. 确定家庭育儿计划和子女教育目标

家庭子女数、生活品质和教育目标直接决定了所需的子女抚育费用和教育金数额。家长应根据子女的兴趣爱好、学习能力等实际情况，确定适合子女发展的目标，如希望子女就读的学校类型，未来希望接受的教育程度如大学或研究生甚至更高的目标，是选择在国内上学还是出国接受教育等。

2. 估算子女教育费用

首先，根据子女的年龄以及当前的生活和受教育地的消费水平、教育收费水平，估算子女接受高等教育前所需的教育金总额。其次，依据子女的教育目标以及设定的通货膨胀率，分析子女未来大学教育费用的变动趋势，估算未来子女上大学时所需的费用总额。在估算子女大学教育费用时，要充分考虑个人的家庭情况，确立教育消费计划时间和大学类型。如果家庭经济状况较好，经济收入较高，并有计划将来送子女出国接受教育，则子女教育所需的费用将大幅增加。

子女教育金规划与养老规划费用估算原理相同：假设未来上学第一年教育费为 E，教育费用上涨率 C，折现率 R。

(1) 计算未来上学第一年教育费标准

计算公式为：

$$未来第一年教育费=目前教育费标准\times(1+费用增长率)^{n_1}$$

其中，n_1 为开始准备时点与开始消费时点的期限。

(2) 计算整个教育期间总教育费用在上学第一年时点的现值

计算公式为：

$$PV=\frac{E(1+C)^0}{(1+R)^1}+\frac{E(1+C)^1}{(1+R)^2}+\frac{E(1+C)^2}{(1+R)^3}+\cdots+\frac{E(1+C)^{n-1}}{(1+R)^n}$$

$$=E\times\frac{1-\frac{(1+C)^n}{(1+R)^n}}{R-C}$$

其中，n 为开始消费时点与消费终止时点的期限。

(3) 计算从现在到上学第一年每年应准备的教育费用

计算公式为：

$$A=FV\frac{R}{(1+R)^{n_1}-1}=E\times\frac{1-\frac{(1+C)^n}{(1+R)^n}}{R-C}\times\frac{R}{(1+R)^{n_1}-1}$$

3. 评估和选定教育金保险产品

家长可根据需要和经济状况，由寿险顾问帮助制订最适合的教育金保险规划方案和成长计划。选择教育金保险产品时要注意两个方面：一是合理规划孩子每个成长阶段的教育费用，保额不能太少，也没有必要太多；二是选择有保费豁免条款的产品，这样投保人在保险期间发生重大不幸时，可以免交以后各期保费，但被保险人到期仍可得到保险保障；三是比较各大保险公司相同险种，尽量选择大公司的产品。

4. 执行与定期检查

制订子女教育金保险规划方案后就要严格执行，坚持专款专用，即使生活中出现一些重大事件，也不要动用孩子的教育金。一份好的理财规划需要不停地评估和修改。对于子女教育费用的筹备，最好每年做一次评估，计算当年的筹备总额和收益率回报，将结果和预期进行比较，以达到预期目标为准。如未达到预期目标，就应适当提高来年的投资额或者提高相应的收益率，以保证目标的如期实现。

三、投保教育金保险的注意事项

（1）为孩子投保教育金保险要根据自己及家庭的实际状况以及计划孩子未来受教育水平的高低等因素来综合考虑，适合孩子的需要就够了，不宜买太多，以免给自己带来太大压力，造成以后不能连续缴费和损失。

（2）通过教育金保险来规划孩子的教育金，越早越好，越小越合适。

（3）在为孩子选择教育金保险时，不要单纯考虑其储蓄功能，也要兼顾其保障功能，可灵活利用附加险，以应付未来可能的疾病、伤残和死亡等风险。

（4）由于教育金保险缴费时间较长，因此对保险公司的选择尤为重要，要注意保险公司的实力和信誉等保证。

（5）还可以通过组合方式为孩子教育金作规划，如孩子小学四年级前采用教育金保险来做教育规划，待孩子小学四年级以后还可采用教育金保险＋教育储蓄的组合方式。

延伸阅读

人生的7张保单

当代中国人对于保险的觉醒不知道是否晚了点，还是被什么东西耽误了，总之，大多数人说起保险就有些反感，这是个事实。

育婴书上说，婴儿一般超过六个月后，就要发挥自身的免疫力来对付这个世界上众多的细菌，母体给婴儿的抵抗力在六个月后开始削弱，也就是说，婴儿六个月后很容易生病。原来人是从六个月开始就要以自己的肉身来抵御看不见的细菌、病毒，预防伤害和意外了。可是现在有一半的中国人从生下来开始就无所顾忌，无所谓地糊里糊涂活着，一代代人前赴后继，勇往直前地奔，泥里水里摸爬滚打，接受“刀山敢上火海敢闯”“牺牲生命在所不惜”的人生教育。结果，很多人死了，很多人残了，很多人满身伤疤地活着，很多人老了没人管。突然有一天报纸上赫然写着“人生不可缺少7张保单”——才知道生命原来是如此金贵，日子不能粗糙着过。

那份报纸上有这么一段话：安全与保障是每个人生命中最大的需求。在人一生中的不同阶段，会面临不同的财务需要和诸多风险，财务需求可以通过保险来安排，诸多风险也可以通过保险来化解。保险的功能不仅在于能为生命提供保障，还在于可以转移风险。因此，保险是人生的一项理智的理财方式。不论从单身到为人父母，从收入低到收入高，都可以根据自身情况选择某种保险产品来为人生分担风险。尤其是养育了孩子后，生活负担逐日加重，家庭的责任，孩子的成长教育，自己面临的养老和遗产问题，都将是人生要面对和处理的事情。对待这些问题，有7张保单不可或缺。这7张保单是：人身意外伤害保险单、重大疾病保险单、养老保险单、保障财富的人寿保险单、子女教育及意外保险单以及投资和保全财产的保险单。

人，是这个世界上最精密的生物，要区别一般性动物，人的生活就得有质量。人的质量不在于一辈子挣了多少钱，而在于一辈子用了多少钱，如何花的钱。

第 1 张：意外险保单

上午还在广州悠闲地喝早茶，晚上已经回到北京的三里屯泡吧。在乘飞机看演唱会已经成为旧闻的今天，许多年轻的白领对这样的工作方式早已经习惯。休闲方式也不再局限于旅行和游玩，滑板、潜水、探险、滑翔、蹦极，玩的都是心跳。但是风险呢？谁都知道飞机比火车出事的概率要高，而蹦极的设施再安全也会有出错的时候。城市的车辆越来越多，开车的人也越来越容易焦虑，交通事故每天都在城市的大街小巷上演。风险已经不再是小概率事件，而生命中一次错误的碰撞总要有人来买单。

对于刚参加工作的年轻人而言，买份高额的寿险是不现实的。在 25～30 岁，我们的经济能力还有限，我们还在创业或打拼，我们还要为人生积累财富，我们还要为买房、买车作准备，我们没有家庭所累，没必要，也不乐意把所有的钱都放进保险公司的存折里。

意外险是这个阶段必备的第 1 张保单。意外险提供生命与安全的保障，功能是身故给付、残废给付。买一份意外险是对生命的保障，更体现了对父母养育之恩的报偿。尽管意外险没有理财功能，在不出险的情况下，不能获得返还与收益，但与其高达 10 万元的赔付金额相比，每年几百元的投入就显得微不足道。任何其他一个险种都不可能像意外险一样，有如此之高的保障功能。

意外险的附加险种也是必要的选择。因意外发生的医疗赔偿，包括门诊、挂号费全都可以获得赔付。小病的住院、手术费用，也可以附加住院与手术补偿来实现。

第 2 张：大病医疗保单

30 岁，我们已经开始害怕体检。我们拿着不薄的薪水，小心地规划着未来。生活似乎在按照设想一步步推进，但是内心里总有那么一点点不安。我们的生活质量真的提高了吗？但生存环境越来越恶化，空气越来越污浊，也是不争的事实。我们好像越来越没有时间去健身，是惰性，还是肩上越来越重的责任，还是两者兼有，没人说得清。一大半白领处于亚健康状态，大病发病率越来越高，年龄越来越低，这个问题谁也无法否认。

再看看我们的医疗保障现状吧。我们都有一份社会医疗保险，一年的医疗费用上限 2 万元。在感冒一次也能支出上千元的今天，这点钱只够应付一场小病。在 2 万元以上，我们还有大病基金，按比例报销更高的花费。“比例”这个词本来就让人没安全感，更何况它的比例还很低。算下来，得一场 10 万元的大病，至少有 6 万元钱医药费需要自付。难怪别人会说，疾病是家庭财政的黑洞，足以让数年努力攒下的银子一瞬间灰飞烟灭。

大病医疗保险是转移风险、获得保障的方式，也是理财的最佳选择之一。将一部分钱投入大病医疗险，出险的情况下可以获得赔付，不出险最终也能收回大笔利息。

大病医疗保险只赔付保单上所列的大病，如果得了其他的病，需要住院手术，想获得赔付，就要选择一些适合自己的附加险种，如防癌险、女性保险、生育健康保险。附加险可以赔偿门诊手术、疾病或意外造成的费用。但是类似感冒发烧等门诊能处理的小病不予赔付(这部分可以通过意外险的医疗附加险得到赔付)。附加险不返还。

第 3 张：养老险保单(略)

第 4 张：人寿险保单(略)

第 5、6 张：子女的教育及意外保单

结婚后，昔日的单身贵族开始面临家庭的责任；养育小孩之后，子女的教育问题更是提上了主要日程。财富固然已经有了一定的积累，在经济条件允许的情况下，夫妇各买一份人寿保险，受益人互相写对方的名字，也是一种责任和承诺。在一方出现意外的情况下，家庭生活不至于陷入困境。

天下的父母都希望孩子接受最好的教育，拥有更为远大的未来。少年儿童教育的费用越来越昂贵，读大学更要以 10 万元计。更不必说对孩子爱好的培养，游泳、弹琴、请家教，诸如此类的开支也是一笔巨大的款项。从孩子出生之日起，为教育准备一笔资金就已经是当务之急。好在小孩出生是在父母的壮年时期，收入高，经济来源稳定，此时有能力给小孩提供良好的教育基金。

准备教育基金有两种方式，一种是教育费用预留基金。举例说，在小孩 1～17 岁，每年缴纳 250 元，17 岁时可以返还 5000 元，以此可以保证专款专用。这种方式支出不多，但最后收回的金额也不足以应付未来的花费。另一种方式是买一份万能寿险，存取灵活，而且另有红利返还，可以做大额的教育储备金。

儿童意外险是孩子的另一张必备保单。儿童更爱动，更好奇，比成人更容易受到意外伤害。仅 2003 年，北京就有 5 万儿童受到不同程度伤害。儿童意外险可以为出险的孩子提供医疗帮助。儿童意外险保障程度高，价值 3 万元的儿童意外险，每年缴费不到 300 元，属于不返还险种。

第 7 张：财产险保单(略)

资料来源：http://finance.sina.com.cn.

第三节　教育金保险规划实例

案例

杨先生是政府公务员，工资收入为每月 3500 元，每年年底有奖金约 4 万元，单位为其缴纳了养老保险、医疗保险和失业保险，以及住房公积金，每月为 360 元。杨先生的妻子是高校教师，单位也为其缴纳三险，每月工资收入为 4000 元，年底奖金约有 3.5 万元。夫妻俩都购买了商业保险。儿子杨洋今年 6 岁，将要上小学一年级。家有一套 120 平方米的住房，10 万元的定期存款，小轿车一辆。

家庭生活开支如下：

(1) 生活费每月大约 2500 元，包括水电气及物业费。

(2) 汽车保险(包括交强险、车损险、三责险)一年为2000多元;油费每月1200元;其他费用每年需1000元。

(3) 全家置装费每年控制在1万元以内;通信费用每月200元;宽带上网费每年500元;日杂费用(化妆品、周末出游)每月大约300元。

(4) 孩子将要上小学,赞助费为每年3000元;每月生活费、保育费等约为300元;孩子报了特长班,每月费用为150元。

(5) 每年人情花费(亲戚朋友结婚、生子等)大概需要2500元。

(6) 男女主人双方父母均健在,四位老人都有退休金,看病、吃药等均不需要他们出钱。

目前,杨先生夫妇最担心的就是孩子的教育费用,他们想为孩子准备一笔教育金。

案例分析:

(1) 提炼客户信息和分析保险需求

杨先生,月工资3500元,年底奖金4万元;妻子,月工资4000元,年底奖金3.5万元;杨洋,6岁,要读小学一年级。家庭有10万元存款,一年生活开支大约为7万元。夫妻双方均有社保和商业保险,儿子有学平险,想为孩子存一笔教育金。

孩子教育金的储备是杨先生夫妻目前最为关心的问题,有两种储备途径可供其选择:一是办理教育储蓄,手续便利而且可以免税,但是额度有限、长期增值性差;二是购买教育金保险,在需要较多学费时按年领取,附加投保人豁免,可以在投保人无法继续交费时仍能保证按时给付孩子的教育金。

(2) 教育金保险规划建议

① 确定教育目标。按照教育保险规划的程序,首先应该确定育儿计划和教育目标。杨先生的儿子已经6岁,其教育目标是孩子大学毕业。

② 估算教育费用。杨洋目前要读一年级,教育费用不多,但随着年龄的增长,教育费用会增加,而且随着经济的增长,教育费用也在增长,所以杨先生估算从现在到孩子大学毕业至少需要20万元。

③ 选定教育保险产品。目前市场上的教育保险产品很多,但要选择适合杨先生的,根据杨先生的收入情况(工资收入为3500元/月,每年年底有奖金约40 000元)和对孩子的预期,对比同类产品的价格,选择性价比最优的产品。建议为杨先生选择平安世纪天骄终身寿险(万能型)和平安附加世纪天骄提前给付重大疾病保险,年交费12 000元,共交12年,累计交纳144 000元。

大学教育金:18~21岁期间每年领取25 000元的大学教育金(不管是否读大学都可领取)。

婚嫁金:孩子26岁时一次性领取40 000元的婚嫁金。

养老金:在小孩60岁时可以领取高额的退休金,安享晚年生活。每月领取2500元,一直领至终身。

免税遗产:杨先生百年后还有50万元可传承给后代,让杨先生的资产得到传承。

保障:孩子享受终身5万元加上当时的账户价值的人身保障。

重疾保障金:享受终身4万元的重大疾病保障金。

④ 方案的执行与定期检查。任何一个规划方案，都不可能和它的环境无关，所以随着环境的变化，方案也要定期检查和更新，以期实现最优的规划效果。

本章小结

教育是对未来的投资，是最昂贵也是最具价值的投资。在现代社会中，很多人都有教育需求，人们意识到接受教育进行人力资本的投资非常必要，也很重要。但是一个现实的问题摆在大家面前，那就是教育费用不断上涨，近些年来，我国城市家庭消费支出中增长最快的是教育，其年均增长速度为20%左右，当前“孩子的教育费用越来越高”已经成为家庭生活面临的三大困难之首。

教育规划是指为实现预期教育目标所需要的费用而进行的一系列资金管理活动。根据教育对象的不同，教育规划可分为个人教育规划和子女教育规划，本章所讨论的主要是与子女教育规划相关的问题。教育投资是个人理财规划中最具回报价值的一项。为了做到未雨绸缪，进行合理的教育规划，父母首先要了解当前的教育收费水平和增长情况，并对子女教育费用进行估算。目前的教育费用主要包括学前(幼儿园)、义务教育、高中、大学及研究生等不同阶段的教育费用和其他支出。

教育投资所需金额大、时间长，需要慎重规划。教育费用的筹集可以有很多方式，早些年大家最常采用的就是办理教育储蓄。除此之外，教育金保险是近些年来兴起的一种比较令大家容易接受的教育费用筹集方式。教育金保险兼具储蓄、保障功能，不仅可在被保险人到达一定年龄后按期给付一定金额的教育金，还可为被保险人提供意外伤害或疾病身故等方面的给付。

在选择教育金保险时，家长们要有一定的前瞻性，提前一步考虑其他方面的保障，选择可附加意外险、重大疾病险、住院医疗保险等更具竞争力的保险产品或保险计划。选择教育金保险时，也不妨关注此类产品的额外收益特征，尽量选择能提高资金收益率的产品。

思考与练习

一、简答题

1. 为何要进行教育规划？教育目标总费用由哪几部分构成？
2. 什么是教育金保险？教育金保险的优缺点是什么？
3. 教育金保险和教育储蓄的区别是什么？
4. 简述教育金保险的规划流程。

二、案例分析

请根据以下资料为周先生一家量身制订一份保险规划方案，需重点关注孩子的教育金保险规划。

周先生：36 岁，硕士毕业，在国有科研机构任高级工程师，工作稳定，收入随其资历的增长而不断上涨。周先生除有基本社保外，还购买了 20 年定期寿险及意外险。

周太太：35 岁，在事业单位工作，收入稳定。目前仅有基本社保，无其他商业保险。

儿子：8 岁，小学二年级（今年 9 月将升入三年级），他们夫妻希望儿子将来到英国读高中和大学。儿子昭昭仅有社保及杭州市少儿住院医疗互助基金。

周先生月收入 7000 元；周太太月收入 5000 元。两人的工作都非常稳定。此外，一套投资房租金收入每月有 2800 元。三口之家每月的基本花销为 2000 元，养车及娱乐费用需 2300 元，为儿子备下 500 元医疗费，另外，学费及各种兴趣班费用平均每月大约 1000 元。

周先生和周太太年终奖金共有 25 000 元（主要来自周先生），年度花销主要在孝敬老人和旅行方面。家中 4 位老人都已退休，都有社保和退休金，能够保障生活且健康状况良好，每年孝亲费 6000 元。每年全家旅行费用也在 6000 元左右。

目前，一家人住在单位分的公房中，两室一厅 83 平方米，不需要房租。2008 年年初，周先生购得一套 100 万元的商品房（目前用于出租，市值保守估计 140 万元），首付款中 15 万元是向朋友借的（尚未归还），另商业贷款 70 万元（等额本金方式，20 年还清），目前余额为 67 万元左右，2009 年每月要还 4000 多元。一家人还拥有现值 5 万元的汽车一辆、现金及活期存款 3 万元、货币基金 2 万元、股票基金 10 万元、债券基金 18 万元。

第八章

投资型寿险理财规划

学习目标

通过本章学习，学生应能够认识投资型寿险产品的含义、特点和种类；熟练掌握投资型寿险产品的规划流程和方法；熟知投资型寿险产品规划中应注意的问题与技巧。

案例导入

王先生 35 岁，月收入为 1.25 万元，年终奖 10 万元；妻子王太太 34 岁，月收入 8000 元。两夫妇有一女儿，5 岁。王先生家每月生活日常开支费用为 3500 元；小孩开支费用为 1000 元；每月还房贷 3800 元；每年给父母 2 万元。家庭现有活期存款 20 万元；股票 14 万元；股票型基金 5 万元；债券型基金 2 万元。每月还定投国内指数基金 6000 元；同时购买了海外定投基金 2000 元；空房每月租金收入 1200 元。夫妻双方都有社保，除此之外，王先生购买了商业定期寿险，保额 20 万元；王太太购买了终身寿险及重疾险，保额 10 万元；给女儿购买了重疾险 50 万元。现该夫妇期望能再买一些投资型寿险产品，请问该如何给该夫妇设计投资型寿险产品方案？

第一节　投资型寿险

一、投资型寿险概述

1. 定义

投资型寿险又被称为创新型人寿保险，是指包含保险保障功能并至少在一个投资账户中拥有一定资产价值的人身保险产品。投资型人寿保险除了提供同传统人寿保险一样的保障服务外还可以让客户直接参与由保险公司管理的投资活动，其与传统寿险产品的不同之处在于，投资型寿险产品通常具有投资功能，客户的大部分保费记入由保险公司专门设立的投资账户中，由投资专家负责账户内资金的调动和投资决策。投资账户中的资产价值将随着保险公司实际收益情况发生变动，所以客户在享受专家理财的同时也面临一定的投资风险。

20 世纪七八十年代，欧美国家正值高通货膨胀及高利率，消费者想通过购买金融产品来获取高回报，银行和证券公司开发出大量创新的金融产品，从而吸引了大量的个人金融资产，而保险公司传统型保险产品的固定给付无法应对高通胀，由此造成保险公司的大量资金外流，这就迫使欧美的寿险业者纷纷调整传统型寿险产品的设计方向，开发出投资型寿险。

2. 特点

(1) 具有保险与投资双重功能

投资型人寿保险与传统人寿保险最大的不同之处在于它集保险保障与投资理财于一身。该险种将客户交付的保费分成"保障"和"投资"两个部分，一部分用于保险保障，即使投资收益不理想，客户在保险期限内也可获得身故保险金、全残保险金、满期保险金等基本保障；其余部分保费转入专门的投资账户，由保险公司的投资部门通过专业理财渠道进行投资运作，以达到资产的保值增值目的，投资收益归客户所有(或按合同约定比例分配)。投资部分没有预定的回报率，在实际收益较高时，客户可享有更大的获利空间。

(2) 独立账户，运作透明

独立账户是指客户在投保投资型人寿保险后将拥有一个独立的个人投资账户。投资账户是保险公司为投保人单独设立、单独管理的资金运用账户。在这个账户中，保险公司记录投保人交费、部分领取等资金的流入流出情况，记录所有投资损益的变化情况。这一"独立账户"可以有效地将创新型人寿保险与保险公司的其他资产分割开，做到独立立账、独立管理、独立评估、独立核算，保证客户的切身利益；"独立账户"也可保证创新型人寿保险透明经营。客户所交保险费按照保险合同条款中规定的项目、比例进行分配，客户还可以随时查询投资账户的买入价、卖出价及账户价值变化，保险公司将定期评估投资账户资产价值，公布投资业绩，使客户全面了解保单信息，并便于监管机构的监督管理。

(3) 保障水平不确定

投资型人寿保险在给付保险金时取决于保险金额和投资账户投资单位价值总额的较大值。因此，当投资账户中的投资单位价值总额低于保额时，保险金按保险金额给付，保障水平是确定的；而当投资账户中的投资单位价值总额高于保额时，保险金额按投资账户价值总额给付，随投资账户资产价值的增加而增加，此时保障水平就表现出一定的不确定性。

(4) 收益与风险并存

投资型人寿保险不承诺投资回报率，客户实际得到的投资收益率取决于公司专门账户的投资绩效，所有的投资风险由客户自行承担。

3. 分类

(1) 分红保险

分红保险是指保险公司将其实际经营成果优于定价假设的盈余，按一定比例向保单持有人进行分配的人寿保险。分红保险虽然比传统的不分红保险增加了分红功能，使投保人可以享受保险人的投资收益和经营效益，但保费只是提供保障服务，不分成两部分，因此从这个意义上说，分红保险仍属于传统人寿保险的险种之一。分红保险最初起源于1776年的英国，在国外已经有了200多年的发展历史，但在国内是近年才面世，因此是我国人寿保险的新型产品之一。

分红适应于各种类型的寿险险种，可与定期寿险、终身寿险和两全保险等结合形成多种分红保险，因此在国际寿险市场上占据重要地位。在美国，大约80%的寿险保单具有分红性质；在德国，分红保险占该国人寿保险市场的85%；在中国香港，这一数字更是高达90%。

(2) 万能人寿保险

万能人寿保险简称万能寿险,是一种交费灵活、保险金额可调整的寿险。万能寿险的最大特点在于其灵活性,该保单的出现是为了满足保费支出较低、缴纳方式要求灵活的消费者的需求。万能寿险的保费交纳方式很灵活,保险金额也可以调整。投保人在交纳了首期保费后,可以选择在以后任何时候交纳任意数额的保费(但有时会有一定的整数要求,例如以100元为单位),只要保单的现金价值足以支付保单的各项保险成本和相关费用,保单就持续有效。投保人还可以在具有可保性的前提下,提高保额或降低保额。基于上述特点,万能寿险可以适应客户对人寿保险的个性化需求。

(3) 投资连结保险

投资连结保险是一种将保险和投资结合起来的新型金融产品,相当于美国的变额寿险或变额万能寿险。投资连结保险是近年中国寿险市场上引人注目的亮点之一,其销量几乎压倒了传统寿险产品。我国的投资连结保险有两种类型:一种是固定保费、固定保额性质的寿险,如平安世纪理财。客户定期、定额缴纳保费,每期保险费扣除各种费用(包括销售费用、保险成本、维持费用等)后,其余部分进入投资账户用于投资,停止交纳保费则保单失效;另一种是万能变额寿险,如新华创始之约,保费交纳和保险金额均可调整,保险费扣除销售费用后全部进入投资账户,保险成本、维持费用以卖出投资账户各基金单位的形式扣除。

二、购买投资型寿险产品的技巧

1. 要准确分析个人保险需求

投保人如果比较倾向于传统的交费方式,即定期定额交费,同时对投资不是特别看重,希望以获得保险保障为主,对保险公司的总体经营状况也比较有信心,就可以选择分红保险。投保人如果需要保险产品有足够的弹性,希望在基本的投资保证的基础上得到一定的投资回报,可以选择万能寿险。投保人如果需要追求较高的投资收益和资产的增长,并具有一定风险承受能力,可以选择购买投资连结产品,当然,这需要客户具有一定的投资理财知识。

2. 要充分考虑个人风险承受能力

是投资就会有一定的风险,也就是实际收益与预期总是存在着偏差。各种投资型寿险也不例外。分红保险将保险公司的总体经营盈余的部分分配给客户,但当保险公司经营不善时,投保人所得分红可能非常有限,也可能无红可分。但由于分红保险设有最低保证利率,客户的基本保障是有保证的,因此适合于风险承受能力较低的人。

万能寿险投资资金的运用与分红险没有大的区别,也具有保证的投资回报,但是超过一定水平后由客户与保险公司分享。由于万能保险具有较分红保险更大的灵活性,所以适合于风险承受能力较低但希望对保险计划有更多选择权的客户。投资连结保险由于投资账户不承诺投资回报,客户在获得高收益的同时,也要承担投资账户资产损失的风险,所以适合以追求个人资产的增长为目标,并具有较高风险承受能力的客户。

3. 注意保险公司的选择

购买人寿保险是一项长期或终身投资,几个月甚至一两年的投资状况并不代表未来,一定要树立长期的投资理念,因此选择保险公司就显得尤为重要。随着我国保险市场化水平的进一步提高和国际化进程的加快,不同保险公司的产品形态将越来越接近,很难存在明显的优劣之分。

投资型保险在保费交纳、保额变更、信息披露、投资运营、客户服务等各项内部运作不尽相同,复杂程度要远远高于传统保险,需要保险公司在管理体系与信息技术系统上提供全新的平台。决定投资型产品价值的主要因素将成为衡量保险公司的经营管理水平和服务能力的高低。在选择投资型保险时,应该在认真了解产品本身的保险责任、费用水平等的基础上,更加关注下列几个方面。

一是保险公司的实力以及在行业中的地位。具体包括保险公司在行业里面的排名、市场份额,保险公司成立的时间以及成长情况,保险公司的经营理念、经营范围和组织形式,历年来的经营成果等。实力雄厚的保险公司在资源上往往具有一定的优势,能够为客户提供更好的服务。

二是保险公司的经营管理水平。消费者在做出投资型寿险方案选择前,应详细考察保险公司的工作效率、员工素质、利润水平、以往的投资业绩、品牌形象等。

三是保险公司的服务质量。消费者在选择保险公司时,要从三个方面了解其服务质量以及提供服务的能力:首先是从其代理人获得的服务;其次是从公司本部获得的服务;最后是看其在全国的服务网点和网点覆盖情况。前者的服务质量,可以推断保险公司对代理人的培训力度与管理水平;后两点对于消费者来说更为重要,尤其是购买寿险时,一旦与保险公司签订保险合同,就会长期与该公司打交道。保险公司在服务方面的任何一点不足,都可能影响投保人几十年。

综上所述,三类投资型寿险产品各有自己的优势,如何进行选择,真理只有一条——只选"对"的。所谓"对"就是既适合自身的风险承受能力又满足投保的本质需要。当然保险产品本身具有较高的复杂性,产品之间的比较需要较高的专业知识作为基础,保险公司经营管理状况的信息也并不充分,所以,客户可通过选择专业的保险顾问来帮助自己进行决策。

第二节 投资型寿险规划流程与方法

一、测算投资备用金规模

随着可自由支配资金的增多,客户资金保值增值的需求越来越大。客户可以选择购买投资型寿险在内的金融投资产品来实现资金增值保值的目的。投资型寿险一般需要定期投入资金,从而产生对投资备用金的需求。投资备用金的规模决定了投资型寿险的需求和购买能力。投资备用金的规模是由家庭可自由支配资金规模决定的。测算投资备用金规模,就是要盘算清楚家庭现在,尤其是未来,可用于投资的可自由支配资金的数量。可参考如下计算公式:

可自由支配资金规模=目前积蓄+目前积蓄在 n 年内获得的投资收入+每年收支结余+每年收支结余 n 年内获得的投资收入[①]

① 赵立航.保险理财规划理论与实践.北京:中国财政经济出版社,2010:188.

计算出可自由支配资金规模后，下一步就是要决定从其中拿出多少钱用于投资。对此，可利用“100 减去目前年龄”的投资公式来测算投资备用金的比重。例如，客户在 20～30 岁时，由于风险承受能力强，可以将 70%～80%的资金作为购买投资型寿险及其他投资工具的投资备用金；30～50 岁时，由于家庭负担较重，可以将资金的 50%～60%作为投资备用金；50～60 岁时，可将 40%的资金作为投资备用金。年投资备用金规模可用如下公式表示：

年投资备用金规模＝投资型寿险年交费能力

＝(100－目前年龄)%×每月可自由支配资金×12[①]

为了显示保险理财工具的科学性，表明保险理财在理财规划中的合理地位，保证客户的续保能力并提高续保率，同时也为了简便易行，在分析客户消费结构基础上，我国保险公司向客户推荐年交保费占年收入 20%以内。

二、选择投资型寿险险种

选择投资型寿险产品时，应认真研究不同险种的保险责任、费率水平、时间年限等因素，即认真把握每一类投资型寿险产品的特点。三种投资型寿险产品的各自特点如下。

1. 分红保险

分红保险的红利主要来源于“三差收益”，即死差益、利差益、费差益，此外还有可能取得解约收益和资产增值等收益。分红保险的红利分配数额取决于该保险公司上一会计年度该险种业务的实际经营成果，因此，红利随着保险公司的实际经营绩效而波动，无法确定。红利分现金红利和增值红利，对现金红利的处置方式有领取现金、存入保险公司并按一定利率流动计息、抵缴保费等；增值红利则用于增加保险金额。

分红保险的优势在于形成了客户与保险公司的利益共同体，客户不仅享有分红保险具有的固定利率，同时直接参与经营利润的全面分红。分红保险结构简单，易于客户理解。

其不足之处在于灵活性较差。分红保险在产品设计上类似传统非分红保险，在保费交纳、保额选择等方面没有选择性，客户一经确定便无法更改。此外，由于受到固定预定利率的限制，分红保险的资金运用较为保守，所以限制了利差空间。

2. 万能寿险

投保人在交纳首期万能寿险保费后，首期的各种费用、死亡给付分摊、附加优惠条件的费用等将从中先被扣除，剩余部分为保单最初的现金价值。该部分价值按新投资利率计息累积到期末，成为期末现金价值，同时也是下一周期的期初价值额。在第二周期，投保人根据自己的情况交纳或不交纳保费，若该周期的期初价值额足以支付第二期的费用及死亡给付分摊额，投保人就不用交费；若现金价值额不足，投保人交纳的保费不够，则保单会因此而失效。若投保人在第二期期初交纳了保费，则第二期的期初现金价值额为上期末现金价值加第二期保费减去费用和死亡给付额。第二期的期初现金价值额按新

---

① 赵立航．保险理财规划理论与实践．北京：中国财政经济出版社，2010：188.

的投资利率累积到期末，成为第二期的期末现金价值额。该过程不断重复，一旦其保单的现金价值额不足以支付保单的死亡给付分摊和费用，又没有新的保费交纳，则保单失效。

通常情况下，保险人规定的首期保费较高，以支付足够的费用和死亡给付，同时也为了避免保单由于对保费交纳没有严格的限制而导致的过早终止。有时，保险人按保单签订时投保人的意愿建立目标交费额，按照交费目标进行开支计划，利用银行自动划拨的方式引导投保人交费。有些保险人还在保单中列入了基于交纳最低保费时保单不失效条款，即在此条款下，即使保单已无现金价值，只要投保人交纳年保单规定的最低保费，保单继续有效。

万能寿险保单的现金价值是保费扣除各种费用及死亡给付分摊额后的累积价值。保单通常都规定一个最低的现金价值累积利率，通常为4%或5%，在长期累积下，保单所有者仍有较大的收益。有的保险人提供的是滚动式利率，如以外界的某一移动平均利率(如2年期居民储蓄存款利率)为最低利率。也有的万能寿险保单提供的利率是基于其投资利率或投资组合收益率。

除此之外，投保万能寿险，保单持有人在一定的限制范围内还可以选择所需要的保额。万能寿险的死亡给付通常有两种方式可供选择：A计划和B计划。A计划是一种死亡保险金不变，始终等于保单保险金额的万能寿险。B计划是一种死亡保险金会不断变化的万能寿险，其保险金等于保单保额与现金价值之和。在投保人投保时，可以选择固定的死亡保险金或随保单现金价值的变化而变化的死亡保险金，即可选择A计划或B计划。A计划与传统的具有现金价值的终身寿险相似，即在保险有效期内，发生保险事故，受益人得到约定的死亡给付金。该计划的净危险额随着保单的现金价值的增加而减少。当保单的现金价值增加，危险额相应减少，则对应的所需交纳的保费减少。B计划中，死亡给付额为均衡的净风险保额与现金价值之和。现金价值的变化直接影响到死亡给付额的大小，如现金价值的增加将会使死亡给付额等额增加，但对净风险保额的大小没有影响，即

A计划：　　死亡保险金＝保险金额

　　　　　　净危险额＝死亡保险金－现金价值

B计划：　　死亡保险金＝保险金额＋现金价值

　　　　　　净危险额＝保险金额

万能寿险的另一个特点是设有独立的投资账户，个人投资账户的价值(即保单的现金价值)有固定的保证利率，但当个人账户的实际资产投资回报率高于保证利率时，寿险公司就要与客户分享高于保证利率部分的收益。万能寿险的保单运作非常透明，寿险公司会定期向客户公开投资账户明细及组成商品价格结构的各种因素，客户每年可以得到一份保单信息状况表，用于了解保费支出、保险金额、利息、保险成本、各项费用及保单现金价值的发生数额及变动状况，从而便于客户进行不同产品间的对比，并监督保险公司的经营状况。

3. 投资连结保险

投保投资连结保险，保单持有人所交纳的保费将被分成保障和投资两部分，将保单的

保险利益水平与独立投资账户的投资业绩直接联系起来，交付的保险费除少部分用于购买保险保障，其余部分通过购买由保险公司设立的独立账户投资单位而进入投资账户。投连险的投资账户是指保险公司在经营投资型险种时根据国家政策和相关法律法规进行资金运用而设立的专用账户。投连险的收益主要来源于投资账户的收益。投资账户的资金由保险公司负责管理，由保险公司按国家有关规定而决定投资项目，投资所得收益将全部分摊到投资账户内，归客户所有。保险公司在投资交易中仅收取手续费，投资盈亏风险均由被保险人承担。当被保险人在保险期间内身故，保险公司根据合同项下的投资单位价值总额或者保险金额，取两者中金额较大者，给付身故保险金。若被保险人在保险期满时仍生存，则自保险期满后的5年内，受益人可随时申请给付满期保险金，即合同项下投资单位价值总额。在合同有效期内，投保人还可以要求部分领取投资账户中的现金价值，但合同项下的保险金额也同时按照领取比例相应减少，且以后每年应交的保险费也按比例减少，但减少后的保险费不得低于保险公司规定的最低限额。投连险与传统人寿保险的比较见表8-1。

表8-1 投连险与传统人寿保险的比较

项　目	传统人寿保险	投　连　险
保险功能	保障或储蓄功能	保障和投资双重功效
保险金额	在投保时确定，保障程度固定	保额随资金运用情况好坏而变动
保单现金价值	在出售时就已确定	取决于保单拥有的所有"投资账户单位"的价值总和
透明度	客户不知道保险费收支运作情况	投资资金单独设立账户，保险公司将定期向客户公布有关信息
账户设置管理	只设一个综合性账户，所有的保费收入、保险金给付以及其他的资金往来都通过综合性账户进行	设综合性账户和投资账户
风险责任的承担	承担了利率变化、死亡率提高和费用增加等风险	只承担死亡率和费用变动的风险，投资风险完全由保单所有人承担

综上所述，需要提醒消费者的是，在选购投资型寿险产品时，由于各类保险产品收益率的评估与计算依据和方法不同，因此对同类产品之间各公司所公布的投资收益率的简单比较并不能完全说明其投资管理水平的高低，不同类型产品之间更是如此。在对不同保险公司的投资型寿险产品的投资回报率进行比较时，消费者还应综合考虑保单的现金价值、所交保费、保险责任、管理费用扣除方式等因素。保险购买者可根据自己的投资规模、投资取向等来选择合适的保险商品。

三、确定保险金额

当客户购买保险时，应如何合理确定保险金额呢？客户选定保险产品后，还要仔细考虑适合的保险金额。虽然保险金额越高对客户的保障力度越大，但是保额与保费呈正相关，保额越高所交保费越多，为保障合同的有效性与维持性，建议保户所认定的保额适度即可。确定保额可从以下两方面考虑。

一是寿险保额应根据自身实际需要来加以确定。这里所说的实际需要因人而异，一般说来，普遍存在的实际需要包括疾病医疗费、子女教育金、退休养老金、丧葬费、遗属生活费等各项费用支出。

二是确定寿险保额时应考虑投保人交付保费的能力。保额确定得过高时，由于对应的保费也高，投保人在合同维系期间，很可能由于自身财务状况变化而无力继续负担过高保费而使得保险合同中止；但是保单保额也不能制订得过低，因为如果一旦风险发生，过低的保额将无法真正保障被保险人正常的生活。因此，签订保险合同，确定保额时，一定要量力而行，要考虑保费支付能力，合理确定保额。

四、防范投资风险

1. 消费者购买投资型寿险产品可能面临的风险

投资型寿险产品在我国的推出，对于拓宽保险服务领域，提高保险公司经营管理水平，化解经营风险，促进公司技术进步和增强竞争力方面都有诸多益处。但是当利用某种工具来化解经营风险时，又会产生其他的风险，消费者购买投资型保险产品可能面临的主要风险如下：

（1）政策风险。投资型寿险产品是保险产品向资本市场的渗透，是保险市场和资本市场相互融通的产物。中国现行的《保险法》《证券法》和其他一些相关法律法规，对此涉及甚少。投资型寿险产品带来的新的民事或经济法律关系，缺乏法律法规的调整和规范。

（2）投资风险。这是投资型寿险产品的最大风险，主要体现为投资账户投资收益的不确定，资本市场的变化直接影响投资型寿险的投资账户收益。现阶段，保险公司投资账户的收益主要取决于保险公司投资组合的优劣。尽管保险公司拥有专业的投资团队，但在我国证券市场仍不够成熟，股指的变化会受到一些非理性和非市场因素的影响，这给投资者带来了许多未知的风险。保险资金运用中，国债投资占有一定的比重，有利于稳定投资收益，但是对于一些证券投资基金投资的风险和短线投资所带来的风险仍然影响着客户投资账户的累计收益率。由于投资型寿险通常只提供身故、高残赔偿，保户面临着保障不全面的风险。若保户没有同时投保其他险种（如医疗险），靠投资收益无法实现真正的保险，当遇到投资市场的整体低迷或保险基金管理经营不佳时，都会使投资回报低于原有的预期。此外，投资渠道狭窄，证券投资基金种类不多也是增加客户投资收益不确定的重要因素。投资风险成为这类产品的特有风险。

（3）金融风险。这一风险是投资型寿险产品现金流动方面的风险。投资型寿险产品的销售业绩会受到保险人定期公布的投资收益情况的影响。受证券交易市场周期性波动的影响，保险人的投资收益不可避免地会有一些起落，在股票市场低迷、投资收益下滑时，销售情况可能下降。在特定情况下甚至可能出现大量投保人要求退保，从而导致大量资金流出，造成现金流动危机。

（4）监管风险。由于投资型寿险保险金额、现金价值与保险资金相互关联，保单现金价值用于购买基金单位，因此其投资运作也带有证券投资基金的基本属性，导致其在监管时更具复杂性。虽然按照相关规定要求由证监会管理其投资运营，由保监会管理其他条款和费率，但在实践中容易产生监管重叠或是监管空白，而且制定投资型寿险产品的监管细则也具有较大的难度。

2. 消费者对投资型寿险的认识误区

"投资型"保险产品推向市场后，各家保险机构都加大了对新产品的宣传力度，为销售产品创造良好的市场环境，这一点无可非议。但是值得注意的是，有个别保险经营机构和中介机构，在宣传推销自己的产品时，或曲解条款内容，过分夸大产品的功能；或把当期短期投资收益率，说成是长远固定的投资回报率；或把保险投资收益与投资股票、基金收益混为一谈；或只谈投资收益，不谈投资风险；或搞假信息误导、引诱消费者投资；还有个别业务人员受利益驱动，在推销产品时，用高预期的投资收益来承诺未来的经营绩效，以蒙骗保户等。由于宣传上的误导，许多保险消费者出现了认识上的偏差。

一是没有弄清"投资型"保险性质。消费者不是明明白白买保险，而是赶浪潮，稀里糊涂搞投资买保险。有些保险消费者，在投保时甚至连条款的内容、保险责任范围和赔付要求都不看。这些都为今后可能出现的投资风险和法律纠纷埋下了隐患。

二是注重投资收益，忽视投资风险。投资型保险的投资收益直接取决于保险公司投资的表现。但由于受国家宏观经济状况、银行利率、汇率、资本市场的走势和保险投资管理人的专业素质、管理经验等多种因素的影响，必然会存在一定的波动性。一般情况下，投资收益与投资风险是成正比关系的。但是在实践中，一些保险消费者并没有认识这一点。他们认为买了投资型保险，就像把自己的钱存入了银行的保险柜，可以高枕无忧了。有的人甚至认为，买了投资型保险就会一本万利，就会一保就富，一保就灵，一保就终生无忧了。这一认识无疑是错误的，有投资就一定有风险。

三是把短期的投资收益率，看做长远或固定的投资收益水准。曾有一段时间在媒体上常常看到，某保险公司的投资型保险，某月的投资收益率高达多少百分点，某季度的投资收益水平创下多高纪录。这给不成熟的消费者造成一种错觉，使他们认为，当前买投资型保险，投资收益率比存银行和买国债高得多，将来的投资收益一定颇丰。这种观点是片面的，缺乏科学合理性。因为投资本身存在风险，所以它的收益也会随着市场上的各种变化而上下波动。因此，衡量投资收益水平时，不要一叶障目，只看眼前。要通过现在的收益水平，看到将来的前景和期望。投资型保险，作为个人及家庭的一种理财行为，需要时间和耐力，在投资时要保持清醒的认识和有长远的打算。

3. 购买投资型寿险产品时的风险防范策略

(1) 购买投资型寿险产品前，消费者应对自身有较为准确的定位。不是所有人都适合购买投资型保险。就当前市场上的投资型保险产品而言，分红险主要适合于风险承受能力低、有稳健理财需求的投保人；万能险适合于需求弹性较大、风险承受能力低、希望保险产品有更多选择权的投保人；投资连结险则适合于收入较高、投资理念成熟、追求资产高收益且具有较高风险承受能力的投资者。对此，消费者应结合自身实际经济状况和需求状况，有较为准确的定位。

(2) 购买投资型寿险产品前，消费者应对所选定的保险公司进行全方位考察。这是寿险投资中非常重要的一步，也是寿险投资能否取得成功的先决条件。投保人可根据权威评级机构对保险公司的评定结果及保险公司对外公布的年度报告及重大事项公告等，来了解保险公司的偿付能力。投保人还可以查看保险公司的财务报表，分析保险公司的保费收入、赔款、费用、利润等财务指标，从而了解其财务状况。

(3) 确定投资型寿险产品组合方案时，应遵循中长期投资原则。所谓中长期投资原则，就是投保人在购买投资型险种时要尽量选择投保期限比较长的投资型保险品种，一般应着重选择期缴型、投保期限在十年以上或者终身的投资型险种。资本市场具有一定的周期性和不确定性，如果投资期限较短，保险公司从提取保险准备金的角度考虑，保险资金的投资渠道相应地就会受到限制，反过来会影响投资收益水平，投保人的可分配收益就会相应减少。除此之外，消费者在购买投资型保险产品时应避免只单纯购买某一款独立的投资型保险产品，建设将其和意外险、医疗险、养老险等进行合理组合，最大限度地提高保险产品的性价比。

(4) 通过网络平台等渠道，时时关注所投保险公司的相关产品公告信息以及投资账户的收益及亏损。

(5) 主动了解与学习和保险相关的法律法规，通过法律手段有效维护自身合法权益。

(6) 做到投保信息准确无误，包括电话号码、电子邮件等，联系方式变更时应及时通知保险公司，以便对方发布重要公告或其他市场重大事件时能及时通知到人。

第三节　投资型寿险规划实例

案例

王先生今年35岁，每月收入为1.25万元，年终奖10万元；妻子王太太34岁，月收入8000元。王先生夫妇有一女儿，今年5岁。王家是典型的三代同堂中国式家庭，已退休的父母与他们一起生活，父母都有退休工资及基本的社保医疗。目前王先生家每月生活日常开支费用为3500元，小孩开支费用为1000元。家庭现有活期存款20万元，股票14万元，股票型基金5万元，债券型基金2万元。除以上一次性投资外，每月还定投国内指数基金6000元，同时购买了海外定投基金2000元。目前这些定投基金的市值为10万元。夫妻双方都有社保，在社保之外还购买了商业保险。其中王先生购买了定期寿险，保额为20万元，每年保费5200元，王太太购买了终身寿险及重疾险，保额为10万元，每年保费4300元，给女儿购买了重疾险50万元，每年交保费5700元。现有房产两套，一套市值150万元的房产自用，该房产还有贷款60万元，每月需还贷3800元。另一套价值25万元的投资性房产用于出租，每月租金为1200元。每年支付父母赡养费2万元。王太太希望女儿高中毕业后就去外国留学，要为女儿准备100万元的教育金费用。夫妇两人都是独生子女，希望在两年内再生育一个宝宝，并能先准备10万元以上的初期教育费用。另外，夫妇两人也期待自己退休后能拥有较高的生活品质。

资料来源：陈玉罡．秦丽．激进家庭的稳规划．大众理财顾问，2012(1)：86-87.

1. 分析客户经济状况

(1) 家庭资产配置状况分析(见表 8-2)

表 8-2 王先生家庭资产负债表

家庭资产	金额/万元	占比/%	家庭负债	金额/万元	占比/%
现金、活期储蓄	20	8.85	房产贷款	60	100
股票	14	6.19			
基金(股票型基金)	5	2.21			
基金(债券型基金)	2	0.89			
基金定投	10	4.42			
房产(自用型)	150	66.37			
房产(投资型)	25	11.06			
合 计	226	100.00	合 计	60	100
家庭净资产	166				

从王先生的家庭资产负债表来看,家庭总负债占家庭总资产的 26.5%,家庭的资产负债比率没有超过 50%的安全警戒水平。但是需要注意的是,由于资产以市值来进行计价,特别是股票、基金、房产等会受市场及政策的影响而产生变化,这种变动会影响家庭资产负债比率的变化。王先生夫妇的理财观念很强,资产配置于股票、基金及房产等,这有利于获得除工资收入以外的理财收入。从资产负债表来看,家庭投资资产占净资产的比例为 33.7%。投资与净资产比率一般在 20%~50%是比较合适的。

(2) 家庭收支情况分析(见表 8-3)

表 8-3 王先生家庭收入支出情况表

月 收 入	金额/元	占比/%	月支出	金额/元	占比/%
工资收入(王先生)	12 500	57.60	生活支出	3500	21.47
工资收入(王太太)	8000	36.87	小孩支出	1000	6.13
房租收入	1200	5.53	房贷支出	3800	23.31
			基金定投	8000	49.08
月收入合计	21 700	100.00	月支出合计	16 300	100.00
月结余	5400				
年度结余额	64 800				
加:年终奖金	100 000				
减:赡养费	20 000				
减:年保费	15 200				
实际年家庭结余	129 600				

从王先生家庭目前的收入支出情况表来看，夫妻两人月度总收入为2.17万元，主要收入来源是王先生。另外，家庭收入中的租金收入属于理财收入，理财收入占月收入的5.53％。

目前，王先生家庭月度总支出为1.63万元。其中，日常生活及小孩支出为4500元，占27.6％；房贷支出为3800元，占23.31％；基金定投支出为8000元，占49.08％。家庭月度结余为5400元，全年结余为12.96万元。结余金额占全年家庭总收入的35.96％，说明王先生家庭控制支出和储蓄的能力较强。

2. 分析客户保险需求

经过了解和分析后发现，王先生家庭的理财规划需要进行调整。可从应急准备、长期保障、子女教育、养老等方面做全方位的财务诊断，最终通过分析形成综合理财规划。

(1) 应急准备金的需求

王先生是家中工资收入的主要来源，一旦遭遇意外情况，会威胁到家庭的日常生活，因此应准备好足够的应急资金。对于王先生家庭来说，应急准备应能保障紧急情况下3～6个月的生活支出，而且要覆盖房屋贷款。按两人目前日常开支3500元/月、小孩支出1000元/月、房贷3800元/月进行计算，则要准备2.49万～4.98万元为应急准备金。

(2) 长期保障的保险需求

王先生夫妇都有社保，而且全家人都购买了商业保险，表明王先生家庭有较强的风险意识和正确的理财观念。但对于有房贷和子女的家庭来说，长期风险防范还不够充足。在未做足长期保障的情况下进行大量投资后，一旦家庭需要用钱与投资亏损的时机重叠，家庭就会陷入财务困境。根据“保额为年收入的5～10倍，保费为年收入的10％”的原则来规划，王先生的保额应设置为125万～250万元，年交保费控制在2.5万元左右。王太太的保额可设置为30万～50万元，保费控制在1万元左右。王先生夫妇每年保费支出为3.5万元左右，加上孩子的保费5700元，家庭年保费一共4万元左右，可从年终奖中提取。

(3) 子女教育费用的保险需求

王太太对女儿未来的期望很高，希望为孩子准备100万元的教育费用。按3％的通胀率，8％的年投资收益率来测算，每月投资4911元即可在她18岁时筹备到100万元的教育基金。

王太太夫妇两人想两年内再生育一个孩子，并希望为第二个孩子3岁时上幼儿园准备10万元的费用。按3％的通胀率，8％的年投资收益率来测算，每月投资1578元即可在5年后筹备到10万元的教育基金。

子女教育费用总共为110万元，王先生需要每月定投基金额为6489元。目前王先生家庭已每月定投8000元，其中一部分可用于子女教育投资。

(4) 养老保险需求

王先生夫妇两人都有社保，社保可以保证基本的生活水平。如果期待未来的生活更加舒适，则需要筹备额外的养老金。王先生60岁退休，假设一直活到85岁以上，则需要筹备至少25年的养老生活费用；王太太退休年龄为55岁，她则需要筹备至少30年的养老生活费用。由于王太太退休时间早于王先生，所以可按王太太的退休时间来准备家庭的养老费用。按3％的通胀率，8％的年投资收益率，王先生夫妇两人目前的生活费用

3500 元来测算,需要准备养老金 234 万元。如果其中 50%由社保满足,另外 50%自行筹备,可通过每月定投 1802 元来筹备 117 万元的养老金。

王先生每月已定投基金 8000 元,扣除需要准备的子女教育定投费用 6489 元,余额为 1511 元,还需要补充 300 元的定投才能满足上述规划的需求。

3. 制订家庭保险理财规划

(1) 调整家庭资产配置

根据上述规划,王先生家庭收入支出发生了变化,见表 8-4。

表 8-4 基本规划做足后的王先生家庭年收入支出表

全年收入	金额/万元	占比/%	全年支出	金额/万元	占比/%
工资收入	24.6	68.26	生活支出	4.2	16.20
年终奖金	10	27.75	小孩支出	1.2	4.63
房租收入	1.44	4.00	赡养费用	2	7.72
			房贷支出	4.56	17.59
			保费	4	15.43
			基金定投	9.96	38.43
合　计	36.04	100	合　计	25.92	100.00
家庭全年结余	10.12				

(2) 调整家庭包括保险理财规划在内的投资规划方案

根据王先生激进的投资风格,在做好上述基本规划后,其结余的资金可用于投资组合获得理财收入。每年年末取得的年终奖刚好与结余资金额度相符,可在获得年终奖时将资金做不同的配置。将 6 万元投资于股票或股票基金,将 4 万元投资于债券或债券基金。股票或股票基金每年的分红收入可成为一笔理财收入,债券或债券基金的利息收入也可成为一笔理财收入。当理财收入超过日常生活支出和房贷时,王先生的家庭即可获得财务自由。具体实施策略如下:

① 将活期存款 20 万元,留出 5 万元作为应急准备金,以活期或货币基金的方式保留。

② 在长期保障方面,整个家庭的保障规划比较薄弱,特别是保障比较少,王先生只买了 20 万元的定期寿险,建议将保额增加至 30 万元,同时建议增加重疾险保障至 30 万元,以分散整个家庭的风险。王太太虽然不是家庭经济支柱,但是建议也增加保险额到 20 万～30 万元防范风险。小孩的保险保额为 50 万元,目前足够。建议王先生为父母购买消费型保险,比如意外险,保额 10 万元左右为宜。

③ 每月定投基金 8000 元可继续坚持,另外再增加每月定投 300 元的基金即可。建议对基金定投分开账户进行管理,一个账户专用于子女教育投资;一个账户专用于养老。

④ 每年结余的金额可根据王先生家庭的生命周期和风险偏好再做相应的资产配置,如 60%投资风险高的股票或股票基金,40%投资风险低的债券或债券基金等。

本章小结

投资型寿险是指包含保险保障功能并至少在一个投资账户中拥有一定资产价值的人身保险产品。投资型人寿保险除了提供同传统人寿保险一样的保障服务外,还可以让客户直接参与由保险公司管理的投资活动,其与传统寿险产品的不同之处在于,投资型寿险产品通常具有投资功能,客户的大部分保费记入由保险公司专门设立的投资账户中,由投资专家负责账户内资金的调动和投资决策。

投资型寿险产品主要包括分红保险、万能人寿保险和投资连结保险。分红保险是指保险公司将其实际经营成果优于定价假设的盈余,按一定比例向保单持有人进行分配的人寿保险。万能人寿保险是一种交费灵活、保险金额可调整的寿险。万能寿险的最大特点在于其保单的灵活性。投资连结保险是一种将保险和投资结合起来的新型金融产品。

购买投资型寿险产品的技巧:首先要准确分析个人保险需求;其次要充分考虑个人风险承受能力;最后要从经营水平、实力状况、服务质量等方面做好保险公司的选择。

投资型寿险规划流程:首先测算投资备用金规模;其次结合各投资型寿险产品的各自特点,进行投资型寿险险种选择;最后以不影响家庭经济生活为出发点,合理确定保险金额;在整个投资型寿险方案规划设计中,一定要注意投资风险的防范。

购买投资型寿险产品时的风险防范策略:一是购买投资型寿险产品前,消费者应对自身有较为准确的定位。二是购买投资型寿险产品前,消费者应对所选定的保险公司进行全方位考察。三是确定投资型寿险产品组合方案时,应遵循中长期投资原则。四是时时关注所投保险公司公告信息及投资账户收益。五是了解与保险相关的法律法规,能够维护自身权益。六是做到投保信息准确无误,便于保险公司联系通知。

思考与练习

一、简答题

1. 简述投资型寿险产品的定义与特点。
2. 简述分红保险、万能寿险、投资连结保险的特点。
3. 简述投资型寿险规划应注意的问题。
4. 简述投资型寿险产品规划流程。

二、案例分析

家在长沙市的余先生,35岁,公司职员,每月税后收入3000元,公司为其缴纳社会保险。妻子高校教师,32岁,年收入3.8万元,夫妇两人按揭购买一商品房,现值60万元,尚有15万元按揭款没还,每月需还款1080元。目前家庭生活月开支正常,基本生活、娱乐等各项开支平均每月2500元左右,家庭现有存款4万元。夫妇两人计划近期购买投资型寿险产品,请问如何为其设计?

第九章

家庭财产保险理财规划

学习目标

通过本章的学习，学生应掌握财产保险的承保与理赔方式；熟悉常见的财产保险种类；能够分析家庭财产面临的风险；确定财产保险需求量；掌握财产保险规划的流程；能够熟练地为客户量身订制财产保险规划方案。

案例导入

2010年11月15日14时，上海余姚路胶州路一栋高层公寓(500户)起火。公寓内住着不少退休教师，起火点位于10～12层之间，整栋楼都被大火包围着，楼内还有不少居民没有撤离。至11月19日，大火已导致58人遇难。

上海保监局统计数据显示，此次火灾理赔共涉及9家财险公司、34件案件。其中，社区综合责任险1件，保额500万元；家财险7件，保额142.66万元；房贷险9件，保额828.11万元；抵押物保险1件，保额90万元；财产险1件，保额87万元；车险15件，保额待查。此次火灾可以得到来自几个层面的保险保障：由上海市政府购买的社区综合保险，这一险种在全市覆盖率基本达到100%；家庭财产保险，但投保率不超过15%，上海市多数家庭没有财产保险；个人投保的人身意外伤害险，涉及身故和医疗，保费和保额直接挂钩，除了投保率不高外，还存在保额不足的情况。16日开始，保险公司快速启动理赔工作。太平洋保险按照保险协议约定向静安区支付保险金500万元。太平洋保险上海分公司承保了静安区江宁路街道社区综合保险，保障内容包括“社区居民住宅及公共设施火灾责任”、“社区公众责任”、“街道固定财产”、“团体人身意外伤害”。截至17日，人保财险上海市分公司共摸排出受灾案件7件：其中4件家财险报案、2件房贷险报案和1件车损险报案，共涉及赔款41.65万元。国寿财险和太平财险分别向遭受家庭财产损失的客户送上5万元和20万元理赔款。

为何家财险的投保率不足15%？如果有了家庭财产保险规划，在遭遇如此重大的火灾的时候，你是不是能够更从容地面对呢？

第一节 财产保险

一、财产保险的概念

财产保险又称产物保险或损害保险，可以从狭义和广义两个角度来理解。狭义的财产保险是指以有形物质财产为保险标的的保险；广义的财产保险是指以物质财产和有关利益及损害赔偿责任为保险标的的保险，包括责任保险、信用保证保险等。

二、财产保险的保险价值与保险金额

1. 保险价值

保险价值是保险标的在某一特定时期内可以用货币估算的经济价值。保险价值是财产保险的特有概念，它是确定保险金额与计算赔偿的依据。人身保险的保险标的是人的寿命和身体，具有不可估价性，因此，人身保险没有保险价值的概念，保险金额由合同双方当事人约定。以什么标准来确定保险价值？财产保险标的价值有客观的判断标准，这个标准就是市场价(实际价值)。在保险实务中，经保险合同当事人双方约定，保险价值也可以按照保险标的的原始账面价值、重置价值等方式确定。

2. 保险金额

保险金额是指保险人在保险合同中承担赔偿或者给付保险金额的最高限额。财产保险的保险金额是根据保险标的的保险价值来确定的，一般作为保险人承担对受损标的赔偿的最高限额，以及施救费用的最高赔偿额度，也是保险人计算保险费的依据。除合同另有约定外，保险金额不是保险人认定的财产价值，也不是保险事故发生时赔偿的金额，而仅是保险人承担赔偿责任的最高限额。

三、财产保险的基本承保方式

根据保险价值确定的时间以及保险价值确定的方式，财产保险的基本承保方式分为以下四种。

1. 定值保险

定值保险是投保时确定保险价值的承保方式。投保人和保险人签订保险合同时除根据保险价值确定保险金额外，还要约定保险价值并在合同中载明。保险标的发生保险事故时，不论当时该保险标的的市场价是多少，保险人均按保险单上约定的保险金额计算赔偿。如果是全部损失，按保险金额赔偿；如果是部分损失，则按保险标的的损失程度计算赔偿金额。

2. 不定值保险

不定值保险是与定值保险相对应的一种承保方式，投保人和保险人签订保险合同时不在合同中载明保险价值，只是以保险金额作为赔偿的最高限额。当保险标的发生保险事故造成损失时，再来估计其保险价值作为赔款计算的依据。当保险金额等于或大于保险价值时，按实际损失金额赔偿；当保险金额小于保险价值时，其不足的部分视为被保险人自保，保险人按受损标的的保险金额与保险价值的比例计算赔款。财产保险绝大部分险种都以不定值保险方式承保。

3. 重置价值保险

重置价值保险是投保人与保险人双方约定按保险标的的重置、重建价值确定保险金额的一种特殊承保方式。有些保险标的(如房屋、建筑物)，由于使用期限较长，如果按扣除折旧以后的实际价值投保，那么当保险标的受损后，被保险人从保险人那里获得的赔偿就不充分，不能使被保险人重置、重建保险标的以恢复生产经营。因此，为适应被保险人获得保险保障的需要，保险人对某些标的可以按超过实际价值的重置、重建价承保。重置价值保险的实质是一种超额保险，只不过这种保险是经过保险合同双方当事人约定的、保险人认可的超额保险。

4. 第一危险责任保险

第一危险责任保险是指经保险人同意，投保人可以以保险标的实际价值的部分投保，确定保险金额。保险金额一经确定，只要损失金额在保险金额范围内，即被视为足额保险，保险人就应按保险标的的实际损失赔偿。这种方式实质上是一种不足额保险，只不过是保险人认可的不足额保险，保险人对保险金额范围内损失全额赔偿，而不按保险金额与保险价值的比例进行分摊。这种承保方式之所以称为第一危险责任保险，是因为它把保险价值分为两个部分：保险金额范围内的部分是第一危险责任部分，该范围内损失由保险人负责赔偿；超出保险金额范围的保险价值部分称为“第二危险”，视为未投保部分，保险人不负赔偿责任。

四、财产保险的基本赔偿方式

1. 比例赔偿方式

比例赔偿方式主要适用于机动车辆保险、房屋保险、个体工商户财产保险等业务。这种赔偿方式的特点是按保险标的的保险金额与保险价值的比例计算赔偿金额。如果保险金额低于保险价值，则被保险人的损失金额不能全部得到赔偿。而且，在损失金额一定的情况下，保险金额与保险价值的比例越小，被保险人所得到的赔偿金额越少；保险金额与保险价值的比例越大，被保险人所得到的赔偿金额越多。其计算公式如下：

$$\text{赔偿金额}=\text{损失金额}\times\frac{\text{保险金额}}{\text{保险价值}}\text{(保险金额大于保险价值时取 1)}$$

2. 第一危险赔偿方式

第一危险赔偿方式主要在家庭财产保险的理赔时使用。这种赔偿方式的特点是，在保险金额范围内，赔偿金额等于损失金额。也就是说被保险人在保险金额范围内的损失，能够全部从保险人处获得赔偿。其计算公式为：

$$\text{赔偿金额}=\text{损失金额(不得大于保险金额)}$$

五、和家庭财产有关的主要险种

常见的与家庭财产有关的险种包括住房保险、住房抵押贷款保险、机动车辆保险、家庭财产保险、个体工商户保险和个人责任保险。

1. 住房保险

房屋保险属家庭财产保险范畴，主要保障火灾、爆炸、雷击等自然灾害和意外事故造成的房屋损失。房屋保险一般由屋主或住户投保。

(1) 房屋保险与家财险的区别

① 保障范围不同。房屋保险的保障范围是房屋的建筑结构；家庭财产保险的保障范围是室内财产，包括装修、家具、衣物等。

② 保险标的面临的风险不同。这两个险种的保险标的不同决定了风险不同。房屋

的建筑结构面临的主要风险是火灾、爆炸以及在保险范围内的自然灾害等;家庭财产除房屋建筑结构面临的风险外,还存在很大的盗抢风险、水管爆裂后的自身家庭财产损失和赔偿责任等风险,购买家庭财产保险的保户一般附加盗抢险和水管爆裂险。

③ 赔偿处理不同。房屋保险的保险标的的价值容易确定,而且保险标的一般不会变动,因此在投保时要尽可能足额投保,以获得充分的保障,对不足额投保的,在出险时保险公司将按比例赔偿;家庭财产的保险标的由投保人与保险公司事先约定,出现保险损失后,保险公司在保险金额的限度内,按实际损失金额赔付。家庭财产赔付时一般不适用比例分摊制。投保人在投保前,应仔细阅读保险条款,以免赔偿时发生不必要的纠纷。

(2) 保险责任

① 火灾、爆炸。

② 暴风、暴雨、雷击、冰雹、洪水、泥石流、地面突然塌陷、山体突然滑坡。

③ 空中运行物体坠落,以及外来的建筑物和其他固定物体的倒塌。

④ 在发生上述灾害或事故时,为防止事故蔓延或减少损失所采取的必要施救措施造成保险房屋的损失以及为此支付的合理费用。

(3) 责任免除

保险标的由于下列原因以及保险责任中未列明的原因所造成的损失和费用,保险公司不负赔偿责任。

① 战争、军事行动或暴乱。

② 核子辐射或污染。

③ 被保险人、房屋所有人、使用人、承租人、代看管人或其家庭成员的故意行为。

④ 保险标的因设计错误、原材料缺陷、工艺不善等内在缺陷以及自然磨损造成的损失和产生的费用。

⑤ 保险标的在正常保养、维修项目下发生的损失和费用。

⑥ 地震所造成的一切损失。

⑦ 由于政府行为所致的损失。

⑧ 其他不属于保险责任范围的损失和费用。

2. 住房抵押贷款保险

2004 年以后,我国各地陆续将房屋抵押贷款保险升级为房屋抵押贷款综合保险,简称"房贷综合险"或"房贷险",其保险责任、除外责任与住房保险基本一样,但是额外增加了还款保证条款:借款人在遭遇意外伤害导致身故或者残疾、丧失还款能力时,由保险公司偿还剩余的贷款本金。

对于房屋抵押贷款保险,若非银行强制要求投保,购房者大多认为能省则省,没必要为房子买保险。但是我们应该清楚,如果不买房贷险,购房者(借款人)面临的最大风险就是,一旦自身遭遇各种意外伤害导致失去还贷能力,所购房产就可能因为不能按时还贷而被银行收回。因为根据最新审议通过并已经执行的《最高人民法院关于人民法院执行设定抵押的房屋的规定》,对于被执行人所有的已经依法设定抵押的房屋,人民法院可以查封,并可以根据抵押权人的申请,依法拍卖、变卖或者抵债。而在银行实际操作中,银行完全可以参考贷款额和房屋价值的差价,在相对偏远地区对贷款人进行安置,对抵押房屋进行拍卖。因此,购房者在贷款买房时投保房贷险还是非常必要的。

3. 机动车辆保险

机动车辆保险，即汽车保险，简称车险，是指对机动车辆由于自然灾害或意外事故所造成的人身伤亡或财产损失负赔偿责任的一种商业保险。汽车保险是财产保险的一种，它伴随着汽车的出现和普及而不断发展成熟。2009年来，我国汽车产销量已连续三年位居全球第一，到2011年年末，中国汽车保有量已经突破1亿辆，成为仅次于美国的世界第二大汽车保有国。据《2013—2017年中国汽车保险行业市场前瞻与投资战略规划分析报告》数据显示，截至2011年年底，全国机动车保有量为2.25亿辆，其中私人汽车保有量7872万辆，增长20.4%；民用轿车保有量4962万辆，增长23.2%，其中私人轿车4322万辆，增长25.5%。围绕着汽车的开支已经成为家庭的一项重要支出。

机动车辆保险一般包括交强险和商业险，商业险包括基本险和附加险两部分。基本险分为车辆损失保险和第三者责任保险、全车盗抢险（盗抢险）、车上人员责任险（司机责任险和乘客责任险），附加险包括玻璃单独破碎险、划痕险、自燃损失险、涉水行驶险、无过失责任险、车载货物掉落责任险、车辆停驶损失险、新增设备损失险、不计免赔特约险等。

(1) 交强险

交强险的全称是“机动车交通事故责任强制保险”，是由保险公司对被保险机动车发生道路交通事故造成受害人（不包括本车人员和被保险人）的人身伤亡、财产损失，在责任限额内予以赔偿的强制性责任保险。

① 责任限额。

2008年2月1日以后交强险的责任限额进行了调整，目前，机动车在道路交通事故中有责任的赔偿限额为：

死亡伤残赔偿限额110 000元人民币。

医疗费用赔偿限额10 000元人民币。

财产损失赔偿限额2000元人民币。

机动车在道路交通事故中无责任的赔偿限额为：

死亡伤残赔偿限额11 000元人民币。

医疗费用赔偿限额1000元人民币。

财产损失赔偿限额100元人民币。

② 赔偿。

被保险机动车发生道路交通事故造成本车人员、被保险人以外的受害人人身伤亡、财产损失的，由保险公司依法在机动车交通事故责任强制保险责任限额范围内予以赔偿。道路交通事故的损失是由受害人故意造成的，保险公司不予赔偿。

有下列情形之一的，保险公司在机动车交通事故责任强制保险责任限额范围内垫付抢救费用，并有权向致害人追偿；发生道路交通事故的，造成受害人的财产损失，保险公司不承担赔偿责任。

驾驶人未取得驾驶资格或者醉酒的。

被保险机动车被盗抢期间肇事的。

被保险人故意制造道路交通事故的。

(2) 车辆损失险

车辆损失险的保险标的，是各种机动车辆的车身及其零部件、设备等。当保险车辆遭受保险责任范围的自然灾害或意外事故，造成保险车辆本身损失时，保险人应当依照保险合同的规定给予赔偿。

车辆损失保险的保险责任，包括碰撞责任与非碰撞责任，其中碰撞是指被保险车辆与外界物体的意外接触，如车辆与车辆、车辆与建筑物、车辆与电线杆或树木、车辆与行人、车辆与动物等碰撞，均属于碰撞责任范围之列；非碰撞责任指保险车辆由于自然灾害或意外事故，造成本车的损失。

(3) 第三者责任保险

机动车辆第三者责任险，是承保被保险人或其允许的合格驾驶人员在使用被保险车辆时，因发生意外事故而导致的第三者的损害索赔危险的一种保险。

机动车辆第三者责任保险的保险责任，即是被保险人或其允许的合格驾驶员在使用被保险车辆过程中发生意外事故而致使第三者人身或财产受到直接损毁时被保险人依法应当支付的赔偿金额。

(4) 盗抢险

盗抢险负责赔偿保险车辆因被盗窃、被抢劫、被抢夺造成车辆的全部损失，以及期间由于车辆损坏或车上零部件、附属设备丢失所造成的损失。

(5) 车上人员责任险

车上人员责任险是以驾驶员、乘客作为保险对象，对其在车辆使用过程中发生意外事故造成保险车辆上人员的人身伤亡，依法应由被保险人承担的经济赔偿责任，保险人负责赔偿。车上人员每人责任限额和投保座位数由投保人和保险人在投保时协商确定。投保座位数以保险车辆的核定载客数为限。

(6) 附加险

机动车辆保险的附加险是机动车辆保险的重要组成部分。从我国现行的机动车辆保险条款来看，主要有自燃损失险、涉水行驶损失险、新增加设备损失险、不计免赔特约险、驾驶员意外伤害险、指定专修险等，保险客户可根据自己的需要选择加保。

(7) 车贷险

车贷险是指购车人在向银行申请汽车贷款时，除将所购之车作为抵押物外，还向保险公司申请购买车贷保证保险。

当投保车主在保险合同有效期内遭受意外伤害，导致身故或者经鉴定达到一级至四级伤残；投保人自保险期间开始 180 日后(不含第 180 日)初次罹患疾病，导致身故或者鉴定达到一级至四级伤残，由保险公司完全承担贷款本息余额的还款责任。

车贷险还承担“无理由”不还款的情况，当投保车主连续三个还款期未履行还贷责任，银行通过拍卖车辆实现抵(质)押权后，所获资金不足以清偿未偿还的贷款本息的，保险公司负责赔偿差额部分。不过，银行也要承担 10%的损失。

4. 家庭财产保险

家庭财产保险简称家财险，是以城乡居民的有形财产为保险标的的一种保险，是个人和家庭投保的最主要险种之一。被保险人所有、使用或保管的、坐落于保险单列明的地址的房屋内的财产，可以以约定范围向保险人投保家庭财产保险。目前我国市场上销售的家财险主要有普通家庭财产保险、定期还本家庭财产保险、长效还本家庭财产保险、家庭财产两全保险、投资型家庭财产保险。

(1) 保险标的

凡是坐落、存放于保险单所载明地址的下列家庭财产,均可以投保。

① 被保险人的自有财产,包括房屋及其附属设备(含租赁)和室内装修材料;存放于室内的家用电器、文化娱乐用品及其他生活资料。

② 经被保险人与保险人特别约定,并且在保险单上载明属于被保险人代他人保管,或者与他人共有的上述财产。

(2) 保险责任

保险责任范围内的自然灾害或意外事故,具体包括以下内容。

① 火灾、爆炸。

② 雷击、冰雹、洪水、海啸、地面突然塌陷、崖崩、泥石流、雪灾、冰凌及龙卷风。

③ 因空中运行物体的坠落及外界建筑物和其他固定物体的倒塌砸坏保险财产的损失。

④ 暴风、暴雨使房屋主要结构(外墙、屋顶、屋架)倒塌造成的损失。

⑤ 因防止灾害蔓延或因施救、保护所采取必要的措施而造成保险财产的损失和支付的合理费用。

(3) 保险金额

普通家庭财产保险中,室内财产的保险金额由投保人根据家庭财产的实际价值自行分项确定,房屋及室内附属设备、室内装潢的保险金额则由投保人根据购置价或市场价自行确定。

① 确定总保险金额。保险单只列明保险财产的总保险金额,保险人只要求投保人根据投保财产价值确定投保的保险金额,不分别确定不同类别的财产的保险金额。

② 先确定分项财产保额,后确定总保险金额。是投保人按照保险人提供的投保单所列明的投保的类别分项列明保险金额,或者列明投保财产的名称及其保额,然后将各个类别的财产保险金额之和作为总保险金额。

5. 个体工商户保险

(1) 保险对象

凡经营小型工业、手工业、建筑业、商业、饮食业、服务业、修理业、房屋修缮业及其他行业(不含运输业、种植业、养殖业)的个体工商业户和合作经营组织(含以联户,联办等形式经营的小型联合体)均可参加本保险。

(2) 保险财产

凡是坐落或存放于保险单所载明地点的财产,不论其为被保险人(即参加保险的个体工商业户和合作经营组织,下同)所有,或替他人销售、加工、修理或与他人共有而由被保险人负责的均可按照下列项目的要求,向保险公司投保。

① 房屋及其附属设备、机器设备。

② 原辅材料、商品(含代销商品)、产品(含代加工、代修理物品),在产品、营业用工具(含三轮车、架子车)、器具。

③ 自用大型家具(床、柜、写字台)和家用电器(电冰箱、电视机、洗衣机、录像机、空调机、电风扇、收录机等)。

(3) 保险责任

保险财产由于下列原因造成损失,保险人负赔偿责任。

① 火灾、爆炸、雷电、冰雹、洪水、龙卷风。

② 暴风、暴雨使房屋主要结构(外墙、屋顶、屋架)倒塌造成保险财产的损毁,以及屋顶瓦片被暴风雨毁坏所造成保险财产的损失。

③ 来自保险地址外部的固定物体倒塌、坠落、飞入和冲撞。

④ 存放在保险地址(不含固定摊位)室内、院内、仓库的保险财产,因遭受外来的、有明显痕迹的盗窃或抢劫所致损失(作附加险责任)。

⑤ 因防止灾害蔓延或因施救、保护而采取必要措施造成保险财产的损失和支付的合理费用。

6. 个人责任保险

个人责任保险是指在保险期间因个人或家庭成员(被保险人)的过失而发生意外事故并造成第三人人身伤害、死亡,或财物损失,依法律规定承担赔偿责任时,保险公司将对被保险人负赔偿责任的保险。

在日常生活中,人们除了驾驶机动车可能造成对第三方的赔偿责任外,还面临很多责任风险,如作为业主,因为装修导致水管爆裂使邻居家被淹受损;作为监护人,因未成年子女顽皮引发赔偿;作为雇主,因家中雇佣的保姆发生意外需支付医疗费;作为宠物饲养者,爱犬咬伤他人等。一旦发生上述事故,当事人不仅需要赔偿高额的医疗费、财产损失费,还有可能支付律师费、诉讼费等法律费用。

个人责任保险作为一项保险业务,在西方发达国家由若干具体险种组成。从国外个人责任保险的发展实践来看,比较流行的个人责任保险业务有以下六种。

(1) 住宅责任保险

住宅责任保险是一种个人静物责任保险,承保由于被保险人的住宅及住宅内的静物(如家用电器、液化气灶和阳台上的花盆等)发生意外事故致使其雇佣人员(如保姆或家庭教师)或客人或在住宅附近通行的他人遭受伤害或其财产被损毁,根据法律应由被保险人承担的经济赔偿责任。

(2) 个人运动责任保险

个人运动责任保险承保个人或其家庭成员在运动时由于意外事故或过失致使他人的身体伤害或财产损毁,根据法律应由被保险人承担的经济赔偿责任。其承保区域范围一般指住宅外的活动。

(3) 综合个人责任保险

综合个人责任保险是普遍适用的综合性个人责任保险,承保个人或其家庭成员在居住、从事体育活动及其他一切日常活动中致使他人身体伤害或财物损毁,根据法律应由被保险人承担的经济赔偿责任。其承保的区域范围广,承担的责任风险大,是非常受欢迎的个人责任保险业务。

(4) 职业责任保险

职业责任保险承保医生、律师、会计师及其他专业技术人员的职业风险责任。凡是上述人员因工作中的疏忽或过失导致他人身体伤害或财物损毁,根据法律应由上述人员承担损害赔偿责任的,保险人均负责补偿。其特点是责任事故的发生及其损害后果须与被保险人的职业活动有关,且不包括被保险人日常生活中的个人责任。

(5) 个人超额责任保险

个人超额责任保险承保超出个人正常责任之外的责任，或超出某一规定自留风险额之外的部分，且该自留风险虽未经基本保单承保但也不属于超额保单的除外责任。例如，该保单适用于人身伤害或财产损失所引起的损害。它对人身伤害的保障要比屋主保单更为广泛。除人身伤害外，超额保单还承保非法拘捕、非法监禁、非法驱逐、非法拘留、诬告、口头或书面诽谤、人格诋毁和对隐私的侵犯。个人超额责任保险的另一个重要作用是赔付基本保单不承保的法律诉讼费用，以及基本保单责任限额用尽之后发生的法律费用。大多数个人超额责任保单都是在保单限额之外赔付抗辩和相关费用的。

2009 年 9 月，中国人民财产保险股份有限公司针对网络渠道推出了"e-有责无忧"个人责任组合保险产品，包括个人综合责任保险、居家责任保险、监护人责任保险、电动自行车第三者责任保险、体育运动责任保险、家庭雇佣责任保险、家政服务人员第三者责任保险、房屋出租人责任保险、家庭宠物责任保险。

第二节 家庭财产保险规划流程与方法

一、家庭财产的构成及面临的风险

1. 家庭财产的构成

家庭财产主要由四部分构成：家庭金融资产、房产、家庭主要耐用消费品现值和家庭经营资产。

(1) 城市居民家庭金融资产主要由储蓄存款、股票、基金、国库券、其他有价证券、储蓄性保险、现金、住房公积金余额等组成。

(2) 房产包括房屋自身价值和装修附加价值两部分。

(3) 家庭主要耐用消费品及非耐用消费品包括汽车、家用电器、家具、服装、文化娱乐用品、生活用品等。

(4) 家庭经营资产主要由固定资产现值(扣除贷款)和自有流动资金两部分组成。经营方式上有投资固定铺面(摊位)、开办公司或企业、经营饭店、商铺等。个体企业生产、经营用的厂房、工具、器具、原材料、商品等，一般不投保家庭财产保险，而是投保个体工商户和合作经营组织财产保险，但是这些财产属于城乡居民家庭或个人所有，可纳入家庭财产的范畴，因此与家庭财产保险规划密不可分。

2009 年清华大学中国金融研究中心开展了全国性的抽样调查，调研结果显示，在我国家庭资产构成中，房产是最主要的资产，占比 62.72%，而现金、活期存款和定期存款占比超过 15%，表明"储蓄"仍是大多数中国人选择的方式。

2. 家庭财产面临的风险

家庭面临的财产风险，主要有：

(1) 物产损失风险。我国是自然灾害多发的国家，家庭物产面临着各种自然灾害的威胁，台风、洪水、地震是导致居民财产损失最大的威胁。另外，火灾、雷电、爆炸、水暖管破裂、交通事故、盗窃等意外事故也是导致家庭财产损失的主要原因。

(2) 民事责任风险。2010年7月1日我国正式实施《侵权责任法》，家庭面临的潜在民事责任风险日益增加。家庭成员的个人侵权行为(如小孩玩火引起邻居家火灾)会导致受害者的索赔；家庭所有或管理的静物发生意外而导致他人财产损失或人身伤亡(如住宅因施工缺陷倒塌而连带损害邻居住宅)，或家庭饲养的各种动物伤害他人，均要依法承担法律赔偿责任。

案例

刘若英装修致邻居房屋渗漏　法院判决赔18万元

中国台湾明星刘若英2008年因装修住宅期间，大规模装设按摩浴缸导致楼下邻居天花板渗漏，遭陈姓邻居投诉并要求修葺，双方多次谈判不果，最终闹上法庭。

一审时台北法院判刘若英需赔偿逾16万港元(约人民币13万元)，陈姓邻居因不服判决二次上诉。2012年4月10日二审判决，刘若英被判再加码赔偿逾63 000港元(约人民币5万元)，作为陈姓邻居房屋修缮期间其他损失的费用。经两轮判决后，刘若英合计要赔偿约22万港元(将近18万元人民币)。

资料来源：http://enjoy.eastday.com/e/20120411/u1a6479576.html.

(3) 个体企业风险。这里所指的个体企业主要是指个体工商业者及合作经营组织，包括个体劳动者、手工业者、小商小贩、合伙经营企业等。个体和合伙企业因其财产与家庭财产混在一起，人们实际上要对个体和合伙企业承担无限责任。个体和合伙企业因为天灾人祸而招致的重大损失，不可避免地会殃及他们的家庭财产。企业破产实际上往往意味着家庭的破产。

二、家庭财产保险规划的作用

日常生活中，自然灾害和意外事故是不可避免的，但是发生的时间、地点和损失范围等都是不确定的。而个人和家庭对风险的预测能力有限，对危险造成的损失的抵御能力也是有限的。危险一旦发生，就会给家庭财产造成损失，尤其是发生洪水、地震、火灾、公路交通事故等重大灾害或事故时，必然导致家庭财富减少，生活水平下降，甚至会造成倾家荡产的严重后果。因此，家庭同样需要重视风险管理，必要时利用保险的方式来转嫁自己的各种风险。

通过家庭财产保险和中小企业财产保险的规划，能将人们生活中无法预料的灾害事故损失转化为少量的、固定的保费支出，一旦发生承保范围内的灾害事故，就能按保险合同约定的条件及时得到保险赔偿，重新恢复生活，还可以减少家庭收入下降和费用增加等间接损失，保证家庭财务的稳定。

三、家庭财产保险规划的流程

一个完整的家庭财产保险规划的流程应该包括家庭财产风险管理，测算家庭财产保险需求，估算家庭现有的财务能力，设计、执行和调整保险方案。家庭财产保险规划的基础是测算家庭财产保险需求并估算家庭的财务能力。家庭财产保险规划的流程如图 9-1 所示，就是首先通过对家庭财产面临的主要风险进行分析和家庭财产保险需求的测算，得出需要的财产保险险种和保险总额，同时根据家庭现有的财务能力估算出能够承受的保险金额，然后根据家庭的具体情况选择合适的险种，最后制订家庭财产保险规划方案。

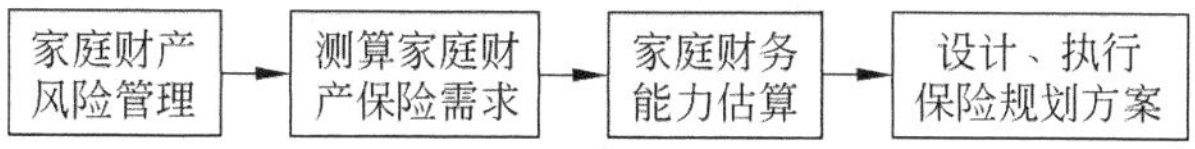

图 9-1　家庭财产保险规划流程图

1. 家庭财产风险管理

1）风险识别

风险的识别是整个风险管理过程的第一步，也是最重要的一步。风险识别就是风险主体运用各种方法系统、全面地认知自身面临哪些潜在风险的过程。个人（家庭）面临的潜在风险包括财产风险和责任风险。其中财产风险包括财产直接损失及因财产损毁而引起的间接经济损失。对责任风险的认知取决于当地生活水平、个人（家庭）的生活方式、居住的环境条件、意外事故的严重程度及法院可能判决的民事责任损害赔偿金额。对于家庭面临的潜在风险我们可以利用下面两个方法进行识别。

（1）个人（家庭）资产负债表。利用表 3-3 的个人（家庭）资产负债表来识别和发现个人或家庭所面临的财产、责任等风险。

（2）保险调查法。采用保险调查法进行风险识别有两种形式：一是通过保险险种一览表，个人或家庭选择需要的险种。这种方法仅仅对可保风险进行识别，对不可保风险则无能为力。二是委托保险人或者保险咨询服务机构对该家庭的风险管理进行调查设计，找出各种潜在的财产和责任风险。

2）风险衡量

财产风险的衡量是运用一定的方法对特定家庭风险的损失概率和损失程度进行估计与衡量，用以评价风险对预定目标的不利影响及其程度，为选择风险处理方法和进行风险管理决策提供依据。

（1）损失概率。损失概率是指风险损失在一定时间范围内实际发生损失或预期发生损失的数量与所有可能发生损失的数量的比值。

（2）损失程度。衡量家庭财产在一次风险事故中发生的损失额度。

（3）综合评估。把损失概率和损失程度结合起来，对家庭财产风险进行综合评估。根据风险管理原理，我们将损失分为最大可能损失和最大预期损失，由于最大预期损失考虑了损失概率的因素，因而是我们进行风险衡量的主要指标。

3）风险响应

风险响应指的是针对风险而采取的相应对策。家庭风险管理方法主要分为控制型风险管理技术与财务型风险管理技术。

（1）控制型风险管理技术包括避免、预防、抑制等。①避免。这是一种简单彻底的方法，但同时也丧失机会，有时候避免了一种风险，又会产生新的风险。②预防。通过消除或减少风险因素降低损失，如经常锻炼，定期体检，减少发病机会，对疾病早发现早治疗，减少重大疾病带来的损失。③抑制。是指发生损失时，尽量降低损失程度，如消防设备可以降低火灾带来的损失。

(2) 财务型风险管理技术包括自留风险和转移风险。自留风险是指风险自我承担，比如普通感冒发热，发生频率高，但负担小，我们就可以不用通过保险而自己解决。自留风险的最大好处是成本低、方便有效，但在个人及家庭财务管理方面，自留风险一定要有度，否则可能给我们带来巨大损失。比如重大疾病，一旦发生，可能带来几十万元的医疗费用，对普通老百姓来说就是非常沉重的负担，也就必须转移风险。转移风险包括财务型非保险转移风险，将风险转移给另外的一些个人或单位去承担，如保证互助、基金会等，但会受到规模、信誉等各方面影响。另外，就是通过保险转移风险，将家庭及个人面临的财务风险转移给保险公司，投保人交纳保费，保险公司在合同规定的范围内承担补偿或给付责任。

保险是进行风险管理最有效的方法之一，人们通过保险，可以把将来不确定的大额损失(如大病费用)转变为确定的小额支出(保费)，也可以将未来大额的或持续性的支出(如养老金)转变为目前固定的或者一次性的支出(保费)，从而提高我们的资金收益。

4) 方案实施与控制

制定了合适的风险管理方案后，接下来就涉及如何实施的问题。例如，人们可以根据自己的个体企业的风险状况和自己的风险承受能力，确定合适的险种、免赔额、保单限额，直接到保险公司购买保险，或者通过代理人、经纪人等中介购买相应的保险。如果认为某些风险可以自留，就需要准备足额的储蓄来应对。

在实施阶段，原来合适的风险管理计划和险种组合方案可能因为种种内外因素的变化而不再合适，这时就需要根据新的情况进行调整。

2. 测算家庭财产保险需求

测算家庭财产保险需求的目的是估算家庭财产风险损失大小，确定需要的保险种类与保险金额。在估算家庭财产的价值时，可以列出一个清单。例如，对于房屋可以按照购置价或市场价来确定；对于家庭财物，可以依据大件商品如冰箱、彩电、计算机、家具、贵重衣物等的购物发票，结合其使用年限，估算每件物品的实际价值，对于旧的物品还要计算其残值。

个体工商户与个体企业保险需求总量的确定相对复杂。首先，相对于家庭而言，它们拥有的财产价值大得多，面临的风险也更为复杂，除了火灾、爆炸、雷击、盗窃意外风险，还会遇到职业责任、雇主责任、特殊机器设备损坏等风险。同时，餐饮业、服务业、交通运输业、文化娱乐场所等不同的个体工商户、个体企业面临的风险不同，需分类别详细考虑其保险需求总量。

3. 家庭财务能力估算

一般来说，保险金额越高，缴纳的保险费相应也越多，所以应量力而行，根据家庭的需要、收入状况确定适当的保险金额。要估算家庭现有的财务能力，还需审查家庭的资产负债情况，以及保险替代品如储蓄、股票、基金等给家庭带来的保障，从而用最合理的投入获得最大的家庭财产安全保障。

4. 设计、执行保险规划方案

设计家庭财产保险方案时，要结合家庭所面临的风险选择适合的险种，根据家庭财务状况、经济能力选择合理的保障程度。同时，随着时间的推移，家庭可能面临新的风险，保险需求、收入水平也会出现变化。因此在执行保险方案的过程中，要根据实际情况的变化进行调整，从而使家庭财产安全能获得充分的保障。

但是需要注意的是，财产保险与意外伤害保险都具有典型的"低费用、高保障"特点，家财险的费率一般在3‰～6‰之间，如果通过网上渠道购买还有折扣。比如一栋房产价值100万元，足额投保的话，每年保费300～600元，一般家庭都是能够承受得了的。

四、住房保险规划

2010年9月17日，清华大学经管学院副院长廖理在第四届中国消费金融论坛上公布的《中国消费金融与投资者年度教育报告》显示，中国城镇家庭中85%的受访者拥有自家房产，房产占家庭总资产比重高达73.44%。[①] 按照国家统计局住户调查办公室在2011年3月公布的数据，至2010年年底，我国城镇居民家庭自有住房率为89.3%，其中11.2%的城镇居民家庭拥有原有私房；40.1%的家庭拥有房改私房；38.0%的家庭拥有商品房。[②] 随着我国城镇化的不断推进，房地产价格不断攀升，房产已经成为我国普通家庭中最为重要的财产。因此，家庭住房保险规划就显得尤为重要。

1. 住房风险分析

一般而言，风险事故有可能发生在住房的生产、流通和消费等任何一个环节。这些风险事故，就构成了住房风险，主要包括火灾、台风、龙卷风、暴雨、洪水、爆炸、地震、泥石流等，对于贷款抵押房屋而言还涉及房屋还款等风险。

(1) 各种自然灾害带来的风险损失。

① 火灾风险。火灾一向被视为财产损失的罪魁祸首，它给家庭带来的灾难更是无法估量的。据消防部门的统计显示，在所有的火灾比例中，家庭火灾已经占到了全国火灾的30%左右。火灾不仅会使家庭财产毁于一旦，严重的还会造成人身伤亡。如2010年11月15日，上海市静安区某高层公寓大楼发生的重大火灾事故，造成58人死亡、71人受伤，建筑物过火面积12 000平方米，直接经济损失达1.58亿元。引起家庭火灾的原因有很多，如儿童玩火、吸烟、用电不规范、天然气泄漏、家电起火等。

② 爆炸风险。爆炸包括物理爆炸和化学爆炸。家庭中遇到的物理爆炸，如使用高压锅的方法不当而引起的爆炸，微波炉使用不当引起的爆炸等；化学爆炸主要是煤气、燃气泄漏，遭遇明火或开关电源时引起爆炸等。爆炸在瞬间即可产生破坏力，不仅会引发火灾，而且可能危及生命。

③ 雷击风险。雷电是不可避免的自然灾害，地球上每一秒钟有100次以上的雷击现

---

① http://www.caijing.com.cn/2010-09-17/110524265.html.

② http://house.people.com.cn/GB/14084366.html.

象。雷击破坏力巨大。中国建造的世界上最大的水力发电站——三峡水电站，电站的装机总容量为1820万千瓦，只有一次雷电功率的千分之一。联合国国际十年减灾委员会公布的十大自然灾害中，因雷击造成的损失占26.6%，远远超过了水灾（2.6%）、火灾（8.2%）、失窃（8.9%）所造成的损失的总和。

④ 台风、龙卷风、暴雨风险。台风、龙卷风以及由此带来的暴雨所造成的内涝损失，往往会给家庭财产带来较大的损失。2013年10月7日，强台风"菲特"导致浙江余姚全市雨量达500.6毫米，其中最大降雨量达到819毫米，遭遇百年一遇的洪涝灾害，中心城区及姚江下游乡镇都不同程度被淹没，直接经济损失初步估计超过200亿元。

（2）出租房屋租金损失。将自有房屋出租，不仅使房屋面临由于自然灾害、火灾、爆炸等意外事故而引起的风险，而且要面临房客恶意破坏行为造成房屋及屋内财产损失的风险，同时也有可能造成因无法使用所致的租金损失。

（3）贷款抵押房屋的风险。贷款抵押房屋也存在很多风险。首先，如果所购房屋遭受物质损失，就会直接导致房产所有人的财产损失；其次，如果贷款人由于家庭收入减少或者疾病、意外死亡等其他变故致使其不能还款，抵押房产就有被银行收回处置的风险；最后，贷款抵押房屋还会面临银行利率变化、通货膨胀等风险。

2. 住房保险规划

（1）投保家庭财产保险

自有住房以及室内装饰、装修及附属设施属于家庭财产保险的可保财产，投保该险种后，可以保证保险标的在遭受自然灾害和意外事故而发生损失时，获得经济补偿。

（2）住房抵押贷款保险

投保"房贷险"虽然是贷款银行的强制要求，但是却能有效防范贷款人由于家庭收入减少或者疾病、意外死亡等其他变故致使其不能还款，导致抵押房产被银行收回处置的风险，因此投保"房贷险"还是非常必要的。

（3）保险金额的确定

根据保险损失补偿原则，被保险人能够获得的损失补偿不能超过其实际损失。因此，保险金额应该参考房产的实际价值，并适当加上通货膨胀等因素来确定。如果保险金额低于房产的实际价值，一旦出险，保险人的赔偿金额按保险金额与保险价值（实际价值）的比例计算，房主将无法获得充分的保障。

五、普通家庭财产保险规划

1. 风险管理

普通家庭财产主要是指除房产以外的其他家庭财产，包括家电、家具、服装及床上用品、生活娱乐设施，还有一些属于不可保财产，比如金银、珠宝、首饰、古玩、货币、古书、字画等珍贵财物。对普通家庭财产而言，其面临的风险除火灾、雷击、爆炸等各种灾害以外，还有盗窃、水暖管爆裂等。

（1）盗窃风险。虽然中国的许多家庭在防盗的问题上下足了功夫，但入室盗窃案件的发生率仍然居高不下。入室盗窃、抢劫风险已经成为城镇居民家庭财产面临的主要风险。

(2) 水暖管爆裂风险。随着房屋寿命的增加,房屋内的水管、暖气管道、太阳能管道也随之老化,水温、气温、压力的变化容易导致管道爆裂。此外,装修过程中的工艺不良、方法不当、建材质量问题也都是导致管道爆裂的主要原因。此类风险一旦发生,不仅导致屋内财产损失,还会影响到楼下住户的利益,不可小视。

对于可保财产,我们可以通过保险的方式转移风险,对于不可保财产而言,只能选择自留风险,并采取控制性风险管理技术。

2. 保险规划

(1) 考虑家庭现有财产的保障能力。家庭财产的保险需求是家庭财产保障需求总量与家庭现有风险融资资源的差额。小额的家庭财产损失可以通过自身的财务保障能力得到弥补,对于家庭现有融资能力不能弥补的风险损失,则要考虑采用保险方式来转移,即通过投保家庭财产保险,转嫁家庭财产面临的风险。

(2) 制定保险规划方案。普通家庭财产是按照不定值的方式投保的。一般有两种方法确定保险金额:一是确定总保险金额,保险单上只列明投保财产的总保险金额,保险人要求投保人根据投保财产的价值来确定保险金额,无须分别确定不同种类财产的保险金额;二是先确定分项财产保额,再确定总保险金额。这时投保人提供的总保险金额为各项保险金额之和,对投保人来说,分项越详细,保险金额就越接近投保财产的实际价值。在实际操作中,投保人按照保险人提供的保险单,分项列明投保财产的名称及保险金额,然后加总成为总的保险金额。

(3) 执行保险计划。在执行保险规划方案的过程中,并不意味着投保人可以高枕无忧,一旦发生保险事故就可以得到赔偿。投保人还负有防损防灾的义务,应尽可能地采取一切措施防止事故的发生,维护保险财产的安全,并在发生自然灾害和意外事故时及时施救,施救过程中产生的合理费用将由保险人予以补偿。同时,由于家庭所面临的环境、家庭收入、家庭财产都在不断地发生变化,因此还要及时调整家庭财产保险金额,以使投保人能够获得充足的保障。

六、机动车辆保险规划

国际经验表明,人均 GDP 超过 1000 美元时,汽车开始进入家庭,人均 GDP 超过 3000 美元时,消费形态进一步升级,私人汽车呈现快速增长。2008 年我国人均 GDP 超过 3000 美元,从 2009 年到 2012 年年底我国私人汽车年均增长率达到 23.7%,2011 年年底每百户家庭拥有汽车超过 18.6 辆。可见,汽车已在我国普通家庭越来越普及,成为家庭的一项重要支出。

1. 风险管理

由于汽车的运动特性,使得汽车在保有、使用过程中必然面临多种风险。

(1) 意外事故,如火灾、雷击、爆炸,空中运行物体坠落、地陷、载运被保险车辆的渡船发生意外等。

(2) 各种自然灾害,包括台风、洪水、暴雨、暴风、泥石流、地震等。

(3) 交通事故,如碰撞、倾覆等。我国道路交通事故发生率是发达国家的十几倍,交通事故死亡人数居世界第一,死亡人数占全国安全生产事故总死亡人数的80%。交通事故造成的经济损失越来越大,社会危害日益严重。

2. 测算保险需求

汽车保险需求的测算通常考虑下面几个因素。

(1) 车主自身的风险承受能力。车主可以根据自己的财务状况、经济承受能力来选择除第三者责任外的其他险种和每次事故的免赔额。一般来说,车主选择的免赔额或免赔率越高,能够得到的价格折扣也越大。

(2) 车辆自身的状况及使用性质。包括车辆的使用年限、车辆的价格、车型、车辆常用配件的价格及车辆的使用目的等。新车被盗的概率较高,因此购车后的前几年应投保盗抢险;高档车维修成本较高,应投保车身损失险,并要考虑适当的免赔额。车辆的使用目的分为营运车辆和非营运车辆。营运车辆上路行驶的时间长,出险概率大,应投保保险金额较高的车身损失险及第三者责任险。

(3) 驾驶人员状况。驾驶人员的驾龄、年龄、婚姻、职业、受教育程度、驾车偏好、收入水平等与行车的风险有很大的关系。统计表明,男性、青年人、单身、驾龄较短及收入较低的驾驶员更容易发生交通事故,因此应考虑责任限额较高的第三者责任险及车身损失险。

3. 保险规划

制订汽车保险规划方案时,投保人应重点关注保险条款中的保险责任、除外责任、权利与义务、赔偿处理的规定,然后结合自身的需要和经济能力选择保险方案。

以下介绍5个比较典型的汽车保险方案。

方案一:最低保障方案。

最低保障方案是专门为那些怀有侥幸心理,认为上保险没有用的车主或急于拿保险单去上牌照或验车的车主设计的一款保险方案。

(1) 险种组合:机动车交通事故责任强制保险。

(2) 保障范围:只对第三者的损失负赔偿责任。

(3) 适用对象:急于上牌照或通过年检的个人。

(4) 优点:可以用来应付上牌照或验车。

(5) 缺点:一旦撞车或撞人,对方的损失能得到保险公司的一些赔偿,但是自己车的损失只能由自己负担。

方案二:基本保障方案。

基本保障方案是为自己的车和第三者的人身伤亡和财产损毁寻求保障的车主设计的一款保险方案。

(1) 险种组合:交强险+车辆损失险+第三者责任险。

(2) 保障范围:投保基本险,不含任何附加险。

(3) 适用对象:有一定经济压力的个人或单位。

(4) 优点:必要性最高。

(5) 缺点:不是最佳组合,最好加入不计免赔特约险。

方案三：经济保险方案。

经济保险方案是为精打细算车主设计的一款保险方案，它包含了最必要、最有价值的险种。

(1) 险种组合：交强险＋车辆损失险＋第三者责任险＋不计免赔特约险＋全车盗抢险。

(2) 适用对象：个人。

(3) 优点：投保最有价值的险种，保险性价比最高。人们最关心的丢失100%赔付等较大风险都得到了保障，保费不高，但包含了比较实用的不计免赔特约险。

方案四：最佳保障方案。

最佳保障方案是在经济保险方案的基础上，加入了车上责任险和玻璃单独破碎险，使乘客及车辆易损部分得到安全保障的一款保险方案。

(1) 险种组合：交强险＋车辆损失险＋第三者责任险＋车上人员责任险＋玻璃单独破碎险＋不计免赔特约险＋全车盗抢险。

(2) 适用对象：一般公司或个人。

(3) 优点：投保价值大的险种，不花冤枉钱，物有所值。

方案五：完全保障方案。

完全保障方案是投保险种最全面的一款保险方案。

(1) 险种组合：交强险＋车辆损失险＋第三者责任险＋车上人员责任险＋玻璃单独破碎险＋不计免赔特约险＋新增加设备损失险＋自燃损失险＋全车盗抢险。

(2) 适用对象：机关、事业单位、大公司。

(3) 优点：几乎与汽车有关的全部事故损失都能得到赔偿。

(4) 缺点：保全险保费较高，某些险种出险的几率非常小。

延伸阅读

汽车保险购买原则

一、优先购买足额的第三者责任保险

所有的汽车保险险种第三者责任保险最为重要。毕竟，汽车毁了可以不开车，但是，他人的赔偿是免除不了的，购买汽车保险时应该将保持赔偿他人损失的能力放在第一位。否则，唯一可做的就是在事故出现后，先把房子卖掉，或者离婚保全财产，你愿意吗？上述钻空子的前提是对方没有对你的资产申请财产保全。所以，为了避免类似麻烦，还是把第三者责任保险购买足额。

二、第三者责任保险的保险金额要参考所在地的赔偿标准

全国各个地方的赔偿标准是不一样的，据汽车保险赔偿的最高标准计算，如果死亡1人，深圳地区最高赔偿可达到150万元，北京地区最高可能达到80万元。不要去节省第三者责任保险的钱。有的保险公司在投保超过50万元还拒绝保险。从这个角度看，就应该知道第三者责任险的要害了。

三、买足车上人员险后，再购买车损险

开车的人是你，建议如果没有其他意外保险和医疗保险的车主，给自己上个10万元的司机险，作为医疗费用，算是对家人负责吧。乘客险，如果乘客乘坐几率多，可以投保金额多些，5万～10万元/座，算是对家人和乘客负责。如果乘客乘坐几率少，每座保1万元就比较经济。

四、购买车损险后再买其他险种

交通事故往往伴随汽车损坏，这里就不用多说了。

五、购买第三者责任何险、司机乘客座位责任险、车损险的免赔险

多花一点钱，就让保险公司赔偿的时候不扣这扣那。

六、其他险种(盗抢险、玻璃破碎险、自燃损失险、划痕险)结合自己的需求购买

比如盗抢险、玻璃破碎险、自燃损失险、划痕险等其他险种，在汽车风险中，相对于上述一至五的风险，不会对家庭幸福和财务导致严重的影响。因此，建议根据需求来购买。

资料来源：http://baike.baidu.com.

七、个人(家庭)责任保险规划

随着我国法律制度的不断完善和人们法律意识的逐渐增强，责任风险受到了越来越多的关注。家庭责任风险主要包括以下几个方面。

1. 住宅责任风险

住宅责任是一种个人静物责任，房产拥有者必须对住宅及住宅内的静物(如家用电器、液化气灶和阳台上的花盆等)发生意外事故致使其雇佣人员(如保姆或家庭教师)或客人或在住宅附近通行的他人遭受伤害或其财产被损毁承担经济赔偿责任。

2. 个人责任风险

个人责任在日常生活中普遍存在，当个人或其家庭成员在居住、从事体育活动及其他一切日常活动中由于意外致使他人身体伤害或财物损毁，根据法律应承担经济赔偿责任。

3. 家政服务人员的责任损失风险

现在，越来越多的个人(家庭)雇佣家政服务人员承担家务及照顾受抚养人。这样可以转移许多家务负担，但同时也带来了一定的责任风险。个人(家庭)必须对家政服务人员在受雇期间受到的人身伤害负责，还要对家政服务人员伤害他人的行为承担连带责任。

针对这些风险，投保人应根据需要确定相应的责任保险产品，投保金额应根据自身风险承受能力和当地收入水平等因素来确定。

第三节 家庭财产保险规划实例

一、家庭财产保险规划应注意的问题

1. 了解保险责任

家庭财产保险赔付自然灾害或意外事故造成的损失，而被保险人故意或过失造成的损失保险公司不予赔付。另外最好再投保盗窃附加险，否则一旦财产被盗，保险公司不负责赔偿。

2. 掌握赔付比例

家庭财产保险按财产的使用年限逐年减低赔付比例，按财产损坏程度的不同其赔付比例也不同。

3. 知道赔付原则

保险公司一般按其公司的查勘定损，确定财产的实际损失，实际损失超过投保金额，最多只能按投保金额赔偿；实际损失若少于投保额，就按实际损失赔偿，因此应合理确定投保金额，最好是按照财产的实际价值足额投保。

4. 办好投保手续

投保时要填写姓名、地址、财产项目及各项目的保险金额，一旦搬家，必须立即到保险公司办理变更手续。

5. 出险后的注意事项

一旦出险，应积极抢险，避免损失进一步扩大，同时要保护好现场，在 24 小时内向保险公司报案，并取得公安机关和有关部门出具的相关证明。

最后，在投保家财险时，不要只把注意力放在总保额上，而要将财产清单按照房屋、家具、家电等分项列明，并详细了解各个分项的赔偿限额，以免发生保险事故时因保额不清引起纠纷。

二、家庭财产保险规划案例

案例

王先生是事业单位职工，王太太是学校教师，有一可爱女儿，夫妇两人的月收入总计 10 000 元，较稳定。现有一套三室一厅的住房，贷款已全部还清，房屋价值 100 万元，家具和电器价值 10 万元。此外王先生夫妇拥有现金及银行活期存款 10 万元，开放式基金 5 万元及普通股股票 5 万元。王家居住的小区管理规范成熟，治安环境良好。王先生夫妇投资理财心态偏保守，希望在保障家庭财产安全的同时能兼顾收益。

1. 家庭财产面临的风险分析

王先生夫妇所居住的小区物业管理成熟到位，发生盗窃事故的概率比较小，但也面临着火灾、爆炸、雷击、水暖管爆裂等风险。

2. 确定家庭财产保险的需求及保险金额

(1) 住房。

王先生夫妇拥有存款及其他投资,一旦房屋遭受意外事故,可用其他资产来弥补损失,因此不需要就住房的全部价值投保。

其住房保险需求=房屋价值－家庭现有财务保障= 100－10－5－5=80(万元)

(2) 室内财产。

王先生居住的小区治安环境较好,盗窃几率很低,王先生可选择家具和电器的部分价值投保,室内财产保险需求为5万元即可,同时附加家电用电安全险、水暖管爆裂险。

3. 保险方案

综合考虑王先生的财务状况、面临的风险、居住环境等因素,王先生可购买80万元的房屋保险、5万元的室内财产保险及附加险(用电安全、水暖管爆裂)。另外,王先生的要求是想通过投资渠道来理财,在保障家庭财产安全的同时能兼顾收益,因此投保时可寻求投资类型的家庭财产保险。投资型家财险大部分的保费都用来投资,只有1%～5%是进行风险性的保障,保费一般较高,类似于定期储蓄,到期后连本带利返还投保人,而且无论保险期限内发生赔付与否,都不影响还本付息,集保障、储蓄、投资于一身,可免税,比定期储蓄收益高,还有保障功能,投保人可根据经济情况购买一份至多份。

案例

40岁的张先生夫妇每月8000元的工资收入很稳定,现拥有三居室一套价值约60万元,室内家具电器等价值5万元;房改房一套价值约30万元,用于出租,每月房租近1000元。家里的存款5万元,基金5万元,新购汽车一辆,价值10万元,主要用于接送子女上下学,行驶里程有限。今年单位新区建房,单位集体向银行贷款,首付5万元即可,两人计划贷款20万元购买新房。

1. 家庭财产风险分析

(1) 自住房屋主要面临自然灾害、意外事故风险。

(2) 张先生夫妇的房改房用于出租,房屋除面临自然灾害、意外事故风险以外,还要面临房客恶意破坏、水暖管爆裂、突然断租、盗窃等一系列风险。风险一旦发生,还会影响张先生夫妇的房租收入。

(3) 张先生夫妇贷款买房后面临的风险主要有:房屋本身的损失;还款能力下降带来的违约风险;银行利率变化、通货膨胀等风险。

(4) 机动车使用过程中的财产损失风险与责任风险。

2. 确定家庭财产保险需求及保险金额

自住房屋价值60万元,投保金额为房产价值与其他金融资产之差,其他金融资产包括5万元基金,一年房租1万元左右,汽车变现能力7万元左右,因此可以选择投保47万元;室内财产投保3万元即可。

出租房屋价值约30万元,投保金额为房产价值与其他金融资产之差,可投保

17 万元。

抵押贷款购置的房产,应按“商品房销售合同”载明的价格确定保险金额,因此张先生抵押贷款保险需求为房屋购置价格 25 万元。

汽车价值 10 万元,由于行驶里程短,平常停放在单位,比较安全,按照基本方案投保交强险、车损险(10 万元)、第三者责任险(20 万元)即可。

3. 保险方案

综合考虑张先生的财务状况和保险需求,张先生需要投保 47 万元的自住房保险,17 万元的出租房保险,25 万元的住房抵押贷款保险,3 万元的室内财产保险,10 万元的车损险和 20 万元的第三者责任险。

案例

马先生今年 40 岁,公司高管,年薪 30 万元,年底发 2 个月奖金。妻子刘女士今年 36 岁,学校教师,月收入为 5000 元。家中养有宠物犬一只。马先生家庭现有银行存款 30 万元,指数型基金 20 万元,股票 20 万元,银行固定收益产品 20 万元。此外,现有房产一套,价值 300 万元。去年购买了一辆价值 20 万元的本田雅阁家用轿车,马先生开车比较谨慎,至今还没有发生任何事故。在保险方面,夫妻两人除了单位缴纳的社会保险外,没有购买任何商业保险。

1. 家庭财产风险分析

(1) 自有住房主要面临自然灾害、意外事故风险。

(2) 汽车在使用、保有过程中不可避免的风险包括碰撞、划痕、盗窃、自然灾害等造成的财产损失,以及潜在的责任风险。

(3) 家中的宠物狗可能咬伤他人造成责任风险。

2. 确定家庭财产保险需求及保险金额

(1) 自住房保险需求总额为房屋价值和其他金融资产之差,即 210 万元。

(2) 汽车保险采取经济型保障方案,险种组合为:交强险+车辆损失险+第三者责任险+不计免赔特约险+全车盗抢险。

车损险的保险金额建议按照新车购置价确定,因为高档车的维修费用较高,只有足额投保将来才能得到全部赔付。

第三者责任险一般以 20 万~50 万元的限额为宜。考虑到当地人均可支配收入 3 万元,死亡最高赔偿金额为 60 万元,减去交强险限额 10 万元,考虑到马先生家庭的财务状况,可以选择 50 万元作为第三者责任险的赔偿限额。

全车盗抢险。本田雅阁属于高被盗车型,为了避免不必要的损失,考虑到马先生目前的收入状况,可以购买全车盗抢险。

车身划痕损失和玻璃单独破碎损失风险自留。由于马先生的车辆主要是在上下班途中使用,而且单位和居住小区都有固定车位,一般不会出现车身被划或玻璃破碎的情况,而且即使发生这些情况,以马先生的家庭收入,可以承受损失,因此这两种风险可以选择自留。

车上人员责任险。考虑到马先生夫妇和孩子均没有购买意外伤害保险，所以有必要购买车上人员责任险。现行的车上人员责任险的保险金额为每一个座位 1 万～5 万元。所以，马先生可以投保三个座位，即 15 万元的车上人员责任险。

(3) 马先生家庭饲养的宠物狗体型较小，温顺，宠物责任风险选择自留。

3. 保险方案

综合考虑马先生的财务状况与保险需求，建议马先生购买保额为 210 万元的住房保险，保额为 20 万元的车辆损失险、50 万元的第三者责任险、15 万元的车上人员责任险和 20 万元的全车盗抢险。

本章小结

财产保险又称产物保险或损害保险。狭义的财产保险是指以有形物质财产为保险标的的保险；广义的财产保险是指以物质财产和有关利益及损害赔偿责任为保险标的的保险，包括责任保险、信用保证保险等。

财产保险的基本承保方式包括四种，分别是定值保险、不定值保险、重置价值保险和第一危险责任保险；基本赔偿方式为比例赔偿方式和第一危险赔偿方式。常见的与家庭财产有关的险种包括住房保险、住房抵押贷款保险、机动车辆保险、家庭财产保险、个体工商户保险和个人责任保险。

家庭面临的财产风险主要有物产损失风险、个体企业风险和民事责任风险。

一个完整的家庭财产保险规划的流程应该包括家庭财产风险管理，测算家庭财产保险需求，估算家庭现有的财务能力，设计、执行和调整保险规划方案。

思考与练习

一、名词解释

定值保险　不定值保险　重置价值保险　第一危险责任保险　比例赔偿　第一危险赔偿　住房抵押贷款保险　机动车辆保险　家庭财产保险　个体工商户保险　个人责任保险

二、简答题

1. 财产保险的基本承保方式有哪些？
2. 比例赔偿与第一危险赔偿方式的区别是什么？
3. 家庭财产保险、汽车保险的保险责任有哪些？
4. 财产保险规划流程有哪些？
5. 你对汽车保险的五种方案有何看法？

三、案例分析

张先生今年 40 岁，妻子今年 38 岁，有一个女儿。张先生月平均工资为 5000 元，单位福利较好；妻子月平均工资为5000元，并且奖金很高，夫妇两人年收入将近20万元。此外，房租收入为每月1万元。该家庭月支出为8000元，其中房贷5000元。资产方面，有一套价值为70万元的自住房，室内财产（家具和家用电器）的价值在10万元左右；有一套出租房，价值为35万元，室内家具和家用电器共计6万元。去年夫妻俩又贷款购买了一套价值80万元的房子，首付为20万元，贷款60万元，还款期限为20年。夫妻俩现有银行存款30万元，股票型基金10万元，今年又刚买了一辆20万元的家用轿车，夫妻两人均未购买商业保险。

请运用所学知识为张先生一家制订一份财产保险规划方案。

第十章

家庭综合保险理财规划

学习目标

通过本章学习，学生能基于专业的角度分析综合保险理财规划的意义；按照综合保险理财规划的流程进行理财设计；掌握保险理财规划建议书的格式；从客户理财需求的角度出发，针对客户理财问题的多样性和复杂性，制订包括保险规划在内的综合理财方案，形成保险理财规划建议书。

案例导入

家庭中谁最应该保险——“生命价值理论”的现实意义

2008 年 10 月的一天，投保人携妻子乘坐朋友的小轿车外出，在拐弯时汽车右前胎突然爆裂，致使车辆撞上了路边的大树，投保人及其妻子身受重伤，送医院抢救后终因伤势过重而双双过世，留下不满 6 岁的儿子成了孤儿。幸运的是投保人曾经为儿子购买过 30 份少儿保险，但遗憾的是投保人夫妻并没有为自己投保过任何保险，而且为其儿子投保的 30 份少儿保险也没有选择有“保险费豁免”条款的险种。这样，被保险人在成为孤儿后，不仅要为今后的生活费担忧，而且还要为未来的保险费的缴付而犯愁，最终可能落得个退保或者部分退保的结果，使投保人当初寻求保险保障的意愿落空。

那么，对于一个家庭来讲，谁最应该上保险呢？当家庭的主要经济支柱发生意外的时候，如何保障家中剩余人员以后的基本生活呢？

第一节　家庭综合保险理财规划的内涵及意义

一、综合保险理财规划的内涵

家庭综合保险理财规划是家庭综合理财规划中对家庭风险进行总体评价，对所需的保险进行统筹安排。

我们在前面的章节里学习了寿险规划、财产保险规划等单项理财规划，对于一个客户来说，他既可能有单项的保险规划需求，也可能有多元的保险规划需求，保险需求实际上与消费、投资等其他需求紧密相关，保险规划与其他理财规划也往往须臾不可分离。因此，保险理财规划师应从客户理财需求的角度与客户谈保险，并针对客户理财问题的多样性和复杂性，以客户为中心、以市场为导向，围绕消费理财、保障理财和投资理财等多元需求为客户制订综合保险理财规划方案。

二、综合保险理财规划的意义

1. 建立家庭保障

假设马先生是一家之主，在马先生的关怀和照顾之下，妻子和孩子都生活得很舒适，马先生就是他们的保障。但一个人无论多有本事，有两种事情是不能控制的，一个是疾病，另一个是意外身故或伤残。假设马先生突然遭遇不幸事故，对马先生的家人来讲，妻子不仅仅失去了一个丈夫，儿子不仅仅失去了一个父亲，最重要的是他们都失去了持续稳定的收入来源，因而会使家庭陷入生活困境。但若马先生制定了合理的保险理财规划方案，就会保障家人在他出现意外的情况下生活不受影响。马先生的妻子仍然可以每个月领到保险金维持基本生活，一直到小孩成年自立为止。

2. 为孩子建立教育基金

在现代社会，知识改变命运。如果将来小孩有能力读大学，但因为经济原因而不能完成学业，以致影响了前途，这是一件非常可惜的事情。一个完善的教育基金计划应该保障小孩在接受高等教育时，有一笔足够的教育金来帮助他完成学业。为了孩子不落后于别人，家人应该提早制订保险理财规划方案，保证将来可以有充足的教育基金供孩子完成学业。如果将来一旦有意外发生，而这笔教育基金尚未准备好，就会使小孩的前途受到一定的影响。

3. 为将来建立养老金

人生的旅程会有多长，我们都无法预测，不过未来的收入会随着个人的工作经验和资历的增加而提高，但到 60 岁退休之后，收入可能会大幅减少。其实我们辛辛苦苦工作这么多年，都希望退休之后可以安享晚年。退休之后的收入主要源于社会养老保险、储蓄和子女的赡养费。但社会养老保险不足以维持较高的生活水准。现在各项开支都很大，生活压力较大，儿女照顾自己的家庭已经很不容易，更何况还要供养老人。因此，在退休时有一笔可以支配的资金来安享晚年是很重要的。一个好的保障计划可以把年轻时候赚的钱集中储备，到一定年龄时可以自由支配。

4. 建立储蓄计划

大多数人的储蓄习惯都差不多，一开始很有决心，但到一段时间后，就因为想买车或装修房子等，把本该作储备的资金提前支取出来，以致又要重新开始存钱，始终没办法完成储蓄计划。制订保险理财规划方案时，应首先确定一个目标，然后用一个完善的计划和充分的时间去实现这一目标。中途如果发生意外的话，也可以保证这个计划一步一步地完成。如果发生身故等意外事件，这笔钱可以作为赔偿金，由保险合同指定的受益人获得。实际上，通过保险理财规划，储蓄计划是可以 100%成功的。

总之，科学合理地制订综合保险理财规划方案，能充分发挥保险在个人（家庭）理财中的作用。

第二节　家庭综合保险理财规划的流程与方法

一、家庭综合保险规划流程

国际 CFP 协会制定的理财规划流程包括以下六大步骤。

（1）帮助客户了解目前自身财务状况，其中包含了解客户不确定的财务损失风险及其风险管理情况。

（2）帮助客户决定未来的财务目标和方向，其中包含决定风险管理财务目标。

（3）找出客户面临的包含风险管理在内的财务问题或困难。

（4）制订解决理财问题实现理财目标的书面理财规划，包括保险规划。

（5）与客户一起制订适当的执行计划，其中包括购买保险的计划。

（6）定期检查、调整、更新包括保险规划在内的理财规划。

我们可以将以上步骤归纳为以下四点。

第一，确定保险标的。

保险标的是指作为保险对象的财产及其有关利益，或者人的寿命和身体。投保人可以以其本人或与本人有密切关系的人、其所拥有的财产以及可能依法承担的民事责任作为保险标的。

一般来说，各国法律都有明确规定，只有保险标的有可保利益才能为其投保，否则，这种投保行为是无效的。可保利益即投保人对保险标的具有法律上承认的利益。可保利益应该符合三个要求。

（1）必须是法律认可的利益。如果投保人投保的利益的取得或者保留不合法甚至违法，那么这种利益不能成为可保利益。

（2）必须是客观存在的利益。如果投保人投保的利益不确定，或者仅仅只是一种预期，就不能成为一种可保利益。

（3）必须是可以衡量的利益。这样才能确定保险标的的大小，并以此来确定保险金额。

对于财产保险而言，财产所有人、经营管理人、抵押权人、承担经济责任的保管人都具有可保利益。对于人寿保险而言，因为人的生命和健康的价值是很难用经济手段衡量的，所以衡量投保人对被保险人是否具有可保利益，就要看投保人与被保险人之间是否存在合法的经济利益关系，比如投保人是否会因为被保险人的人身风险的发生而遭受损失。通常情况下，投保人对自己以及与自己具有血缘关系的家人或者亲人，或者其他具有密切关系的人都具有可保利益。

购买适合自己或家人的寿险，投保人要考虑以下三个因素：一是适应性，要根据需要保障的范围来选择保险；二是经济支付能力，寿险是一种长期性的投资，每年需要交纳一定的保费，每年的保费开支取决于个人（家庭）的收入水平；三是选择性，个人（家庭）不可能投保保险公司的所有险种，只能根据个人（家庭）的经济能力和适应性选择适合的险种。在有限的经济条件下，为成人投保比为孩子投保更实际，特别是家庭的经济支柱。

第二，选择保险产品。

在日常生活中，人们面临的风险主要包括人身风险、财产风险和责任风险，而同一个保险标的会面临多种风险。所以，在确定保险需求和保险标的后，就应该选择准备投保的具体险种。

对人身保险而言，被保险人面临着意外伤害、疾病以及死亡风险等。所以，投保人可以相应地选择意外伤害保险、健康保险或人寿保险等。对于财产保险而言，同一项家庭财产也会面临不同的风险。

投保人只有在专业人员的帮助下，准确判断准备投保的保险标的的具体情况，进行综合判断与分析，才能选择合适的保险产品，较好地规避各种风险。

在确定购买保险产品时，还应该注意合理搭配险种。投保人身保险可以在保险项目上进行组合，如购买 1～2 个主险附加意外伤害保险、重大疾病保险，从而获得全面保障。但是在全面考虑所有需要投保的险种时，还应进行综合安排，以避免重复投保，从而使投保的资金能够得到最有效的运用。

第三，确定保险金额。

保险金额是当保险标的发生保险事故时，保险公司所赔付的最高金额。一般来说，保险金额的确定应该以财产的实际价值和人身的评估价值为依据。

对于一般财产，财产保险的保险金额由投保人根据可保财产的实际价值自行确定，也可以按照重置价值，即重新购买同样财产所需的价值确定。对于特殊财产，则要请专家评估。

购买财产保险时可以选择足额投保，也可以选择不足额投保。由于保险公司是按实际损失程度进行赔偿的，因此一般不会出现超额投保或者重复投保现象。一般来说，投保人会选择足额投保，当发生意外事故时，可以获得足额的赔偿。如果是不足额投保，一旦发生意外事故，保险公司只会按照比例赔偿损失，这样会使自己得不到充分的补偿，不能从所购保险产品中得到足够的保障。

严格意义上来讲，人的价值是无法估量的，其精神的内涵超过了其物质的内涵。但是，仅从保险的角度，可以根据诸如性别、年龄、配偶的年龄、每月收入、每月支出、需抚养子女的年龄、需赡养父母的年龄、银行存款或其他投资项目、银行的年利率、通胀率、贷款等来计算虚拟的“人的价值”。

对“人的价值”存在一些常用的评估方法，我们前面讲到如生命价值法、遗属需求法等。需要注意的是，这些方法都需要每年重新计算，以调整保额。因为人的年龄每年在增加，如果其他因素不变，那么其生命价值和家庭的财务需求每年都在变小，原有保险就会从足额投保逐渐变成超额投保。如果收入和支出每年都在增长，而其他因素不变，那么其价值就会逐渐增大，原有保险就会变成不足额投保。所以每年请保险专业人士检视保单是十分必要的。

第四，明确保险期限。

明确保险期限涉及投保人的预期交纳保费的额度与频率，所以与个人未来的预期收入紧密相关。对于财产保险、意外伤害保险、健康保险等险种而言，一般多采用半年或一年期的短期保险合同，在保险期满之后可以选择续保或者是停保。但是对于寿险而言，保险期限一般较长。因此，在制订保险理财规划方案时，应该将长期和短期险种综合起来考虑。

二、家庭综合保险规划方法

1. 报表分析法

报表分析法是指家庭对某个时期的资产负债表和收入支出表中的项目进行分析，并将两个报表中具有一定关系的有关项目及数据进行对比，计算出反映各项目之间内在联系的财务比率，从而分析出家庭财务状况的方法。

(1) 资产负债表分析。家庭资产负债表可以衡量家庭目前的财务状况，对资产负债表进行分析，可以看出家庭的财富积累程度、债务状况、偿还债务的能力、应付紧急情况的能力等。家庭资产负债表的内容主要分为三大部分：资产、负债和净资产。资产是指家庭拥有所有权的财富的总称，负债是全部家庭成员欠非家庭成员的债务，资产减去负债后的差额就是净资产，家庭的净资产就是家庭的财富。也即净资产＝总资产－总负债，家庭的净资产＝家庭的财富。家庭想提高净资产，一方面要进行投资；另一方面要尽快地偿还家庭的债务。还贷速度越快，节省下来的利息越多，那么家庭用来储蓄或投资的现金也就越多。为了有效地管理家庭的债务状况，家庭必须关注以下比率：还债能力比率＝$\frac{\text{净资产}}{\text{资产}}$；流动性比率＝$\frac{\text{流动资产}}{\text{流动负债}}=\frac{\text{流动资产}}{\text{每日固定支出}}$。家庭必须要保持一个较高的还债能力比率才行。家庭想具有还债能力，一方面是要投资那些可以得到回报的资产；另一方面就是要尽可能少欠债。一般情况下，流动性比率保持在 1 以上比较好。资产负债表使得家庭更加清楚地了解家庭资产和负债的情况，上述财务比率时刻为家庭敲响警钟，让家庭重视负债的比重和对流动资金的分配。

(2) 收入支出表分析。对于家庭来讲没有必要详细罗列收入支出明细，家庭的收入支出表在一定程度上表明了家庭的生活方式。家庭所花的每一分钱都将减少净资产，而家庭存的每一分钱都将增加家庭的净资产。对于一个家庭来讲，储蓄对家庭来讲是必需的，而储蓄能力的高低将会对家庭生活带来较大的影响。一般情况下，储蓄比率能够衡量储蓄能力。它的定义如下：储蓄比率＝储蓄/收入，保持一个较高的储蓄比率，会使家庭的钱更好地为家庭服务。

2. 现金预算法

现金预算法是指家庭通过某一时期的收入支出表来预计未来一定时期内家庭现金收支状况，并遵照计划来执行现金收支的方法。家庭理财要学会量入为出，要根据家庭的收入来安排生活，那就需要通过现金预算来控制。现金预算的步骤如下：第一，估计家庭的收入；第二，计划家庭的开支；第三，为下一年制订现金预算；第四，执行现金预算。现金预算法是一个控制家庭开销的好办法，可以帮助家庭成员减少冲动的消费欲望，可以使家庭在控制的消费中感觉到轻松愉快，可以使得家庭更加合理地安排生活开销，养成良好的生活习惯和生活方式，促进家庭成员的身心健康。

第三节　家庭综合保险规划实例

案例

李女士，31岁，某民营企业中层管理人员，有养老保险，另购有重大疾病商业保险，保额为7万元，年缴保费2700元；丈夫王先生，34岁，教师，单位为他缴纳了养老保险、住房公积金，无商业保险；夫妻两人有一个2岁的儿子，家庭年收入为7.2万元，年终奖约3万元，居住在河南。目前有一套120平方米的自有住房，按揭房贷为11万元(贷款年限为10年)，每月还贷1130元，已付5年，房屋价值35万元。另有学校分配住房一套，55平方米，现出租，年租金为1万元，房屋价值20万元。现有银行存款5万元。家庭每月开支(含房屋按揭)共计4500元，个人开支1500元。同时，两人为儿子购买了重大疾病保险，保额为5万元，年交保费为1900元。看到同事有炒股挣钱的，王先生也有炒股的打算。

1. 提炼客户信息

李女士一家目前的理财目标具体包括：

(1) 保险规划。为儿子购买保额为5万元的意外伤害保险。

(2) 投资规划。用2万元进行理财投资。

(3) 购房计划。3年后换面积为130平方米的集资房，总价为30万元。

(4) 创业基金。到儿子25岁时，为其积累创业基金2万元。

2. 分析保险需求

通过对李女士家庭的分析发现，李女士一家的经济状况良好，能够承受一定的风险。但是王先生的单项理财目标时间较短，对风险应回避。现阶段王先生应该选择风险较小、比较稳健、收益水平比较好的短期投资品种进行投资。待这些目标实现后，可以选择风险较高、收益较大的投资产品进行投资。同时，王先生、李女士缺乏一定数量的保险保障。

3. 制订保险理财规划方案

保险理财规划师根据李女士和王先生的情况，分析其家庭财务状况，结合财务分析，给出了保险理财建议。

(1) 家庭财务状况

家庭财务状况可通过家庭资产负债表和家庭收入支出表来体现，具体如表10-1和表10-2所示。

表 10-1 家庭资产负债表 单位：元

家庭资产		家庭负债	
流动性资产		流动负债	
现金与银行活期存款	50 000	信用卡及其他应付账款	0
流动性资产总额	50 000	流动性负债总额	0
流通性投资		短期负债	
普通股票	0	个人房地产抵押贷款	0
非流通性投资		长期负债	
房地产投资	200 000	房地产投资抵押贷款	110 000
企业权益	0	银行贷款	0
个人资产		寿险保单贷款	0
自用住宅	350 000	其他长期负债	0
家庭资产总额	600 000	家庭负债总额	110 000
家庭资产净值		490 000	

表 10-2 家庭收入支出表 单位：元

年收入		年支出	
家庭收入	72 000	基本生活开销	4500×12=54 000
奖金	30 000	个人开支	1500×12=18 000
房租	10 000	李女士保费	2700
		儿子保费	1900
其他收入	0	其他开销	0
合计	112 000	合计	76 600
每年结余		35 400	

(2) 家庭财务分析

可根据以下指标对家庭财务状况进行分析。

① 李女士家庭的资产负债率为 18.3%，处于健康水平。

② 李女士家庭的生息资产为分配的出租房，有很好的保值增值功能，但变现能力差，银行存款投资报酬率过低，需要进行调整。

③ 李女士家庭的流动性比率为 11.11，较高。一般来说，像李女士家庭这样收入稳定的家庭，流动性资产总额能够保证家庭 3 个月的开支即可，这样既可以保证资金的灵活性，又可以提高投资报酬率。假如生活中出现急需用钱的状况，也可以从容地应对。流动性比率过高，说明把大量的资金投入了变现性好的资产上，而这部分资产的收益是比较低的，这就给资产的增值带来了压力。

④ 李女士的家庭现处于成长期。这个时期家庭的最大开支是生活基本支出，由于资源有限，李女士的投资能力无法判断。

⑤ 李女士家庭的负债比较小，没有什么压力。在必要的情况下，可以适当地运用一下自己的信用额度，来更好地实现生活目标。

⑥ 李女士家庭的资产变现能力不强，灵活性也不高，但增值和保值作用明显。现在夫妻双方工资都十分稳定，且通货膨胀率也处于较高的情况，可暂时维持现有的资产状况。

(3) 家庭保险理财规划建议

目前李女士家庭资产中，流动性资产总额为 5 万元。鉴于李女士目前的资产情况，并且计划为儿子购买保额为 5 万元的意外伤害保险，3 年后换房，13 年后准备现时每年 3500 元的高中教育金，16 年后准备现时每年 8800 元的大学教育金，23 年后准备现时 2 万元的创业基金，同时李女士准备现在用 2 万元进行理财投资。由于目标众多，为此我们建议李女士对自己的资产状况作如下调整。

① 建议李女士家庭调整现金及存款的数额。目前的现金和活期存款的数额为 5 万元，其实李女士没有必要留出如此多的灵活性资金，建议李女士的存款调整为 2 万元作紧急预备金。

② 调整出来的 3 万元供李女士进行尝试性的投资理财。由于李女士对理财方面不了解，因此建议李女士尝试投资货币式基金或在专家的指导下进行成长性基金的理财操作。货币式基金在保证灵活性的同时，收益率高于活期存款，资金的安全性比较高，待李女士对投资产品有所熟悉后再进行有较大风险的投资。

③ 每年用 5400 元为儿子购买教育金保险和意外伤害及住院医疗保险。建议李女士为儿子购买少儿险，每年交费 4400 元，交费期限为 15 年。分别在儿子 15 岁时、18 岁时领取相应的教育基金以及 25 岁时领取相应的创业基金。再用 1000 元为儿子购买意外伤害及住院医疗保险，保险金额为 5 万元，可完全得到保障。

④ 尽快实现 3 年后换房的目标。现在每年结余为 3.54 万元，为儿子购买了保险后还剩余 3 万元，假设费用增长率为 5%，3 年后应有现金及现金等价物 9.5 万元。同时还有理财投资收入及存款共计 4.5 万元。3 年后的总房价为 30 万元，可贷款 18 万元，贷款年限为 20 年，每月等额还款 1347.34 元。从家庭责任及需要的角度出发，为此建议李女士及王先生购买一定数量的保险，比如王先生购买重大疾病保险及医疗保险，李女士购买一定的医疗保险。两人在购买保险的同时，还应选择有保费豁免的保险，以对家庭起到规避风险的保障作用。

第四节 保险理财规划建议书

一、保险理财规划建议书的格式

保险理财规划建议书是在对客户的家庭情况、财务状况、理财目标及风险偏好等详尽了解的基础上，通过与客户的充分沟通，运用科学的方法，利用财务目标、统计资料、分析核算等多种手段，对客户的财务现状进行描述、分析和评议，并对客户的保险规划提出方案和建议的书面报告。保险理财规划建议书的详细格式如下。

第一，封面。

封面包括标题、方案的执行单位（理财机构）、日期等。标题通常包括保险理财规划的对象名称及文种名称两部分。比如，《××家庭保险理财规划建议书》。方案的执行单位（理财机构）的名称为保险理财规划师所在单位的全称。依照《理财规划师工作要求》的规定，理财规划师不得单独从业，而必须以所在机构的名义接受客户的委托，因此封面上务必注明理财机构名称，也可注明具体编制该保险理财规划建议书的理财规划师的姓名，但不能只注明保险理财规划师的姓名，而遗漏单位名称。日期应以最后定稿，并经由保险理财规划师所在单位的决策人员审核并签章，同意向客户发布的日期为准。封面的样式如表 10-3 所示。

表 10-3 保险理财规划建议书的封面样式

保险理财规划建议书 保险理财让“钱 N 次方”   理财机构：× × × 理财经理：××× 编写日期：××××年××月××日

第二，前言。

前言包括致谢、资料来源、理财规划建议书的由来、公司和客户的权利与义务、免责条款、费用标准等内容。

(1) 致谢。

致谢是指对客户信任本公司并选择本公司的服务表示感谢，位于建议书的开头部分。具体写法是：抬头内容为敬语＋客户的称谓，如“尊敬的××女士/先生”；然后换行并空两格写致谢词，在致谢词中可简要介绍公司概况，如执业年限与经历、下属的理财规划师的资历等；最后表达对客户信任本公司的感谢，并可提出与客户保持长期合作关系的愿望。

(2) 资料来源。

保险理财规划师在制订理财规划方案的过程中，必然会收集各种资料，包括客户自己提供的资料、理财规划师通过其他途径收集的客户资料以及相关的市场、政策方面的资料，列举出这些资料的来源，可以使客户知晓理财规划的最终方案具有较高的可信度，并非凭空捏造。

(3) 理财规划建议书的由来。

这部分内容需写明接受客户委托的时间，并简要告知客户本建议书的作用。

(4) 公司和客户的权利与义务。

在建议书的前言里，有必要写明公司和客户双方的权利与义务，有利于在将来遇到矛盾或争端时，能够准确划分双方的责任。

（5）免责条款。

保险合同免责条款是指被保险人发生损失时，根据保险合同的约定，免除保险人承担赔偿或者给付保险金责任的条款。免责条款直接关系到被保险人的利益。

（6）费用标准。

这部分需写明公司各种理财规划项目的收费标准，让客户做到心中有数，从而能够及时交纳足额的费用。

第三，假设前提。

假设前提包括对通货膨胀率、收入增长率等变量的假设。保险理财规划建议书是基于多个假设前提而编制的，包括未来年均通货膨胀率、客户收入的年增长率、定期及活期存款的年利率、股票型基金投资年均回报率、债券型基金投资年均回报率、货币型基金投资年均回报率、投资连结型保险投资年均回报率、债券投资年均回报率、房产的市场价值、汽车的市场价值、子女教育经费的年增长率、个人所得税及其他税率等。保险理财规划师需在充分分析市场状况的基础上，一一列出这些项目的预期数值，以便在接下来的具体理财规划中运用这些数据。

第四，正文。

正文包括家庭基本情况分析、客户理财目标分析、家庭财务状况分析、理财投资建议、理财规划方案的预期效果分析、理财规划方案的执行与调整等。我们将在保险理财规划建议书的内容中详细介绍。

二、保险理财规划建议书的内容

正文部分是整个保险理财规划建议书的核心内容，记录了保险理财规划师的调查与分析结果，而且这部分内容也是客户最为关心的，任何数据都可能会给客户未来的决策和行为产生影响。正文分为几个部分，包括家庭基本情况分析、客户理财目标分析、家庭财务状况分析、理财投资建议、理财规划方案的预期效果分析、理财规划方案的执行与调整等。

第一，家庭基本情况分析。

（1）家庭成员基本情况分析。首先对家庭成员加以介绍，须具体到家庭每一个成员的姓名、年龄、职业、收入等。

（2）客户本人性格及风险偏好分析。客户本人往往是家庭中的决策者，因此可以通过调查问卷来了解客户在理财方面的性格表现，可分为乐观型、主导型、谨慎型、自我型、成就型、协调型等多种类型。此外，还需了解客户的风险偏好，从而为客户选择合适的投资渠道。

第二，客户理财目标分析。

客户理财目标可以分为短期目标（5 年内）、中期目标（10～20 年）和长期目标（20～30 年）。短期目标包括休假、购置新车、存款等；中期目标包括子女的教育储蓄、按揭购房等；长期目标包括退休、遗产等。还可以按照不同目标在客户心目中的重要程度来进行分类。保险理财规划师必须加强与客户的沟通，增加客户对于保险产品和投资风险的认识，在确保客户理解的基础上，共同确定一个合理的目标。

第三，家庭财务状况分析。

家庭财务状况分析具体包括以下内容。

(1) 资产负债表分析。

资产负债表中需要客户填写的资产价值是该资产现时的市场价格。这一数值和客户在购买该资产时付出的成本可能会有很大差距，却能够真实地反映客户财富的价值。资产负债表将客户的资产分为两大类：一类是金融资产；另一类是实物资产。

金融资产包括现金及其等价物，以及其他金融资产。现金与活期存款，是客户以现金或流动性极强的资产形式持有的资产，这类资产的风险很低，几乎不会产生什么损失。客户的日常消费开支一般都由这类资产来满足。通常情况下，其数额应该以可以满足客户3个月的开支为适宜。其他金融资产多以无形资产的形式存在，如股票、债券、基金、期货等。这类资产存在一定的风险，但也能为客户带来较高的收益。在经济繁荣时，客户可以持有较高比例的此类资产，而在经济萧条时，客户则应该减少这类资产的投资比例，以降低风险。

实物资产包括客户拥有的住宅、汽车、房屋内摆设和收藏品等。这类资产一般不像金融资产那样有投资收益，但在客户的资产中常常占有较高的比例。实物资产也可以分为两类：一类是升值性资产，如房地产和收藏品等，这类资产的价值随着市场供求的变动而变动，具有升值潜力；另一类是折旧性资产，如汽车和家具等，这类资产的价值一般随着其使用年限的增加而降低，极少会有升值的潜力。客户平时应该注意控制对后一类资产的支出。而对于升值性资产的持有比例则不能一概而论，因为客户出现财务危机时，可以通过出售这类资产来增加现金收入，退休时如果没有足够的现金维持当前的消费水平，也可以出售自用住宅换购小一点的房子来获取所需的现金。但由于升值性资产的价格受市场影响而波动较大，有时较难变现，容易出现客户为了解决资金周转不灵而被迫出售这些资产从而遭受损失的情况。

通常情况下，客户的资产总额要大于其负债总额。如果客户的资产总额小于其负债总额，则证明该客户的现时财务状况相当糟糕，保险理财规划师应该建议客户立即采取措施来改善现状，否则该客户将面临被债权人清算的风险。而短期债务则反映出对客户资产的流动性要求，因为这些债务都需要客户在一年之内偿还，一旦客户资产的流动性不足，则可能引起暂时性的财务危机。

为了更真实地反映客户的收支现状，保险理财规划师有时还需要帮助客户估算数额尚不确定的债务，如当期应纳税金额、当期应付水电气费、信用卡透支额等。在估算时，保险理财规划师应该采取谨慎原则，尽量使用较大的估计数值，以避免低估债务而使客户保险理财规划方案的执行受到影响。

同时注意财务比率分析，保险理财规划师应对客户家庭的各种财务比率，如资产负债率、流动性比率等进行计算，列明合理的数值范围并进行比较，从而分析客户现有财务状况是否合理，以及对不合理的状况应怎样改进，并对客户财务状况作出预测和总体评估。

(2) 收入支出表分析。

怎样才能保持收入大于支出，或者至少做到收支平衡是客户比较关心的问题。收入支出表反映了客户在一段时间内的财务活动状况，使客户可以将实际发生的费用与预算的数字进行比较，从而采取必要的调整措施以消除两者之间的差异。

收入支出表主要由三个部分组成：收入即所获得的现金收入，支出即现金支出，现金盈余或者赤字即表示收入和支出之间的差额。差额大于零时，表示现金盈余；差额小于零时，表示现金赤字。现金盈余或者赤字将对资产负债表产生一定的影响，现金盈余将增加资产负债表中的净资产；反之，现金赤字则减少资产负债表中的净资产。

第一次买房子或者汽车时，如果是现金开支，若记录在收入支出表中将极大地影响净现金流，而这笔钱并非来源于当期收入，因此建议家庭将购买汽车或者房产的金额记录在资产负债表中。但对这两种资产的维护和其他辅助支出计入日常开支中。

开支可以分为两类：可以控制的开支和不能控制的开支。不能控制的开支主要是债务的偿还。我们可以将等额还款分为还本和付息，将本金看做资产负债中的负债减少，而把利息看做日常开支，明确为理财支出。可以控制的开支包括购买家具、购买家用电器、旅游等项目的支出，这些开支数额较大但并非生活必需的，一个家庭最容易减少的就是此类开支。总之，为了预算控制的目的，每个家庭都要明确哪些是必要开支或日常开支，哪些是可以控制的开支，哪些是不能控制的开支。

第四，理财投资建议。

(1) 现金方面。

首先列明家庭现金储备的种类，即可能用到现金的各项开支。一般包括日常生活开支、意外事项开支等。其次应详细列明现金储备的来源，如定期存款、股票套现、信用卡额度等。最后需说明现金储备的使用和管理，如将其转化为活期存款、期限较短的定期存款或货币市场基金等。

(2) 消费支出方面。

消费支出包括购房规划、购车规划、信用卡与个人信贷消费规划三个方面。在购房规划中，应首先分析购买一套新房所需的费用，并需注明如面积、地段、每平方米价格、装修费用等项目。其次考虑申请何种类型的银行贷款，需写明贷款总额、贷款期限、贷款利率、月供金额等。保险理财规划师还可根据楼盘状况，并综合考虑环境、开发商资质、交通等多方面因素，给客户提供合理的购房建议。在购车规划中，应首先分析购车所需的费用，以及车型、牌照费、车辆购置税、耗油量、车位费等。其次考虑申请的贷款类型，注明贷款总额、贷款期限、贷款利率、月供金额等。

(3) 教育方面。

教育规划是指在收集客户的教育需求信息、分析教育费用的变动趋势并在估算教育费用的基础上，为客户选择适当的子女教育费用储备方式及工具，最终制订教育规划方案，并根据各种因素的变化随时作出调整。在制订教育规划方案时，需列明客户的子女将来所需的各项教育费用。如果客户希望子女出国留学，则应列明国外学校每年的学费、生活费、学费的年上涨率、汇率风险等。如希望子女在国内上大学，则应列明国内大学每年的学费、生活费以及学费的年上涨率等。然后分别汇总每种方案的不同支出总额，制订教育金储备计划。教育基金储备计划中应包括储备基金的投向及数额、收益率、投资年限等内容。

(4) 保险方面。

首先列明客户家庭已有的保险种类;其次具体分析每个家庭成员的保险需求。例如,家庭的经济支柱应获得何种程度的保障,子女所需保险品种应如何设计,应给家中老人购买哪些保险。最后与现有的保险品种进行对比,从而知晓应补充购买的保险种类。

(5) 退休养老方面。

在养老规划中,首先需列示客户的预计退休年龄、退休后每月的退休金收入、每年的生活开支、医疗费用等信息。保险理财规划师通过这些数据可得出客户退休后的支出总额及可得到的退休金总额,两者差额则是客户从现在开始需建立的养老储备基金。为了帮助客户储备足额的养老基金,保险理财规划师需通过计算及分析制订投资计划,并写明这一投资计划的月供款、年回报率、投资时限等。

第五,理财规划方案的预期效果分析。

将按照调整后的财务状况编制的资产负债表、收入支出表列示于该部分,这两种表中可同时列明调整前的数字,使客户能够直观地看到财务状况的改善。此部分还应列明调整后的财务比率数值,如资产负债率、负债收入比率、储蓄比率、流动性比率等,同时列明国际通用的这些比率的合理数值范围以及调整前的比率,从而使客户了解理财规划方案实施后的预期效果。

第六,理财规划方案的执行与调整。

完成以上各步骤后,保险理财规划师需编制具体执行的时间计划,明确各项工作的前后顺序,以提高方案实施的效率,并应列明实施该方案的人员。如果是为一位退休客户制订的方案,则需配备保险专家或税务专家。最后还需向客户说明,如果客户的家庭及财务状况出现变动,影响保险理财规划方案的正确性,则应按什么程序进行方案调整,方案调整的注意事项。除此之外,还应向客户说明保险理财计划实施中的争议应当如何处理等。

三、保险理财规划建议书应用实例

下面以王女士家庭为例,介绍保险理财规划建议书的具体应用。

❖ 案例

王女士,住某市,30 岁,职业为大学教师,税后月收入为 3000 元,全年总收入为 4.2 万元。其丈夫赵先生,30 岁,职业为工程师,税后月收入为 5000 元,全年总收入为 8 万元,有定期存款 5 万元。家庭每月固定开支 2000 元,怀孕期间开销每月为 5000 元。王女士在 2006 年购买一套总价为 25 万元的自住商品房,首付 6 万元,目前该套房产的市值达 50 万元,贷款余额还有 10 万元,月供款为 1500 元。夫妻两人现均有大病医疗保险保障,每人每年支付 1500 元的保费。王女士夫妇家在外地,每年会回家过年并给家人一些钱。王女士和丈夫都喜欢旅游,在怀孕前每年都会安排一次旅游,每年旅游支出 1.3 万元。同时,平时应酬支出总额为 1.3 万元。再过 4 个月,宝宝就要出生,如何抚养、教育宝宝,给宝宝最大的保障,是王女士目前考虑最多的问题。

下面是根据王女士家庭的基本情况和财务状况编制的保险理财规划建议书，具体包括前言部分、家庭基本情况、目前财务状况、家庭财务问题诊断、保险理财目标、理财规划方案、保险理财规划后的财务状况、未来家庭财产安排原则、理财规划结论、后记共十个部分。

第一，前言部分。

前言部分包括免责声明、保险理财规划服务授权书、保密条款三项内容，具体如表10-4～表10-6所示。

表10-4 免责声明

尊敬的王女士：

首先感谢您到××保险理财机构进行咨询，并委托我们为您设计保险理财规划，我们愿为您提供所有力所能及的帮助。

保险理财规划是为协助您明确保险需求及目标而设计的，它使您能够在充分的信息下作出适合自己的财务决策。本规划是依据您提供给我们的资料及若干一般可接受的假设，再加上合理的预估来推算结果。这是免费提供给您的非义务服务。

保险理财规划仅在您决策如何以最佳方式达成保险理财目标时用做指导。本理财规划无意取代其他专业咨询服务。如果您有与税务相关的问题，应请教具有资质的税务顾问；如果您有与法律相关的问题，应请教具有相关资质的法律顾问。所有的计算及假设都是基于您目前的财务状况和现在的经济环境而来的。这两者都是会产生变化的。所以我们建议您定期地审视您的保险理财目标和规划，特别是当您的婚姻状况改变或家庭成员增加时更需如此。

投资产品并非存款，保险理财规划顾问对其不负有义务或承担保险或保险责任，并且这些投资产品存在风险，其中包括可能损失投入本金在内。过去的绩效并不代表未来的绩效，价格可能上涨也可能下跌。不同币种间的汇率仅供参考。客户应当关注基本币种与其他货币间的汇率变化对目标及预期回报所造成的影响。

本规划所得的结果是假设性的，您所提供的资料越准确越详细，越有助于评估的结果。本规划仅用做指导，不能代替您自己的投资决策。

请您仔细阅读免责条款，如果能够接受以上条款，请在该条款下方签字给予确认。衷心地祝愿您早日实现您的家庭理财梦想！

客户签字(章)：王××

××××年××月××日

表10-5 保险理财规划服务授权书

保险理财规划服务授权书

本人王××现授权××保险理财机构客户经理××先生(女士)为本人及家庭提供保险理财规划服务，本人及家庭成员将如实提供相关财务数据和证明文件，并允许××先生(女士)及其所属团队专业人员使用这些信息。

在保险理财规划建议以书面形式出示后，本人会认真行使服务所提供的权利，自觉履行服务所要求的义务。特此申明。

本授权证明文件原件将作为原始档案资料在银行存档。

授权人签字(章)：王××

××××年××月××日

表 10-6　保密条款

保 密 条 款

理财规划师应当自觉履行《商业银行个人理财业务管理暂行办法》和《金融理财师职业道德准则》中关于保密的相关条款，对客户的所有资料严格保密。具体准则如下：

除非按照司法要求，或者程序调整，执业人员在没有得到客户书面授权的情况下，不能披露客户的任何机密资料。

除非法律规定，不管是否对客户造成伤害，执业人员都不得利用自己地位或者职业原因披露客户的机密资料，牟取个人利益。

辞职之后，执业人员仍应像雇佣期间一样，对雇主和客户履行保密义务。

客户经理签字(章)：×××
××××年××月××日

第二，家庭基本情况。

(1) 客户基本资料分析。

王女士家庭的基本资料如表 10-7 所示。

表 10-7　王女士家庭的基本情况

姓　名	赵××	王××
年　龄	30 岁	30 岁
职　业	工程师	大学教师
家庭保障	大病医疗保险	大病医疗保险
家庭收入	5000 元/月，年终奖金 2 万元	3000 元/月，年终奖金 6000 元
拥有房产	拥有一套自住房，总价 25 万元，市值 50 万元，其中银行贷款 10 万元	
家庭计划	宝宝养育计划	
	家庭保障计划	
	家庭投资规划	
	房产规划	

(2) 家庭背景分析。

通过以上资料，可以从以下几个方面对王女士的家庭进行分析。

① 人生阶段。王女士现在处于家庭形成期向家庭成长期的过渡阶段。在这一阶段，事业稳定发展，收入稳定并持续增长，宝宝将在 4 个月后出生，因此，王女士目前的家庭理财规划主要以稳步增长为主。

② 职业特征。王女士的职业是大学教师，在社会上属于高收入阶层，收入稳定性较高。赵先生在外企工作，收入也比较稳定。

③ 目前财务状况。王女士的家庭收入在某市处于中高水平，每月的家庭日常开支也比较大，但每月仍有一定的结余，由于要完成未来的家庭理财目标，因此家庭财务安排要进行规划。目前王女士家庭每月的收入为 8000 元，家庭开支为 5000 元，开支占收入的 62.5%，每年的年终奖金为 2.6 万元。

④ 资产状况。王女士在 2006 年购买一套总价为 25 万元的自住商品房，首付 6 万元，目前该套房产的市值达 50 万元，贷款余额还有 10 万元，月供款为 1500 元。

⑤ 保障情况。王女士夫妻两人各购买了保额为 10 万元的大病医疗保险，每人年交保费为 1500 元。

(3) 王女士家庭中的重要事件。

① 4 个月后孩子出生。

② 19 年后孩子高中毕业。

③ 23 年后孩子大学毕业参加工作。

④ 25 年后王女士退休安享晚年。

第三，目前财务状况。

本部分内容基于王女士提供的信息，通过整理和分析，展示王女士目前的日常收支情况和资产负债全貌，理财规划师将以它为基础，为王女士家庭制订理财规划方案。下面这些数据均来自王女士提供的信息和假设。

(1) 环境假设。

根据前期与王女士及其家庭的沟通，并结合目前某市的实际情况，做出以下假设。

① 理财规划时段：2011—2035 年。假设 2035 年王女士夫妇 55 岁，一起退休安享晚年，退休后生存期为 20 年，退休后单位不再发放奖金，退休金替代率为 55%。

② 通货膨胀率假设。由于我国经济处于持续快速发展的阶段，近几年的平均通货膨胀率为 4%～5%，考虑以后经济发展，设定年通货膨胀率为 4%。

③ 利率水平假设。目前我国的储蓄利率在经历了历史性的低水平之后，考虑经济发展和通货膨胀等因素，利率水平已经进入了一个较快的加息周期，我们预测未来的利率水平会在现有的基础上实现一定的增长，设定存款利率按现行 3.33%的标准，并不扣除利息所得税。

④ 收入增长率假设。不同的行业类别，收入增长水平是不一样的。根据王女士及其丈夫所处的行业以及所担任的职位，我们假设王女士及丈夫的年收入增长率为 4%。

⑤ 教育费用增长率假设。随着各项成本的上升，假设后期教育费用年增长率为 5%。

⑥ 投资收益率假设。根据统计，从 1990 年 12 月设立到 2011 年 7 月末，上证指数年复利增长率为 23.15%，1998 年以来国内各年度成立的基金年复利平均增长率为 23.82%，其中最低的 2000 年成立的基金年复利增长率为 13.83%；而根据美国近百年的证券市场统计数据显示平均投资收益率为 13%左右，因此假设基金的投资收益率为 12%。

⑦ 最低现金持有量假设。从财务安全的角度出发，家庭中应当持有一定数量的现金以抵御风险。根据王女士家庭的实际情况，该家庭正处于形成期向成长期的过渡阶段，这一阶段的开销较大，建议家庭最低现金持有量为 1 万元左右。

⑧ 风险偏好测试。王女士的风险测试报告显示其属于稳健型投资者。

⑨ 个人税务缴纳情况。假定王女士家庭月收入 8000 元及年终奖 2.6 万元为税后收入。

(2) 基本财务状况。

在进行具体的理财规划前，先对王女士家庭目前的财务状况进行分析，从而有利于更好地制订合理的理财规划方案，帮助王女士实现理财目标。王女士家庭的财务状况具体如表10-8～表10-10所示。

表10-8　王女士家庭的资产负债表(2011年7月)　　单位：元

资　　产		负　　债	
金融性资产		长期负债	
定期存款	50 000	房屋贷款本息	100 000
固定资产			
自用住宅	500 000		
资产总计	550 000	负债总计	100 000
净资产(资产－负债)		450 000	

表10-9　王女士家庭的收入支出表(2011年7月)　　单位:元

收　　入		支　　出	
本人月收入	3000	基本生活开销	2000
配偶月收入	5000	保姆工资	1100
		孕妇培训班	200
		孕检费用	200
		房屋贷款月偿额	1500
收入合计	8000	支出合计	5000
每月结余		3000	

表10-10　王女士家庭2011年度收入支出表　　单位：元

收　　入			支　　出		
工资收入	8000×12	96 000	日常生活开销	2000×12	24 000
年终奖金	6000＋20 000	26 000	旅游	13 000	13 000
			保姆工资	1100×11	12 100
			孕检费用	200×5	1000
			孕妇培训班	200×5	1000
			育儿支出	1500×1	1500
			应酬支出	13 000	13 000
			保费支出	1500×2	3000
收入合计	122 000		支出合计	68 600	
年度盈余(收入－支出)			53 400		

第四，家庭财务问题诊断。

(1) 财务现状分析

① 从目前王女士家庭的财务安排来看，假设无其他支出，截至2011年12月末，家庭

存款约为 6 万元。

② 家庭收入的持续性是顺利实现理财目标的关键。王女士的家庭收入在所在市处于中高水平，而且夫妻俩的职业均较为稳定，如果家庭的收支安排一直持续稳定，那么达成理财目标是完全可能的。

③ 王女士家庭需建立完整的风险防范体系。王女士及家人只购买了大病医疗保险，没有考虑意外风险防范，尤其是赵先生作为家庭收入的主要来源，一旦有风险发生，家庭收入将急剧下降，加之宝宝出生后的各项费用开支，家庭固定支出将有大幅增长，这些将极大影响王女士家庭的生活。我们将在后面为王女士及其家人制订详细的保障计划。

(2) 财务问题诊断。

根据已经了解的情况，我们可以清楚地了解王女士家庭现有资产和每月结余的情况，现在王女士家庭的各项财务数据为：

$$\text{资产负债率}=\frac{\text{总负债}}{\text{总资产}}\times 100\%=\frac{100\,000}{550\,000}\times 100\%=18.2\%$$

$$\text{支出率}=\frac{\text{总支出}}{\text{总收入}}\times 100\%=\frac{68\,600}{122\,000}\times 100\%=56.2\%$$

$$\text{流动性比率}=\frac{\text{流动性资产}}{\text{每月固定支出}}=\frac{50\,000}{2\,000}=25$$

$$\text{净资产偿付比率}=\frac{\text{净资产}}{\text{总资产}}\times 100\%=\frac{450\,000}{550\,000}\times 100\%=81.8\%$$

一般来说，家庭的资产负债率应控制在 50%以内，支出率应控制在 40%以内，流动性比率应控制在 3 左右比较合适。

从上述比例来看，王女士目前的财务状况和投资方式存在以下不合理之处。

① 风险保障不足。只是投保了大病医疗保险，保险保障比较单一。

② 家庭日常开支过大。王女士家庭的年支出占年收入的 56.2%，比例偏高，因此需要节约不必要的生活开支，注重财富的积累，以实现理财目标。

③ 家庭资产结构单一。虽然王女士家庭的资产状况具有较高的安全性，但结构不合理，主要以自住房产为主；另外金融资产以定期存款为主，由于流动性比率达到 25 倍，说明王女士的流动性资产可以满足家庭 25 个月的开支，而一般控制在 3～6 个月的开支即可。由于流动性资产收益普遍不高，因此可以适当降低家庭流动性比率，以获得更好的投资收益。

④ 财务结构不合理。净资产偿付比率为 81.8%，说明王女士没有充分利用自己的信用额度。

第五，保险理财目标。

(1) 理财目标排序。

本部分内容描述王女士期望在未来达成的理财目标，下面按重要性对王女士的人生目标进行排序：①确保育儿及保障支出，并为孩子储备教育基金；②归还住房按揭贷款；③增加合理的投资，兼顾收益与风险；④投保养老保险和人身意外伤害保险，提高生活保障。

(2) 理财目标分析和评价。

① 育儿计划。孩子出生后，每月家庭支出必然会增加，1000 元的预计有些保守，因

此预计每月增加支出应为1500元。按照所设定的通货膨胀率，从孩子出生到其大学毕业共为22年，应承担的家庭总开支约为642 622元。

② 成才计划。子女教育投资是一个漫长的过程，这种投资客观上要求其收益具有可预见性、获利性和抗风险性。王女士从现在开始为教育储备资金，2011年年末生育孩子，小孩一般在3岁上幼儿园，从7岁开始上小学到22岁大学毕业，考虑教育费用增长的因素，预计整个过程的教育费用约为443 567元。

③ 归还住房按揭贷款计划。王女士目前贷款余额为10万元，月还款额为1500元，王女士在5年半左右可以还清该笔贷款。

④ 家庭保障的规划。主要是考虑日常生活中可能遇到的一些意外或者突发事件，为了防止因此导致丧失主要收入来源，无法维持家庭日常生活开支而必须准备特别基金。通过这笔特别基金的银行利息收入可以维持家庭正常生活开支。特别基金的计算公式为：

$$特别基金=\frac{每年家庭最低生活费用}{现有利率}$$

因为王女士的丈夫赵先生是家庭主要收入来源，一旦发生风险，相关收入和费用将予以扣除，根据调整后的收入支出表，王女士一家年最低生活费用为2.4万元，据此计算出家庭财务安全资金为24 000/3.33%=720 720(元)。加上房屋贷款余额为10万元，合计家庭风险保额约为80万元。

通过以上分析，王女士的理财目标较为明确，基本符合其家庭情况，通过合理的理财规划，完全可以实现。因此，建议王女士：

① 每月育儿支出保持在2000元以内，并选择教育类保险储备教育基金。

② 选择组合投资方式，并保留家庭最低现金储备。

③ 适当投保养老险，主要增加医疗险和意外险(具体理财规划方案详见下文)。

第六，理财规划方案。

(1) 理财产品介绍。

几种常见的理财工具的比较如表10-11所示。

表10-11 几种常见的理财工具比较

理财工具	安全性	获利性	灵活兑现性	缴纳税费	保障金额
股票	*	* * * * * *	* * *	有	无
基金	* *	* * * * *	* * * *	无	无
银行存款	* * * * *	*	* * * * * *	有	无
人民币理财	* * * * *	* *	* *	无	无
国债	* * * * * *	* * *	* *	无	无
黄金	* * * * * *	*	* * *	无	无
外汇	* * *	* * *	* *	无	无
房地产	* * *	* * *	*	有	无
保险	* * *	* * *	* *	无	有

说明：表中*的数量表示某一指标程度的大小。*的数量越多，表示某一指标程度越大；*的数量越少，表示某一指标程度越小。

(2) 理财建议。

① 建立家庭应急基金。应急基金是为了保障家庭发生意外时的不时之需，其金额一般为家庭日常开支的3～6倍，计算公式为：

应急基金＝基本生活费用×3个月＋其他紧急费用

为保障支出的灵活性，一般以储蓄形式存放。应急基金支取后，应及时从日常收入和财富积累中进行弥补，另外应急基金应随消费水平的提高而增加。根据王女士目前收支情况计算出该家庭的应急基金为2000×3＋2000＝8000(元)，考虑流动性的原因，建议以活期存款及现金的方式保存这笔资金。可以将目前5万元定期存款中的1万元分为两份，分别存为活期储蓄和货币基金。此外，为避免资金暂时周转不开，可以到银行申请一张信用卡，最高信用额度可达到5万元。

② 风险保障建议。根据王女士家庭保障的实际情况，作出如下建议。

a. 人身保障。王女士的丈夫作为家庭主要经济支柱，一旦发生意外将给家庭带来较大的生活压力，因此其人身价值应有足够的保障。为了维持家庭生活水平不变，通过前面对财务安全的分析，王女士家庭的保障额度应该为80万元左右。根据赵先生在经济上对家庭贡献的比例以及未来要在家庭方面承担更多的责任，将保额的80%分配给赵先生本人，即64万元。同时，王女士也要肩负一定的家庭经济责任，因此，王女士也应有一定的人身价值保障，额度为16万元左右。

b. 孩子的保障。对于即将出生的孩子，可投保既可作为教育金保险，又可作为投资险的两全险，一方面，孩子的教育费用能按照家庭的理财计划来调整；另一方面，将意外、医疗等可能发生的费用风险转移给保险公司。

c. 重大疾病保障。根据《2007年中国卫生统计年鉴》等资料，针对普遍存在的重大疾病，其治疗费用平均为12万～20万元。王女士家庭主要成员的重大疾病保障目前已经初步达标，但为了避免家庭受到重大疾病所带来的影响，也为了缓解家庭因此所承受的压力，需及时调整王女士夫妇的重大疾病保障，将保障额度调整至20万元。另外适当给孩子购买10万元的重大疾病险。

d. 意外伤害保障。通过意外伤害保障，可以在一定程度上挽回遭受意外伤害时的家庭损失，同时也是有效实现家庭财务安全目标的手段。通过意外伤害保障，可以用较低的保费获得较高的保障额度。考虑到王女士夫妇的工作性质及职业风险程度，建议为两人分别投保100万元和20万元的意外伤害保险。

以上几类保险的年交保费应控制在家庭年收入的10%左右。

③ 子女养育和教育方案。根据测算，小孩出生到大学毕业的22年间需要的生活费用为642 662元，教育费用为443 567元。按组合收益率8.57%测算，每年需要为其储备18 238元。按照王女士家庭未来现金流量仿真表的结果，该目标可以达成。

④ 养老规划。根据王女士提供的退休生活方式和开支情况，计算出王女士预计退休后的生活支出，我们知道目前每年的生活支出50 000元，距离退休年限25年，活到80岁，假设退休后每年生活支出比例为目前的100%，通胀率为4%，退休后资产收益率为4.11%，退休前资产预计年收益率为8.57%。

我们可以先计算出退休后第一年生活费为138 623元，然后计算出所需的退休金数量为 4 127 941 元，及退休时所需补充的退休金总额 464 858 元，最后求出退休前每年年末需投资金额。

具体如表 10-12 所示，可以从该表得出王女士退休前每年年末需投资金额。

表 10-12　王女士预计退休后的生活支出

距离退休年数	25 年
目前每年生活支出	50 000 元
退休后每年生活支出占目前的百分比	100%
退休后第一年生活支出	138 623 元
通货膨胀率	4%
公司退休金计划年收入	114 181 元
年总收入	114 181 元
年资金缺口	
退休后资产收益率	4.11%
所需的退休金数量	4 127 941 元
预计退休后生存年限	20 年
退休时所需补充的退休金总额	464 858 元
退休前资产预计年收益率	8.57%
退休前每年年末需投资金额	

课堂思考

请根据表 10-12 的数据，计算出年资金缺口，以及退休前每年年末需投资金额，并将结果填写在表格的相应位置。

第七，保险理财规划后的财务状况。

下面根据王女士家庭的理财目标和理财规划师提出的各项理财建议，逐一进行财务可行性分析。

(1) 育儿支出及教育基金。

① 支出金额：每月育儿支出为 1500 元。

② 费用来源：从每月支出和年初结余中来。

(2) 房贷还款。

① 每月还款：1500 元。

② 还贷来源：每月收支后节省下的还贷款。

(3) 新增保险费用。

① 2011 年新增保费按当年的收入的 10%测算。

② 新增保费来源：从年度结余中支出。

第八，未来家庭理财安排原则。

理财是一个贯穿人生各个阶段的长期过程，切忌操之过急，应持之以恒。在未来的家庭理财安排上，王女士需把握的原则是：

(1) 关注国家通货膨胀情况和利率变动情况，及时调整投资组合。

(2) 根据家庭情况变化不断调整和修改理财规划，并持之以恒地遵照执行。

(3) 开源是理财，节流也是理财，节省不必要的开支。

(4) 如遇其他特殊情况，资金趋紧，可将积累的投资组合变现。

第九，理财规划结论。

针对王女士的家庭特点，在确保王女士家庭生活质量不下降的前提下，按照这份保险理财规划建议书进行实际操作，可以帮助王女士早日达成家庭理财梦想，并实现家庭财富的最大化。

第十，后记。

后记的内容如表10-13所示。

表 10-13 后记

考虑到您的家庭现在即将迈入成长期，将来肯定还会出现更多可喜的变化，所以我们愿伴随您家庭的成长，随时为您提供更多的保险理财建议，为您减缓财务忧虑，实现理财目标。 我们是您实现财务自由之路的好帮手，请经常与我们保持联系！ ××保险理财机构 ××××年××月××日

本章小结

家庭综合保险理财规划是家庭综合理财规划中对家庭风险进行总体评价，对所需的保险进行统筹安排。

国际CFP协会制定的家庭综合保险规划流程包括六大步骤。

(1) 帮助客户了解目前自身财务状况，其中包含了解客户不确定的财务损失风险及其风险管理情况。

(2) 帮助客户决定未来的财务目标和方向，其中包含决定风险管理财务目标。

(3) 找出客户面临的包含风险管理在内的财务问题或困难。

(4) 制订解决理财问题、实现理财目标的书面理财规划，其中包括保险规划。

(5) 与客户一起制订适当的执行计划，其中包括购买保险的计划。

(6) 定期检查、调整、更新包括保险规划在内的理财规划。

家庭综合保险规划方法包括报表分析法和现金预算法。

报表分析法是指家庭对某个时期的资产负债表和收入支出表中的项目进行分析，并将两报表中具有一定关系的有关项目及数据进行对比，计算出反映各项目之间内在联系的财务比率，从而分析出家庭的财务状况的方法。主要包括资产负债表分析和收入支出表分析。

现金预算法是指家庭通过某一时期的收入支出表来预计未来一定时期内家庭现金收支状况，并遵照计划来执行现金收支的方法。具体步骤包括：估计家庭的收入；计划家庭的开支；为下一年制订现金预算；执行现金预算四个步骤。

保险理财规划建议书的格式包括封面、前言、假设前提和正文。

保险理财规划建议书的正文内容包括：家庭基本情况分析、客户理财目标分析、家庭财务状况分析、理财投资建议、理财规划方案的预期效果分析以及理财规划方案的执行与调整。

思考与练习

一、简答题

1. 为什么要进行综合保险理财规划？
2. 综合保险理财规划的流程是怎样的？
3. 保险理财规划建议书包括哪些内容？

二、案例分析

1. 张先生夫妇两人的月收入为 8000 元，张先生的年薪每年以 5%的速度增长(包含通货膨胀因素)，按理想状态计算，30 年后张先生的年薪为 2.5 万元。而张先生夫妇如果退休后，每月仅能从社保系统上领取共计 2000 元的养老金，只占现在的 20%。目前，家庭中固定资产只有 6 万元的汽车，有 5 万元的金融资产，但高风险的股票除掉亏损 1 万元，还有 4 万元，另外活期存款 3 万元。家庭每月开支 6500 元，其中，交际、保健及其他费用三项约 3200 元，汽车费用 1000 元，张先生夫妇均未购买人寿保险。他们有如下打算：未来两年内欲购买一套两居室；5 年后欲养育一个孩子；建立家庭应急基金、购买保险，提高家庭保障和风险防范能力。请问张先生如何进行家庭综合保险规划？

2. 王先生，31 岁，健康状况良好，工作稳定，享有社会养老保险保障。王太太，29 岁，健康状况良好，个体户，无任何保险。有 25 万元现金及活期存款；汽车价值 10 万元；房产预计现值 115 万元；家庭年收入 19 万元，其中王先生 7 万元，王太太 12 万元；家庭年支出 3 万元；假设父母双方均有退休金和医保，身体健康，短期内无须照顾。他们有如下打算：明年要小孩；第二年贷款买车；第四年还清房贷；等子女 13 岁时为子女准备未来教育基金 20 万元。请问王先生如何进行家庭综合保险规划？

中华人民共和国保险法
（2009 年修订）

第一章　总　　则

第一条　为了规范保险活动，保护保险活动当事人的合法权益，加强对保险业的监督管理，维护社会经济秩序和社会公共利益，促进保险事业的健康发展，制定本法。

第二条　本法所称保险是指投保人根据合同约定，向保险人支付保险费，保险人对于合同约定的可能发生的事故因其发生所造成的财产损失承担赔偿保险金责任，或者当被保险人死亡、伤残、疾病或者达到合同约定的年龄、期限等条件时承担给付保险金责任的商业保险行为。

第三条　在中华人民共和国境内从事保险活动，适用本法。

第四条　从事保险活动必须遵守法律、行政法规，尊重社会公德，不得损害社会公共利益。

第五条　保险活动当事人行使权利、履行义务应当遵循诚实信用原则。

第六条　保险业务由依照本法设立的保险公司以及法律、行政法规规定的其他保险组织经营，其他单位和个人不得经营保险业务。

第七条　在中华人民共和国境内的法人和其他组织需要办理境内保险的，应当向中华人民共和国境内的保险公司投保。

第八条　保险业和银行业、证券业、信托业实行分业经营、分业管理，保险公司与银行、证券、信托业务机构分别设立。国家另有规定的除外。

第九条　国务院保险监督管理机构依法对保险业实施监督管理。

第二章　保险合同

第一节　一般规定

第十条　保险合同是投保人与保险人约定保险权利义务关系的协议。

投保人是指与保险人订立保险合同，并按照合同约定负有支付保险费义务的人。

保险人是指与投保人订立保险合同，并按照合同约定承担赔偿或者给付保险金责任的保险公司。

第十一条　订立保险合同，应当协商一致，遵循公平原则确定各方的权利和义务。

除法律、行政法规规定必须保险的外，保险合同自愿订立。

第十二条　人身保险的投保人在保险合同订立时，对被保险人应当具有保险利益。

财产保险的被保险人在保险事故发生时，对保险标的应当具有保险利益。

人身保险是以人的寿命和身体为保险标的的保险。

财产保险是以财产及其有关利益为保险标的的保险。

被保险人是指其财产或者人身受保险合同保障，享有保险金请求权的人。投保人可以为被保险人。

保险利益是指投保人或者被保险人对保险标的具有的法律上承认的利益。

第十三条 投保人提出保险要求，经保险人同意承保，保险合同成立。保险人应当及时向投保人签发保险单或者其他保险凭证。

保险单或者其他保险凭证应当载明当事人双方约定的合同内容。当事人也可以约定采用其他书面形式载明合同内容。

依法成立的保险合同，自成立时生效。投保人和保险人可以对合同的效力约定附条件或者附期限。

第十四条 保险合同成立后，投保人按照约定交付保险费，保险人按照约定的时间开始承担保险责任。

第十五条 除本法另有规定或者保险合同另有约定外，保险合同成立后，投保人可以解除合同，保险人不得解除合同。

第十六条 订立保险合同，保险人就保险标的或者被保险人的有关情况提出询问的，投保人应当如实告知。

投保人故意或者因重大过失未履行前款规定的如实告知义务，足以影响保险人决定是否同意承保或者提高保险费率的，保险人有权解除合同。

前款规定的合同解除权，自保险人知道有解除事由之日起，超过三十日不行使而消灭。自合同成立之日起超过二年的，保险人不得解除合同；发生保险事故的，保险人应当承担赔偿或者给付保险金的责任。

投保人故意不履行如实告知义务的，保险人对于合同解除前发生的保险事故，不承担赔偿或者给付保险金的责任，并不退还保险费。

投保人因重大过失未履行如实告知义务，对保险事故的发生有严重影响的，保险人对于合同解除前发生的保险事故，不承担赔偿或者给付保险金的责任，但应当退还保险费。

保险人在合同订立时已经知道投保人未如实告知的情况的，保险人不得解除合同；发生保险事故的，保险人应当承担赔偿或者给付保险金的责任。

保险事故是指保险合同约定的保险责任范围内的事故。

第十七条 订立保险合同，采用保险人提供的格式条款的，保险人向投保人提供的投保单应当附格式条款，保险人应当向投保人说明合同的内容。

对保险合同中免除保险人责任的条款，保险人在订立合同时应当在投保单、保险单或者其他保险凭证上作出足以引起投保人注意的提示，并对该条款的内容以书面或者口头形式向投保人作出明确说明；未作提示或者明确说明的，该条款不产生效力。

第十八条 保险合同应当包括下列事项：

（一）保险人的名称和住所；

（二）投保人、被保险人的姓名或者名称、住所，以及人身保险的受益人的姓名或者名称、住所；

（三）保险标的；

（四）保险责任和责任免除；

（五）保险期间和保险责任开始时间；

（六）保险金额；

（七）保险费以及支付办法；

（八）保险金赔偿或者给付办法；

（九）违约责任和争议处理；

（十）订立合同的年、月、日。

投保人和保险人可以约定与保险有关的其他事项。

受益人是指人身保险合同中由被保险人或者投保人指定的享有保险金请求权的人。投保人、被保险人可以为受益人。

保险金额是指保险人承担赔偿或者给付保险金责任的最高限额。

第十九条　采用保险人提供的格式条款订立的保险合同中的下列条款无效：

（一）免除保险人依法应承担的义务或者加重投保人、被保险人责任的；

（二）排除投保人、被保险人或者受益人依法享有的权利的。

第二十条　投保人和保险人可以协商变更合同内容。

变更保险合同的，应当由保险人在保险单或者其他保险凭证上批注或者附贴批单，或者由投保人和保险人订立变更的书面协议。

第二十一条　投保人、被保险人或者受益人知道保险事故发生后，应当及时通知保险人。故意或者因重大过失未及时通知，致使保险事故的性质、原因、损失程度等难以确定的，保险人对无法确定的部分，不承担赔偿或者给付保险金的责任，但保险人通过其他途径已经及时知道或者应当及时知道保险事故发生的除外。

第二十二条　保险事故发生后，按照保险合同请求保险人赔偿或者给付保险金时，投保人、被保险人或者受益人应当向保险人提供其所能提供的与确认保险事故的性质、原因、损失程度等有关的证明和资料。

保险人按照合同的约定，认为有关的证明和资料不完整的，应当及时一次性通知投保人、被保险人或者受益人补充提供。

第二十三条　保险人收到被保险人或者受益人的赔偿或者给付保险金的请求后，应当及时作出核定；情形复杂的，应当在三十日内作出核定，但合同另有约定的除外。保险人应当将核定结果通知被保险人或者受益人；对属于保险责任的，在与被保险人或者受益人达成赔偿或者给付保险金的协议后十日内，履行赔偿或者给付保险金义务。保险合同对赔偿或者给付保险金的期限有约定的，保险人应当按照约定履行赔偿或者给付保险金义务。

保险人未及时履行前款规定义务的，除支付保险金外，应当赔偿被保险人或者受益人因此受到的损失。

任何单位和个人不得非法干预保险人履行赔偿或者给付保险金的义务，也不得限制被保险人或者受益人取得保险金的权利。

第二十四条 保险人依照本法第二十三条的规定作出核定后，对不属于保险责任的，应当自作出核定之日起三日内向被保险人或者受益人发出拒绝赔偿或者拒绝给付保险金通知书，并说明理由。

第二十五条 保险人自收到赔偿或者给付保险金的请求和有关证明、资料之日起六十日内，对其赔偿或者给付保险金的数额不能确定的，应当根据已有证明和资料可以确定的数额先予支付；保险人最终确定赔偿或者给付保险金的数额后，应当支付相应的差额。

第二十六条 人寿保险以外的其他保险的被保险人或者受益人，向保险人请求赔偿或者给付保险金的诉讼时效期间为二年，自其知道或者应当知道保险事故发生之日起计算。

人寿保险的被保险人或者受益人向保险人请求给付保险金的诉讼时效期间为五年，自其知道或者应当知道保险事故发生之日起计算。

第二十七条 未发生保险事故，被保险人或者受益人谎称发生了保险事故，向保险人提出赔偿或者给付保险金请求的，保险人有权解除合同，并不退还保险费。

投保人、被保险人故意制造保险事故的，保险人有权解除合同，不承担赔偿或者给付保险金的责任；除本法第四十三条规定外，不退还保险费。

保险事故发生后，投保人、被保险人或者受益人以伪造、变造的有关证明、资料或者其他证据，编造虚假的事故原因或者夸大损失程度的，保险人对其虚报的部分不承担赔偿或者给付保险金的责任。

投保人、被保险人或者受益人有前三款规定行为之一，致使保险人支付保险金或者支出费用的，应当退回或者赔偿。

第二十八条 保险人将其承担的保险业务，以分保形式部分转移给其他保险人的，为再保险。

应再保险接受人的要求，再保险分出人应当将其自负责任及原保险的有关情况书面告知再保险接受人。

第二十九条 再保险接受人不得向原保险的投保人要求支付保险费。

原保险的被保险人或者受益人不得向再保险接受人提出赔偿或者给付保险金的请求。

再保险分出人不得以再保险接受人未履行再保险责任为由，拒绝履行或者迟延履行其原保险责任。

第三十条 采用保险人提供的格式条款订立的保险合同，保险人与投保人、被保险人或者受益人对合同条款有争议的，应当按照通常理解予以解释。对合同条款有两种以上解释的，人民法院或者仲裁机构应当作出有利于被保险人和受益人的解释。

第二节 人身保险合同

第三十一条 投保人对下列人员具有保险利益：

（一）本人；

（二）配偶、子女、父母；

（三）前项以外与投保人有抚养、赡养或者扶养关系的家庭其他成员、近亲属；

（四）与投保人有劳动关系的劳动者。

除前款规定外，被保险人同意投保人为其订立合同的，视为投保人对被保险人具有保险利益。

订立合同时，投保人对被保险人不具有保险利益的，合同无效。

第三十二条　投保人申报的被保险人年龄不真实，并且其真实年龄不符合合同约定的年龄限制的，保险人可以解除合同，并按照合同约定退还保险单的现金价值。保险人行使合同解除权，适用本法第十六条第三款、第六款的规定。

投保人申报的被保险人年龄不真实，致使投保人支付的保险费少于应付保险费的，保险人有权更正并要求投保人补交保险费，或者在给付保险金时按照实付保险费与应付保险费的比例支付。

投保人申报的被保险人年龄不真实，致使投保人支付的保险费多于应付保险费的，保险人应当将多收的保险费退还投保人。

第三十三条　投保人不得为无民事行为能力人投保以死亡为给付保险金条件的人身保险，保险人也不得承保。

父母为其未成年子女投保的人身保险，不受前款规定限制。但是，因被保险人死亡给付的保险金总和不得超过国务院保险监督管理机构规定的限额。

第三十四条　以死亡为给付保险金条件的合同，未经被保险人同意并认可保险金额的，合同无效。

按照以死亡为给付保险金条件的合同所签发的保险单，未经被保险人书面同意，不得转让或者质押。

父母为其未成年子女投保的人身保险，不受本条第一款规定限制。

第三十五条　投保人可以按照合同约定向保险人一次支付全部保险费或者分期支付保险费。

第三十六条　合同约定分期支付保险费，投保人支付首期保险费后，除合同另有约定外，投保人自保险人催告之日起超过三十日未支付当期保险费，或者超过约定的期限六十日未支付当期保险费的，合同效力中止，或者由保险人按照合同约定的条件减少保险金额。

被保险人在前款规定期限内发生保险事故的，保险人应当按照合同约定给付保险金，但可以扣减欠交的保险费。

第三十七条　合同效力依照本法第三十六条规定中止的，经保险人与投保人协商并达成协议，在投保人补交保险费后，合同效力恢复。但是，自合同效力中止之日起满二年双方未达成协议的，保险人有权解除合同。

保险人依照前款规定解除合同的，应当按照合同约定退还保险单的现金价值。

第三十八条　保险人对人寿保险的保险费，不得用诉讼方式要求投保人支付。

第三十九条　人身保险的受益人由被保险人或者投保人指定。

投保人指定受益人时须经被保险人同意。投保人为与其有劳动关系的劳动者投保人身保险，不得指定被保险人及其近亲属以外的人为受益人。

被保险人为无民事行为能力人或者限制民事行为能力人的，可以由其监护人指定受益人。

第四十条 被保险人或者投保人可以指定一人或者数人为受益人。

受益人为数人的,被保险人或者投保人可以确定受益顺序和受益份额;未确定受益份额的,受益人按照相等份额享有受益权。

第四十一条 被保险人或者投保人可以变更受益人并书面通知保险人。保险人收到变更受益人的书面通知后,应当在保险单或者其他保险凭证上批注或者附贴批单。

投保人变更受益人时须经被保险人同意。

第四十二条 被保险人死亡后,有下列情形之一的,保险金作为被保险人的遗产,由保险人依照《中华人民共和国继承法》的规定履行给付保险金的义务:

(一) 没有指定受益人,或者受益人指定不明无法确定的;

(二) 受益人先于被保险人死亡,没有其他受益人的;

(三) 受益人依法丧失受益权或者放弃受益权,没有其他受益人的。

受益人与被保险人在同一事件中死亡,且不能确定死亡先后顺序的,推定受益人死亡在先。

第四十三条 投保人故意造成被保险人死亡、伤残或者疾病的,保险人不承担给付保险金的责任。投保人已交足二年以上保险费的,保险人应当按照合同约定向其他权利人退还保险单的现金价值。

受益人故意造成被保险人死亡、伤残、疾病的,或者故意杀害被保险人未遂的,该受益人丧失受益权。

第四十四条 以被保险人死亡为给付保险金条件的合同,自合同成立或者合同效力恢复之日起二年内,被保险人自杀的,保险人不承担给付保险金的责任,但被保险人自杀时为无民事行为能力人的除外。

保险人依照前款规定不承担给付保险金责任的,应当按照合同约定退还保险单的现金价值。

第四十五条 因被保险人故意犯罪或者抗拒依法采取的刑事强制措施导致其伤残或者死亡的,保险人不承担给付保险金的责任。投保人已交足二年以上保险费的,保险人应当按照合同约定退还保险单的现金价值。

第四十六条 被保险人因第三者的行为而发生死亡、伤残或者疾病等保险事故的,保险人向被保险人或者受益人给付保险金后,不享有向第三者追偿的权利,但被保险人或者受益人仍有权向第三者请求赔偿。

第四十七条 投保人解除合同的,保险人应当自收到解除合同通知之日起三十日内,按照合同约定退还保险单的现金价值。

第三节 财产保险合同

第四十八条 保险事故发生时,被保险人对保险标的不具有保险利益的,不得向保险人请求赔偿保险金。

第四十九条 保险标的转让的,保险标的的受让人承继被保险人的权利和义务。

保险标的转让的,被保险人或者受让人应当及时通知保险人,但货物运输保险合同和另有约定的合同除外。

因保险标的转让导致危险程度显著增加的，保险人自收到前款规定的通知之日起三十日内，可以按照合同约定增加保险费或者解除合同。保险人解除合同的，应当将已收取的保险费，按照合同约定扣除自保险责任开始之日起至合同解除之日止应收的部分后，退还投保人。

被保险人、受让人未履行本条第二款规定的通知义务的，因转让导致保险标的危险程度显著增加而发生的保险事故，保险人不承担赔偿保险金的责任。

第五十条 货物运输保险合同和运输工具航程保险合同，保险责任开始后，合同当事人不得解除合同。

第五十一条 被保险人应当遵守国家有关消防、安全、生产操作、劳动保护等方面的规定，维护保险标的的安全。

保险人可以按照合同约定对保险标的的安全状况进行检查，及时向投保人、被保险人提出消除不安全因素和隐患的书面建议。

投保人、被保险人未按照约定履行其对保险标的的安全应尽责任的，保险人有权要求增加保险费或者解除合同。

保险人为维护保险标的的安全，经被保险人同意，可以采取安全预防措施。

第五十二条 在合同有效期内，保险标的的危险程度显著增加的，被保险人应当按照合同约定及时通知保险人，保险人可以按照合同约定增加保险费或者解除合同。保险人解除合同的，应当将已收取的保险费，按照合同约定扣除自保险责任开始之日起至合同解除之日止应收的部分后，退还投保人。

被保险人未履行前款规定的通知义务的，因保险标的的危险程度显著增加而发生的保险事故，保险人不承担赔偿保险金的责任。

第五十三条 有下列情形之一的，除合同另有约定外，保险人应当降低保险费，并按日计算退还相应的保险费：

（一）据以确定保险费率的有关情况发生变化，保险标的的危险程度明显减少的；

（二）保险标的的保险价值明显减少的。

第五十四条 保险责任开始前，投保人要求解除合同的，应当按照合同约定向保险人支付手续费，保险人应当退还保险费。保险责任开始后，投保人要求解除合同的，保险人应当将已收取的保险费，按照合同约定扣除自保险责任开始之日起至合同解除之日止应收的部分后，退还投保人。

第五十五条 投保人和保险人约定保险标的的保险价值并在合同中载明的，保险标的发生损失时，以约定的保险价值为赔偿计算标准。

投保人和保险人未约定保险标的的保险价值的，保险标的发生损失时，以保险事故发生时保险标的的实际价值为赔偿计算标准。

保险金额不得超过保险价值。超过保险价值的，超过部分无效，保险人应当退还相应的保险费。

保险金额低于保险价值的，除合同另有约定外，保险人按照保险金额与保险价值的比例承担赔偿保险金的责任。

第五十六条 重复保险的投保人应当将重复保险的有关情况通知各保险人。

重复保险的各保险人赔偿保险金的总和不得超过保险价值。除合同另有约定外，各保险人按照其保险金额与保险金额总和的比例承担赔偿保险金的责任。

重复保险的投保人可以就保险金额总和超过保险价值的部分，请求各保险人按比例返还保险费。

重复保险是指投保人对同一保险标的、同一保险利益、同一保险事故分别与两个以上保险人订立保险合同，且保险金额总和超过保险价值的保险。

第五十七条 保险事故发生时，被保险人应当尽力采取必要的措施，防止或者减少损失。

保险事故发生后，被保险人为防止或者减少保险标的的损失所支付的必要的、合理的费用，由保险人承担；保险人所承担的费用数额在保险标的损失赔偿金额以外另行计算，最高不超过保险金额的数额。

第五十八条 保险标的发生部分损失的，自保险人赔偿之日起三十日内，投保人可以解除合同；除合同另有约定外，保险人也可以解除合同，但应当提前十五日通知投保人。

合同解除的，保险人应当将保险标的未受损失部分的保险费，按照合同约定扣除自保险责任开始之日起至合同解除之日止应收的部分后，退还投保人。

第五十九条 保险事故发生后，保险人已支付了全部保险金额，并且保险金额等于保险价值的，受损保险标的的全部权利归于保险人；保险金额低于保险价值的，保险人按照保险金额与保险价值的比例取得受损保险标的的部分权利。

第六十条 因第三者对保险标的的损害而造成保险事故的，保险人自向被保险人赔偿保险金之日起，在赔偿金额范围内代位行使被保险人对第三者请求赔偿的权利。

前款规定的保险事故发生后，被保险人已经从第三者取得损害赔偿的，保险人赔偿保险金时，可以相应扣减被保险人从第三者已取得的赔偿金额。

保险人依照本条第一款规定行使代位请求赔偿的权利，不影响被保险人就未取得赔偿的部分向第三者请求赔偿的权利。

第六十一条 保险事故发生后，保险人未赔偿保险金之前，被保险人放弃对第三者请求赔偿的权利的，保险人不承担赔偿保险金的责任。

保险人向被保险人赔偿保险金后，被保险人未经保险人同意放弃对第三者请求赔偿的权利的，该行为无效。

被保险人故意或者因重大过失致使保险人不能行使代位请求赔偿的权利的，保险人可以扣减或者要求返还相应的保险金。

第六十二条 除被保险人的家庭成员或者其组成人员故意造成本法第六十条第一款规定的保险事故外，保险人不得对被保险人的家庭成员或者其组成人员行使代位请求赔偿的权利。

第六十三条 保险人向第三者行使代位请求赔偿的权利时，被保险人应当向保险人提供必要的文件和所知道的有关情况。

第六十四条 保险人、被保险人为查明和确定保险事故的性质、原因和保险标的的损失程度所支付的必要的、合理的费用，由保险人承担。

第六十五条　保险人对责任保险的被保险人给第三者造成的损害，可以依照法律的规定或者合同的约定，直接向该第三者赔偿保险金。

责任保险的被保险人给第三者造成损害，被保险人对第三者应负的赔偿责任确定的，根据被保险人的请求，保险人应当直接向该第三者赔偿保险金。被保险人怠于请求的，第三者有权就其应获赔偿部分直接向保险人请求赔偿保险金。

责任保险的被保险人给第三者造成损害，被保险人未向该第三者赔偿的，保险人不得向被保险人赔偿保险金。

责任保险是指以被保险人对第三者依法应负的赔偿责任为保险标的的保险。

第六十六条　责任保险的被保险人因给第三者造成损害的保险事故而被提起仲裁或者诉讼的，被保险人支付的仲裁或者诉讼费用以及其他必要的、合理的费用，除合同另有约定外，由保险人承担。

第三章　保险公司

第六十七条　设立保险公司应当经国务院保险监督管理机构批准。

国务院保险监督管理机构审查保险公司的设立申请时，应当考虑保险业的发展和公平竞争的需要。

第六十八条　设立保险公司应当具备下列条件：

（一）主要股东具有持续盈利能力，信誉良好，最近三年内无重大违法违规记录，净资产不低于人民币二亿元；

（二）有符合本法和《中华人民共和国公司法》规定的章程；

（三）有符合本法规定的注册资本；

（四）有具备任职专业知识和业务工作经验的董事、监事和高级管理人员；

（五）有健全的组织机构和管理制度；

（六）有符合要求的营业场所和与经营业务有关的其他设施；

（七）法律、行政法规和国务院保险监督管理机构规定的其他条件。

第六十九条　设立保险公司，其注册资本的最低限额为人民币二亿元。

国务院保险监督管理机构根据保险公司的业务范围、经营规模，可以调整其注册资本的最低限额，但不得低于本条第一款规定的限额。

保险公司的注册资本必须为实缴货币资本。

第七十条　申请设立保险公司，应当向国务院保险监督管理机构提出书面申请，并提交下列材料：

（一）设立申请书，申请书应当载明拟设立的保险公司的名称、注册资本、业务范围等；

（二）可行性研究报告；

（三）筹建方案；

（四）投资人的营业执照或者其他背景资料，经会计师事务所审计的上一年度财务会计报告；

（五）投资人认可的筹备组负责人和拟任董事长、经理名单及本人认可证明；

（六）国务院保险监督管理机构规定的其他材料。

第七十一条 国务院保险监督管理机构应当对设立保险公司的申请进行审查，自受理之日起六个月内作出批准或者不批准筹建的决定，并书面通知申请人。决定不批准的，应当书面说明理由。

第七十二条 申请人应当自收到批准筹建通知之日起一年内完成筹建工作；筹建期间不得从事保险经营活动。

第七十三条 筹建工作完成后，申请人具备本法第六十八条规定的设立条件的，可以向国务院保险监督管理机构提出开业申请。

国务院保险监督管理机构应当自受理开业申请之日起六十日内，作出批准或者不批准开业的决定。决定批准的，颁发经营保险业务许可证；决定不批准的，应当书面通知申请人并说明理由。

第七十四条 保险公司在中华人民共和国境内设立分支机构，应当经保险监督管理机构批准。

保险公司分支机构不具有法人资格，其民事责任由保险公司承担。

第七十五条 保险公司申请设立分支机构，应当向保险监督管理机构提出书面申请，并提交下列材料：

（一）设立申请书；

（二）拟设机构三年业务发展规划和市场分析材料；

（三）拟任高级管理人员的简历及相关证明材料；

（四）国务院保险监督管理机构规定的其他材料。

第七十六条 保险监督管理机构应当对保险公司设立分支机构的申请进行审查，自受理之日起六十日内作出批准或者不批准的决定。决定批准的，颁发分支机构经营保险业务许可证；决定不批准的，应当书面通知申请人并说明理由。

第七十七条 经批准设立的保险公司及其分支机构，凭经营保险业务许可证向工商行政管理机关办理登记，领取营业执照。

第七十八条 保险公司及其分支机构自取得经营保险业务许可证之日起六个月内，无正当理由未向工商行政管理机关办理登记的，其经营保险业务许可证失效。

第七十九条 保险公司在中华人民共和国境外设立子公司、分支机构、代表机构，应当经国务院保险监督管理机构批准。

第八十条 外国保险机构在中华人民共和国境内设立代表机构，应当经国务院保险监督管理机构批准。代表机构不得从事保险经营活动。

第八十一条 保险公司的董事、监事和高级管理人员，应当品行良好，熟悉与保险相关的法律、行政法规，具有履行职责所需的经营管理能力，并在任职前取得保险监督管理机构核准的任职资格。

保险公司高级管理人员的范围由国务院保险监督管理机构规定。

第八十二条 有《中华人民共和国公司法》第一百四十七条规定的情形或者下列情形之一的，不得担任保险公司的董事、监事、高级管理人员：

（一）因违法行为或者违纪行为被金融监督管理机构取消任职资格的金融机构的董事、监事、高级管理人员，自被取消任职资格之日起未逾五年的；

（二）因违法行为或者违纪行为被吊销执业资格的律师、注册会计师或者资产评估机构、验证机构等机构的专业人员，自被吊销执业资格之日起未逾五年的。

第八十三条 保险公司的董事、监事、高级管理人员执行公司职务时违反法律、行政法规或者公司章程的规定，给公司造成损失的，应当承担赔偿责任。

第八十四条 保险公司有下列情形之一的，应当经保险监督管理机构批准：

（一）变更名称；

（二）变更注册资本；

（三）变更公司或者分支机构的营业场所；

（四）撤销分支机构；

（五）公司分立或者合并；

（六）修改公司章程；

（七）变更出资额占有限责任公司资本总额百分之五以上的股东，或者变更持有股份有限公司股份百分之五以上的股东；

（八）国务院保险监督管理机构规定的其他情形。

第八十五条 保险公司应当聘用经国务院保险监督管理机构认可的精算专业人员，建立精算报告制度。

保险公司应当聘用专业人员，建立合规报告制度。

第八十六条 保险公司应当按照保险监督管理机构的规定，报送有关报告、报表、文件和资料。

保险公司的偿付能力报告、财务会计报告、精算报告、合规报告及其他有关报告、报表、文件和资料必须如实记录保险业务事项，不得有虚假记载、误导性陈述和重大遗漏。

第八十七条 保险公司应当按照国务院保险监督管理机构的规定妥善保管业务经营活动的完整账簿、原始凭证和有关资料。

前款规定的账簿、原始凭证和有关资料的保管期限，自保险合同终止之日起计算，保险期间在一年以下的不得少于五年，保险期间超过一年的不得少于十年。

第八十八条 保险公司聘请或者解聘会计师事务所、资产评估机构、资信评级机构等中介服务机构，应当向保险监督管理机构报告；解聘会计师事务所、资产评估机构、资信评级机构等中介服务机构，应当说明理由。

第八十九条 保险公司因分立、合并需要解散，或者股东会、股东大会决议解散，或者公司章程规定的解散事由出现，经国务院保险监督管理机构批准后解散。

经营有人寿保险业务的保险公司，除因分立、合并或者被依法撤销外，不得解散。

保险公司解散，应当依法成立清算组进行清算。

第九十条 保险公司有《中华人民共和国企业破产法》第二条规定情形的，经国务院保险监督管理机构同意，保险公司或者其债权人可以依法向人民法院申请重整、和解或者破产清算；国务院保险监督管理机构也可以依法向人民法院申请对该保险公司进行重整或者破产清算。

第九十一条 破产财产在优先清偿破产费用和共益债务后，按照下列顺序清偿：

（一）所欠职工工资和医疗、伤残补助、抚恤费用，所欠应当划入职工个人账户的基本养老保险、基本医疗保险费用，以及法律、行政法规规定应当支付给职工的补偿金；

（二）赔偿或者给付保险金；

（三）保险公司欠缴的除第（一）项规定以外的社会保险费用和所欠税款；

（四）普通破产债权。

破产财产不足以清偿同一顺序的清偿要求的，按照比例分配。

破产保险公司的董事、监事和高级管理人员的工资，按照该公司职工的平均工资计算。

第九十二条 经营有人寿保险业务的保险公司被依法撤销或者被依法宣告破产的，其持有的人寿保险合同及责任准备金，必须转让给其他经营有人寿保险业务的保险公司；不能同其他保险公司达成转让协议的，由国务院保险监督管理机构指定经营有人寿保险业务的保险公司接受转让。

转让或者由国务院保险监督管理机构指定接受转让前款规定的人寿保险合同及责任准备金的，应当维护被保险人、受益人的合法权益。

第九十三条 保险公司依法终止其业务活动，应当注销其经营保险业务许可证。

第九十四条 保险公司，除本法另有规定外，适用《中华人民共和国公司法》的规定。

第四章 保险经营规则

第九十五条 保险公司的业务范围：

（一）人身保险业务，包括人寿保险、健康保险、意外伤害保险等保险业务；

（二）财产保险业务，包括财产损失保险、责任保险、信用保险、保证保险等保险业务；

（三）国务院保险监督管理机构批准的与保险有关的其他业务。

保险人不得兼营人身保险业务和财产保险业务。但是，经营财产保险业务的保险公司经国务院保险监督管理机构批准，可以经营短期健康保险业务和意外伤害保险业务。

保险公司应当在国务院保险监督管理机构依法批准的业务范围内从事保险经营活动。

第九十六条 经国务院保险监督管理机构批准，保险公司可以经营本法第九十五条规定的保险业务的下列再保险业务：

（一）分出保险；

（二）分入保险。

第九十七条 保险公司应当按照其注册资本总额的百分之二十提取保证金，存入国务院保险监督管理机构指定的银行，除公司清算时用于清偿债务外，不得动用。

第九十八条 保险公司应当根据保障被保险人利益、保证偿付能力的原则，提取各项责任准备金。

保险公司提取和结转责任准备金的具体办法，由国务院保险监督管理机构制定。

第九十九条 保险公司应当依法提取公积金。

第一百条 保险公司应当缴纳保险保障基金。

保险保障基金应当集中管理，并在下列情形下统筹使用：

（一）在保险公司被撤销或者被宣告破产时，向投保人、被保险人或者受益人提供救济；

（二）在保险公司被撤销或者被宣告破产时，向依法接受其人寿保险合同的保险公司提供救济；

（三）国务院规定的其他情形。

保险保障基金筹集、管理和使用的具体办法，由国务院制定。

第一百零一条　保险公司应当具有与其业务规模和风险程度相适应的最低偿付能力。保险公司的认可资产减去认可负债的差额不得低于国务院保险监督管理机构规定的数额；低于规定数额的，应当按照国务院保险监督管理机构的要求采取相应措施达到规定的数额。

第一百零二条　经营财产保险业务的保险公司当年自留保险费，不得超过其实有资本金加公积金总和的四倍。

第一百零三条　保险公司对每一危险单位，即对一次保险事故可能造成的最大损失范围所承担的责任，不得超过其实有资本金加公积金总和的百分之十；超过的部分应当办理再保险。

保险公司对危险单位的划分应当符合国务院保险监督管理机构的规定。

第一百零四条　保险公司对危险单位的划分方法和巨灾风险安排方案，应当报国务院保险监督管理机构备案。

第一百零五条　保险公司应当按照国务院保险监督管理机构的规定办理再保险，并审慎选择再保险接受人。

第一百零六条　保险公司的资金运用必须稳健，遵循安全性原则。

保险公司的资金运用限于下列形式：

（一）银行存款；

（二）买卖债券、股票、证券投资基金份额等有价证券；

（三）投资不动产；

（四）国务院规定的其他资金运用形式。

保险公司资金运用的具体管理办法，由国务院保险监督管理机构依照前两款的规定制定。

第一百零七条　经国务院保险监督管理机构会同国务院证券监督管理机构批准，保险公司可以设立保险资产管理公司。

保险资产管理公司从事证券投资活动，应当遵守《中华人民共和国证券法》等法律、行政法规的规定。

保险资产管理公司的管理办法，由国务院保险监督管理机构会同国务院有关部门制定。

第一百零八条　保险公司应当按照国务院保险监督管理机构的规定，建立对关联交易的管理和信息披露制度。

第一百零九条　保险公司的控股股东、实际控制人、董事、监事、高级管理人员不得利用关联交易损害公司的利益。

第一百一十条 保险公司应当按照国务院保险监督管理机构的规定，真实、准确、完整地披露财务会计报告、风险管理状况、保险产品经营情况等重大事项。

第一百一十一条 保险公司从事保险销售的人员应当符合国务院保险监督管理机构规定的资格条件，取得保险监督管理机构颁发的资格证书。

前款规定的保险销售人员的范围和管理办法，由国务院保险监督管理机构规定。

第一百一十二条 保险公司应当建立保险代理人登记管理制度，加强对保险代理人的培训和管理，不得唆使、诱导保险代理人进行违背诚信义务的活动。

第一百一十三条 保险公司及其分支机构应当依法使用经营保险业务许可证，不得转让、出租、出借经营保险业务许可证。

第一百一十四条 保险公司应当按照国务院保险监督管理机构的规定，公平、合理拟订保险条款和保险费率，不得损害投保人、被保险人和受益人的合法权益。

保险公司应当按照合同约定和本法规定，及时履行赔偿或者给付保险金义务。

第一百一十五条 保险公司开展业务，应当遵循公平竞争的原则，不得从事不正当竞争。

第一百一十六条 保险公司及其工作人员在保险业务活动中不得有下列行为：

（一）欺骗投保人、被保险人或者受益人；

（二）对投保人隐瞒与保险合同有关的重要情况；

（三）阻碍投保人履行本法规定的如实告知义务，或者诱导其不履行本法规定的如实告知义务；

（四）给予或者承诺给予投保人、被保险人、受益人保险合同约定以外的保险费回扣或者其他利益；

（五）拒不依法履行保险合同约定的赔偿或者给付保险金义务；

（六）故意编造未曾发生的保险事故、虚构保险合同或者故意夸大已经发生的保险事故的损失程度进行虚假理赔，骗取保险金或者牟取其他不正当利益；

（七）挪用、截留、侵占保险费；

（八）委托未取得合法资格的机构或者个人从事保险销售活动；

（九）利用开展保险业务为其他机构或者个人牟取不正当利益；

（十）利用保险代理人、保险经纪人或者保险评估机构，从事以虚构保险中介业务或者编造退保等方式套取费用等违法活动；

（十一）以捏造、散布虚假事实等方式损害竞争对手的商业信誉，或者以其他不正当竞争行为扰乱保险市场秩序；

（十二）泄露在业务活动中知悉的投保人、被保险人的商业秘密；

（十三）违反法律、行政法规和国务院保险监督管理机构规定的其他行为。

第五章 保险代理人和保险经纪人

第一百一十七条 保险代理人是根据保险人的委托，向保险人收取佣金，并在保险人授权的范围内代为办理保险业务的机构或者个人。

保险代理机构包括专门从事保险代理业务的保险专业代理机构和兼营保险代理业务的保险兼业代理机构。

第一百一十八条　保险经纪人是基于投保人的利益，为投保人与保险人订立保险合同提供中介服务，并依法收取佣金的机构。

第一百一十九条　保险代理机构、保险经纪人应当具备国务院保险监督管理机构规定的条件，取得保险监督管理机构颁发的经营保险代理业务许可证、保险经纪业务许可证。

保险专业代理机构、保险经纪人凭保险监督管理机构颁发的许可证向工商行政管理机关办理登记，领取营业执照。

保险兼业代理机构凭保险监督管理机构颁发的许可证，向工商行政管理机关办理变更登记。

第一百二十条　以公司形式设立保险专业代理机构、保险经纪人，其注册资本最低限额适用《中华人民共和国公司法》的规定。

国务院保险监督管理机构根据保险专业代理机构、保险经纪人的业务范围和经营规模，可以调整其注册资本的最低限额，但不得低于《中华人民共和国公司法》规定的限额。

保险专业代理机构、保险经纪人的注册资本或者出资额必须为实缴货币资本。

第一百二十一条　保险专业代理机构、保险经纪人的高级管理人员，应当品行良好，熟悉保险法律、行政法规，具有履行职责所需的经营管理能力，并在任职前取得保险监督管理机构核准的任职资格。

第一百二十二条　个人保险代理人、保险代理机构的代理从业人员、保险经纪人的经纪从业人员，应当具备国务院保险监督管理机构规定的资格条件，取得保险监督管理机构颁发的资格证书。

第一百二十三条　保险代理机构、保险经纪人应当有自己的经营场所，设立专门账簿记载保险代理业务、经纪业务的收支情况。

第一百二十四条　保险代理机构、保险经纪人应当按照国务院保险监督管理机构的规定缴存保证金或者投保职业责任保险。未经保险监督管理机构批准，保险代理机构、保险经纪人不得动用保证金。

第一百二十五条　个人保险代理人在代为办理人寿保险业务时，不得同时接受两个以上保险人的委托。

第一百二十六条　保险人委托保险代理人代为办理保险业务，应当与保险代理人签订委托代理协议，依法约定双方的权利和义务。

第一百二十七条　保险代理人根据保险人的授权代为办理保险业务的行为，由保险人承担责任。

保险代理人没有代理权、超越代理权或者代理权终止后以保险人名义订立合同，使投保人有理由相信其有代理权的，该代理行为有效。保险人可以依法追究越权的保险代理人的责任。

第一百二十八条　保险经纪人因过错给投保人、被保险人造成损失的，依法承担赔偿责任。

第一百二十九条 保险活动当事人可以委托保险公估机构等依法设立的独立评估机构或者具有相关专业知识的人员,对保险事故进行评估和鉴定。

接受委托对保险事故进行评估和鉴定的机构和人员,应当依法、独立、客观、公正地进行评估和鉴定,任何单位和个人不得干涉。

前款规定的机构和人员,因故意或者过失给保险人或者被保险人造成损失的,依法承担赔偿责任。

第一百三十条 保险佣金只限于向具有合法资格的保险代理人、保险经纪人支付,不得向其他人支付。

第一百三十一条 保险代理人、保险经纪人及其从业人员在办理保险业务活动中不得有下列行为:

(一)欺骗保险人、投保人、被保险人或者受益人;

(二)隐瞒与保险合同有关的重要情况;

(三)阻碍投保人履行本法规定的如实告知义务,或者诱导其不履行本法规定的如实告知义务;

(四)给予或者承诺给予投保人、被保险人或者受益人保险合同约定以外的利益;

(五)利用行政权力、职务或者职业便利以及其他不正当手段强迫、引诱或者限制投保人订立保险合同;

(六)伪造、擅自变更保险合同,或者为保险合同当事人提供虚假证明材料;

(七)挪用、截留、侵占保险费或者保险金;

(八)利用业务便利为其他机构或者个人牟取不正当利益;

(九)串通投保人、被保险人或者受益人,骗取保险金;

(十)泄露在业务活动中知悉的保险人、投保人、被保险人的商业秘密。

第一百三十二条 保险专业代理机构、保险经纪人分立、合并、变更组织形式、设立分支机构或者解散的,应当经保险监督管理机构批准。

第一百三十三条 本法第八十六条第一款、第一百一十三条的规定,适用于保险代理机构和保险经纪人。

第六章 保险业监督管理

第一百三十四条 保险监督管理机构依照本法和国务院规定的职责,遵循依法、公开、公正的原则,对保险业实施监督管理,维护保险市场秩序,保护投保人、被保险人和受益人的合法权益。

第一百三十五条 国务院保险监督管理机构依照法律、行政法规制定并发布有关保险业监督管理的规章。

第一百三十六条 关系社会公众利益的保险险种、依法实行强制保险的险种和新开发的人寿保险险种等的保险条款和保险费率,应当报国务院保险监督管理机构批准。国务院保险监督管理机构审批时,应当遵循保护社会公众利益和防止不正当竞争的原则。其他保险险种的保险条款和保险费率,应当报保险监督管理机构备案。

保险条款和保险费率审批、备案的具体办法，由国务院保险监督管理机构依照前款规定制定。

第一百三十七条　保险公司使用的保险条款和保险费率违反法律、行政法规或者国务院保险监督管理机构的有关规定的，由保险监督管理机构责令停止使用，限期修改；情节严重的，可以在一定期限内禁止申报新的保险条款和保险费率。

第一百三十八条　国务院保险监督管理机构应当建立健全保险公司偿付能力监管体系，对保险公司的偿付能力实施监控。

第一百三十九条　对偿付能力不足的保险公司，国务院保险监督管理机构应当将其列为重点监管对象，并可以根据具体情况采取下列措施：

（一）责令增加资本金、办理再保险；

（二）限制业务范围；

（三）限制向股东分红；

（四）限制固定资产购置或者经营费用规模；

（五）限制资金运用的形式、比例；

（六）限制增设分支机构；

（七）责令拍卖不良资产、转让保险业务；

（八）限制董事、监事、高级管理人员的薪酬水平；

（九）限制商业性广告；

（十）责令停止接受新业务。

第一百四十条　保险公司未依照本法规定提取或者结转各项责任准备金，或者未依照本法规定办理再保险，或者严重违反本法关于资金运用的规定的，由保险监督管理机构责令限期改正，并可以责令调整负责人及有关管理人员。

第一百四十一条　保险监督管理机构依照本法第一百四十条的规定作出限期改正的决定后，保险公司逾期未改正的，国务院保险监督管理机构可以决定选派保险专业人员和指定该保险公司的有关人员组成整顿组，对公司进行整顿。

整顿决定应当载明被整顿公司的名称、整顿理由、整顿组成员和整顿期限，并予以公告。

第一百四十二条　整顿组有权监督被整顿保险公司的日常业务。被整顿公司的负责人及有关管理人员应当在整顿组的监督下行使职权。

第一百四十三条　整顿过程中，被整顿保险公司的原有业务继续进行。但是，国务院保险监督管理机构可以责令被整顿公司停止部分原有业务、停止接受新业务，调整资金运用。

第一百四十四条　被整顿保险公司经整顿已纠正其违反本法规定的行为，恢复正常经营状况的，由整顿组提出报告，经国务院保险监督管理机构批准，结束整顿，并由国务院保险监督管理机构予以公告。

第一百四十五条　保险公司有下列情形之一的，国务院保险监督管理机构可以对其实行接管：

（一）公司的偿付能力严重不足的；

（二）违反本法规定，损害社会公共利益，可能严重危及或者已经严重危及公司的偿付能力的。

被接管的保险公司的债权债务关系不因接管而变化。

第一百四十六条 接管组的组成和接管的实施办法，由国务院保险监督管理机构决定，并予以公告。

第一百四十七条 接管期限届满，国务院保险监督管理机构可以决定延长接管期限，但接管期限最长不得超过二年。

第一百四十八条 接管期限届满，被接管的保险公司已恢复正常经营能力的，由国务院保险监督管理机构决定终止接管，并予以公告。

第一百四十九条 被整顿、被接管的保险公司有《中华人民共和国企业破产法》第二条规定情形的，国务院保险监督管理机构可以依法向人民法院申请对该保险公司进行重整或者破产清算。

第一百五十条 保险公司因违法经营被依法吊销经营保险业务许可证的，或者偿付能力低于国务院保险监督管理机构规定标准，不予撤销将严重危害保险市场秩序、损害公共利益的，由国务院保险监督管理机构予以撤销并公告，依法及时组织清算组进行清算。

第一百五十一条 国务院保险监督管理机构有权要求保险公司股东、实际控制人在指定的期限内提供有关信息和资料。

第一百五十二条 保险公司的股东利用关联交易严重损害公司利益，危及公司偿付能力的，由国务院保险监督管理机构责令改正。在按照要求改正前，国务院保险监督管理机构可以限制其股东权利；拒不改正的，可以责令其转让所持的保险公司股权。

第一百五十三条 保险监督管理机构根据履行监督管理职责的需要，可以与保险公司董事、监事和高级管理人员进行监督管理谈话，要求其就公司的业务活动和风险管理的重大事项作出说明。

第一百五十四条 保险公司在整顿、接管、撤销清算期间，或者出现重大风险时，国务院保险监督管理机构可以对该公司直接负责的董事、监事、高级管理人员和其他直接责任人员采取以下措施：

（一）通知出境管理机关依法阻止其出境；

（二）申请司法机关禁止其转移、转让或者以其他方式处分财产，或者在财产上设定其他权利。

第一百五十五条 保险监督管理机构依法履行职责，可以采取下列措施：

（一）对保险公司、保险代理人、保险经纪人、保险资产管理公司、外国保险机构的代表机构进行现场检查；

（二）进入涉嫌违法行为发生场所调查取证；

（三）询问当事人及与被调查事件有关的单位和个人，要求其对与被调查事件有关的事项作出说明；

（四）查阅、复制与被调查事件有关的财产权登记等资料；

（五）查阅、复制保险公司、保险代理人、保险经纪人、保险资产管理公司、外国保险机构的代表机构以及与被调查事件有关的单位和个人的财务会计资料及其他相关文件和资料；对可能被转移、隐匿或者毁损的文件和资料予以封存；

（六）查询涉嫌违法经营的保险公司、保险代理人、保险经纪人、保险资产管理公司、外国保险机构的代表机构以及与涉嫌违法事项有关的单位和个人的银行账户；

（七）对有证据证明已经或者可能转移、隐匿违法资金等涉案财产或者隐匿、伪造、毁损重要证据的，经保险监督管理机构主要负责人批准，申请人民法院予以冻结或者查封。

保险监督管理机构采取前款第（一）项、第（二）项、第（五）项措施的，应当经保险监督管理机构负责人批准；采取第（六）项措施的，应当经国务院保险监督管理机构负责人批准。

保险监督管理机构依法进行监督检查或者调查，其监督检查、调查的人员不得少于二人，并应当出示合法证件和监督检查、调查通知书；监督检查、调查的人员少于二人或者未出示合法证件和监督检查、调查通知书的，被检查、调查的单位和个人有权拒绝。

第一百五十六条　保险监督管理机构依法履行职责，被检查、调查的单位和个人应当配合。

第一百五十七条　保险监督管理机构工作人员应当忠于职守，依法办事，公正廉洁，不得利用职务便利牟取不正当利益，不得泄露所知悉的有关单位和个人的商业秘密。

第一百五十八条　国务院保险监督管理机构应当与中国人民银行、国务院其他金融监督管理机构建立监督管理信息共享机制。

保险监督管理机构依法履行职责，进行监督检查、调查时，有关部门应当予以配合。

第七章　法律责任

第一百五十九条　违反本法规定，擅自设立保险公司、保险资产管理公司或者非法经营商业保险业务的，由保险监督管理机构予以取缔，没收违法所得，并处违法所得一倍以上五倍以下的罚款；没有违法所得或者违法所得不足二十万元的，处二十万元以上一百万元以下的罚款。

第一百六十条　违反本法规定，擅自设立保险专业代理机构、保险经纪人，或者未取得经营保险代理业务许可证、保险经纪业务许可证从事保险代理业务、保险经纪业务的，由保险监督管理机构予以取缔，没收违法所得，并处违法所得一倍以上五倍以下的罚款；没有违法所得或者违法所得不足五万元的，处五万元以上三十万元以下的罚款。

第一百六十一条　保险公司违反本法规定，超出批准的业务范围经营的，由保险监督管理机构责令限期改正，没收违法所得，并处违法所得一倍以上五倍以下的罚款；没有违法所得或者违法所得不足十万元的，处十万元以上五十万元以下的罚款。逾期不改正或者造成严重后果的，责令停业整顿或者吊销业务许可证。

第一百六十二条　保险公司有本法第一百一十六条规定行为之一的，由保险监督管理机构责令改正，处五万元以上三十万元以下的罚款；情节严重的，限制其业务范围、责令停止接受新业务或者吊销业务许可证。

第一百六十三条　保险公司违反本法第八十四条规定的，由保险监督管理机构责令改正，处一万元以上十万元以下的罚款。

第一百六十四条 保险公司违反本法规定，有下列行为之一的，由保险监督管理机构责令改正，处五万元以上三十万元以下的罚款：

（一）超额承保，情节严重的；

（二）为无民事行为能力人承保以死亡为给付保险金条件的保险的。

第一百六十五条 违反本法规定，有下列行为之一的，由保险监督管理机构责令改正，处五万元以上三十万元以下的罚款；情节严重的，可以限制其业务范围、责令停止接受新业务或者吊销业务许可证：

（一）未按照规定提存保证金或者违反规定动用保证金的；

（二）未按照规定提取或者结转各项责任准备金的；

（三）未按照规定缴纳保险保障基金或者提取公积金的；

（四）未按照规定办理再保险的；

（五）未按照规定运用保险公司资金的；

（六）未经批准设立分支机构或者代表机构的；

（七）未按照规定申请批准保险条款、保险费率的。

第一百六十六条 保险代理机构、保险经纪人有本法第一百三十一条规定行为之一的，由保险监督管理机构责令改正，处五万元以上三十万元以下的罚款；情节严重的，吊销业务许可证。

第一百六十七条 保险代理机构、保险经纪人违反本法规定，有下列行为之一的，由保险监督管理机构责令改正，处二万元以上十万元以下的罚款；情节严重的，责令停业整顿或者吊销业务许可证：

（一）未按照规定缴存保证金或者投保职业责任保险的；

（二）未按照规定设立专门账簿记载业务收支情况的。

第一百六十八条 保险专业代理机构、保险经纪人违反本法规定，未经批准设立分支机构或者变更组织形式的，由保险监督管理机构责令改正，处一万元以上五万元以下的罚款。

第一百六十九条 违反本法规定，聘任不具有任职资格、从业资格的人员的，由保险监督管理机构责令改正，处二万元以上十万元以下的罚款。

第一百七十条 违反本法规定，转让、出租、出借业务许可证的，由保险监督管理机构处一万元以上十万元以下的罚款；情节严重的，责令停业整顿或者吊销业务许可证。

第一百七十一条 违反本法规定，有下列行为之一的，由保险监督管理机构责令限期改正；逾期不改正的，处一万元以上十万元以下的罚款：

（一）未按照规定报送或者保管报告、报表、文件、资料的，或者未按照规定提供有关信息、资料的；

（二）未按照规定报送保险条款、保险费率备案的；

（三）未按照规定披露信息的。

第一百七十二条 违反本法规定，有下列行为之一的，由保险监督管理机构责令改正，处十万元以上五十万元以下的罚款；情节严重的，可以限制其业务范围、责令停止接受新业务或者吊销业务许可证：

（一）编制或者提供虚假的报告、报表、文件、资料的；

（二）拒绝或者妨碍依法监督检查的；

（三）未按照规定使用经批准或者备案的保险条款、保险费率的。

第一百七十三条 保险公司、保险资产管理公司、保险专业代理机构、保险经纪人违反本法规定的，保险监督管理机构除分别依照本法第一百六十一条至第一百七十二条的规定对该单位给予处罚外，对其直接负责的主管人员和其他直接责任人员给予警告，并处一万元以上十万元以下的罚款；情节严重的，撤销任职资格或者从业资格。

第一百七十四条 个人保险代理人违反本法规定的，由保险监督管理机构给予警告，可以并处二万元以下的罚款；情节严重的，处二万元以上十万元以下的罚款，并可以吊销其资格证书。

未取得合法资格的人员从事个人保险代理活动的，由保险监督管理机构给予警告，可以并处二万元以下的罚款；情节严重的，处二万元以上十万元以下的罚款。

第一百七十五条 外国保险机构未经国务院保险监督管理机构批准，擅自在中华人民共和国境内设立代表机构的，由国务院保险监督管理机构予以取缔，处五万元以上三十万元以下的罚款。

外国保险机构在中华人民共和国境内设立的代表机构从事保险经营活动的，由保险监督管理机构责令改正，没收违法所得，并处违法所得一倍以上五倍以下的罚款；没有违法所得或者违法所得不足二十万元的，处二十万元以上一百万元以下的罚款；对其首席代表可以责令撤换；情节严重的，撤销其代表机构。

第一百七十六条 投保人、被保险人或者受益人有下列行为之一，进行保险诈骗活动，尚不构成犯罪的，依法给予行政处罚：

（一）投保人故意虚构保险标的，骗取保险金的；

（二）编造未曾发生的保险事故，或者编造虚假的事故原因或者夸大损失程度，骗取保险金的；

（三）故意造成保险事故，骗取保险金的。

保险事故的鉴定人、评估人、证明人故意提供虚假的证明文件，为投保人、被保险人或者受益人进行保险诈骗提供条件的，依照前款规定给予处罚。

第一百七十七条 违反本法规定，给他人造成损害的，依法承担民事责任。

第一百七十八条 拒绝、阻碍保险监督管理机构及其工作人员依法行使监督检查、调查职权，未使用暴力、威胁方法的，依法给予治安管理处罚。

第一百七十九条 违反法律、行政法规的规定，情节严重的，国务院保险监督管理机构可以禁止有关责任人员一定期限直至终身进入保险业。

第一百八十条 保险监督管理机构从事监督管理工作的人员有下列情形之一的，依法给予处分：

（一）违反规定批准机构的设立的；

（二）违反规定进行保险条款、保险费率审批的；

（三）违反规定进行现场检查的；

（四）违反规定查询账户或者冻结资金的；

（五）泄露其知悉的有关单位和个人的商业秘密的；

（六）违反规定实施行政处罚的；

（七）滥用职权、玩忽职守的其他行为。

第一百八十一条 违反本法规定，构成犯罪的，依法追究刑事责任。

第八章 附 则

第一百八十二条 保险公司应当加入保险行业协会。保险代理人、保险经纪人、保险公估机构可以加入保险行业协会。

保险行业协会是保险业的自律性组织，是社会团体法人。

第一百八十三条 保险公司以外的其他依法设立的保险组织经营的商业保险业务，适用本法。

第一百八十四条 海上保险适用《中华人民共和国海商法》的有关规定；《中华人民共和国海商法》未规定的，适用本法的有关规定。

第一百八十五条 中外合资保险公司、外资独资保险公司、外国保险公司分公司适用本法规定；法律、行政法规另有规定的，适用其规定。

第一百八十六条 国家支持发展为农业生产服务的保险事业。农业保险由法律、行政法规另行规定。

强制保险，法律、行政法规另有规定的，适用其规定。

第一百八十七条 本法自 2009 年 10 月 1 日起施行。

中国保监会法规部杨华柏博士解读新《保险法》

十一届全国人大常委会七次会议于 2009 年 2 月 28 日表决通过了修订后的《保险法》。3 月 2 日下午，中国保监会就新《保险法》召开专门的新闻通气会。会后，法规部主任杨华柏博士应中国保险学会的邀请就新《保险法》进行了解读。

《保险法》修订的背景

现行《保险法》是 1995 年制定的，2002 年为履行加入世贸组织承诺曾作过部分修改。近年来，我国保险业快速发展，保险业发展的外部环境和内部结构发生了深刻变化，现行《保险法》已不能完全适应当前保险业改革发展的需要，在保险市场主体、保险公司业务范围和资金运用渠道、监管手段、保险经营行为规范等各方面都存在不足，因此，保险行业内外对系统修订保险法的呼声很高。对现行《保险法》进行修订完善，是深入贯彻落实科学发展观，切实保护被保险人利益，夯实诚信基础，加强和改善保险监管，防范和化解行业风险，促进保险业持续平稳健康发展的必然要求。

《保险法》修订在章节结构、法律条文上的变化

本次保险法修订是全面性修改。就章节而言，原《保险法》共八章，新《保险法》仍为八章。章节上作以下调整：原第五章保险业的监督管理、第六章保险代理人和保险经纪人，作顺序调整，改为第五章保险代理人和保险经纪人、第六章保险业监督管理；第二章中原第二节财产保险合同、第三节人身保险合同，作顺序调整，改为第二节人身保险合同、第三节财产保险合同。

就条文而言，原《保险法》共 158 条，新《保险法》共 187 条。具体而言，本次修订在原《保险法》基础上增加条文 49 个，删除原《保险法》条文 20 个，修改条文 123 个，保持不变的仅为 15 个。

《保险法》修订的指导思想和主要内容

这次保险法修订中，总体指导思想是贯彻落实科学发展观，规范保险经营行为，加强并改善保险监管，防范金融风险，加强行业诚信建设，切实保护被保险人利益，促进行业健康发展，为构建社会主义和谐社会服务。

本次修订的主要内容包括以下几个方面：一是加强对被保险人利益的保护，进一步明确保险活动当事人的权利、义务；二是进一步扩大保险公司经营范围，拓宽保险资金

运用渠道，完善保险行业基本制度；三是明确保险监管机构的职责，强化监管手段和措施；四是进一步明确法律责任，打击保险违法行为。

新《保险法》重点加强了对被保险人利益的保护

新《保险法》在规则完善和制度设计上特别注意加强对被保险人和受益人利益的保护，突出表现为，明确规定，保护投保人、被保险人和受益人的合法权益是保险监督管理机构的法定职责，在保险合同方面体现在以下几个方面。

一是限制保险人合同解除权，增设保险合同不可抗辩规则。

在投保人如实告知义务规定中，明确保险人行使合同解除权的期限，规定保险人自知道解除事由起，超过30日不行使解除权的，其解除权消灭；借鉴国际惯例，增设了不可抗辩规则，明确规定自保险合同成立之日起超过2年的，保险人不得解除合同，即保险合同经过2年，即为不可抗辩，保险人不得再以投保人未履行告知义务为由而解除合同。这有利于督促权利行使，稳定保险合同关系，尤其是对于长期人身保险合同项下的被保险人利益的保护意义重大。

此外，还借鉴了英美法上禁止反言制度，规定保险人在合同订立时已经知道投保人未如实告知的情况的，保险人不得解除合同，不得免除其保险责任。这也减轻了投保人告知义务负担，限制了保险人的抗辩权利。(新《保险法》第16条)

二是规范格式条款，保护保险消费者利益。

保险合同主要体现为格式条款，由于保险人拟定的格式条款可能对被保险人的权益产生不利影响，新《保险法》对此特别设立了一些调整手段。例如，对保险格式条款的理解发生争议的，应当做有利于被保险人和受益人的解释；对于保险合同中免除保险人责任的条款，订立合同时，保险人应当对投保人进行充分提示，并且进行明确说明，没有进行提示或明确说明的，免责条款无效。此外，本次修法，还借鉴我国《合同法》有关规定，特别增设一条关于保险格式合同中特定条款无效的规定，即免除保险人依法应承担的义务或者加重投保人或被保险人责任的条款以及排除投保人、被保险人或者受益人依法享有的主要权利的条款为无效条款。从保护投保人、被保险人的利益角度，强化了对保险条款内容的公平性和合法性要求。这对未来保险产品的开发和保险条款的完善提出了很高的要求。(新《保险法》第19条)

此外，在保险业法部分，设有原则规定，要求保险公司应当"公平、合理地拟订保险条款和费率，不得损害投保人、被保险人和受益人的合法权益"，"应当按照保险合同约定和本法规定及时履行赔偿或者给付保险金义务"。(新《保险法》第114条)

三是明确规范保险人理赔的程序和时限，以利于被保险人保险金请求权的实现。

针对实践中存在的理赔难问题，《保险法》草案进一步明确和规范了理赔程序和时限，具体体现为：首先，被保险人索赔时，保险人认为被保险人等提供的有关索赔请求的证明和材料不完整的，应当"及时一次性书面"通知被保险人等补充提供，从而可以避免保险人以此为由拖延理赔。其次，保险人在收到索赔申请后，除另有约定外，应当在30日内作出核定，并应将核定结果书面通知被保险人或者受益人。督促保险公司及时受理索赔，及时核定责任。此外，保险人收到索赔请求后，对不属于保险责任的，应当向被保险人或者受

益人发出拒赔通知书,“并说明理由”。这有利于明确权利义务关系,解决实际纠纷。(新《保险法》第22、23、24条)

四是保险标的转让时财产保险合同效力的承继和延续。

原《保险法》规定,保险标的的转让,应当通知保险人,经保险人同意继续承保后,依法变更合同。长期以来,当保险标的发生转让时(例如二手车买卖),受让人能否享受原保险合同的保障,有不同理解,一直存在争议,有的认为这一规定过于烦琐,增加社会成本。新《保险法》借鉴国外相关立法,将受让人继受取得保险合同的权利义务作为一般原则,明确规定:保险标的转移后,受让人承继被保险人的权利和义务。同时对被保险人设定通知义务,保险人接到通知后,可以选择解除合同或调整保险费;未及时通知保险人的,因转让导致危险程度增加而发生的保险事故,保险人不承担责任。这个制度设计,逻辑清楚,平衡各方关系,尊重契约自由和特别法规定,减少社会成本,方便被保险人,对被保险人利益的保护周全。(新《保险法》第49条)

新《保险法》在人身保险中规定了对被保险人利益的特别保护

第一,原《保险法》规定,在受益人故意造成被保险人死亡伤残或者疾病时,保险人不承担给付保险金责任。这对于无辜的被保险人不公平,新《保险法》修改完善,规定此种情形下,实施非法行为的受益人丧失受益权,但保险人不因此免除保险责任,被保险人的利益仍然受到保护。(新《保险法》第43条)

第二,为避免现实中某些企业投保人利用团体保险获取非法利益的现象,新《保险法》扩大了人身保险利益的范围,规定投保人对与其具有劳动关系的劳动者有保险利益,可以为其投保,同时规定,此种情形下,保险合同不得指定被保险人及其近亲属以外的人为受益人。从限制受益人指定范围角度,维护劳动者等被保险人的利益,具有现实意义。(新《保险法》第31、39条)

第三,被保险人与受益人在同一事件中死亡,且不能确定死亡先后顺序时如何处理,原《保险法》没有规定。新《保险法》弥补立法空白,规定受益人与被保险人在同一事件中死亡,且不能确定死亡先后顺序的,推定受益人死亡在先,被保险人死亡在后。立法的意旨也是在同时死亡情形下,侧重保护被保险人符合法理与情理。(新《保险法》第42条)

新《保险法》关于保险市场准入方面的变化

保险公司的质量直接涉及广大投保人、被保险人和受益人的利益。本次修订进一步严格保险市场的准入条件,从四方面增强了准入监管的力度:一是增加对主要股东资质的要求(新《保险法》第68条);二是强化了对保险公司实缴货币资本的要求(新《保险法》第69条);三是将保险公司的董事和监事也纳入任职资格管理范畴,要求其必须具备任职的专业知识和业务工作经验(新《保险法》第81、82、83条);四是授权保险监督管理机构可以根据监管需要增设准入条件(新《保险法》第68条)。

(一)关于主要股东

由于保险公司主要股东对公司的管理模式、经营的安全性和有效性影响甚大,因此,许多国家的法律都赋予保险监管机构根据审慎监管原则,对保险公司主要股东的资质进行审查。此次《保险法》修改在确立保险公司主要股东的条件时，主要考虑了三个方面：一是实力雄厚，资本充足，有能力应付保险公司发展过程中的增资需求；二是具有持续盈利能力，经营业绩良好，能促进保险公司健康发展；三是具有诚信经营的文化，历史上无不良经营记录。

（二）关于注册资本

保险公司的注册资本不仅是保险监管机构实施准入许可时的重要考虑因素，也是监管保险公司稳健经营的一项重要指标，《保险法》规定，当保险公司的经营状况出现危机、其偿付能力达不到监管机构的要求时，保险监管机构有权要求股东增加资本金，补足差额。本次《保险法》修改将保险公司注册资本最低限额必须为实缴货币资本修改为“注册资本必须为实缴货币资本”，主要目的在于强调保险公司金融企业的特性及其所具有的资金融通功能。

（三）关于任职资格管理

在保险公司设立时的人员要求方面，原《保险法》仅仅规定公司的高级管理人员应当具备任职的专业知识和业务工作经验。从保险监管的实践来看，董事会具有代表股东利益、进行重大经营决策的重要作用，监事会则是监督管理层贯彻执行股东大会、董事会决议的一种重要机制。如果董事和监事不懂保险专业知识，缺乏保险业务的工作经验，那么，就很难真正进行决策和监督，保险公司在运行过程中，也容易出现内部人控制等经营风险。因此，此次保险法修改对保险公司的董事和监事也提出了任职要求，将董事和监事纳入保险监管机构的任职资格监管体系之中，并增加了保险公司董事、监事、高级管理人员的资格条件。规定保险公司的董事、监事和高级管理人员，应当正直诚实，品行良好，熟悉与保险相关的法律、行政法规，具有履行职责所需的经营管理能力，并在任职前取得保险监管机构核准的任职资格；有《公司法》规定不得担任公司董事、监事和高级管理人员的情形，以及因违法、违纪被取消任职资格或者被吊销执业资格未逾五年的人员，不得担任保险公司的董事、监事和高级管理人员。

（四）关于准入监管权限

此次保险法修订还授权国务院、保险监督管理机构可以根据监管需要增设准入条件，这也是一个非常重大的调整。从发达国家的保险监管立法经验来看，保险公司的市场准入是一种专业性和技术性都非常强的行政审批，监管机构不仅对公司的股东、组织架构、内控制度等方面进行审核，还需对公司经营的险种、费率的计算、保单现金流的管理、资产管理体系制度等方面进行评估。我国限于保险业发展的初级阶段，对保险公司的市场准入控制与发达国家存在一定的差距，经验也不够成熟，因此，本次修改仅仅增加了主要股东的条件、董事和监事的任职资格条件，而将其他具体条件的创立权赋予国务院和保险监管机构，授权国务院和保险监管机构可以根据监管的实际需求不断地调整保险公司市场准入的条件。

新《保险法》在保险公司业务范围方面的变化

按照原《保险法》的规定，保险公司的业务范围仅限于财产保险、人身保险及其再保险业务。这一规定已不适应社会经济和保险行业发展的实际需要。目前，保险公司的业务范围依据有关规定已有所拓展,如从事企业年金受托管理业务,参与失地农民养老保险、新型农村合作医疗制度改革试点工作等。为了适应现实需要,参考《商业银行法》、《证券法》和国外立法经验,新《保险法》规定,保险公司可以从事国务院保险监管机构批准的与保险有关的其他业务,并删除了保险公司不得兼营法律、行政法规规定以外的业务的禁止性规定。(新《保险法》第 95 条)

新《保险法》在拓宽保险资金运用渠道上的变化

原《保险法》关于保险资金运用形式的规定,基于当时的经济环境,比较狭窄,既不符合近几年保险资金投资渠道逐渐放开的现状,也与保险业发展的需要不相适应。此次修改适当拓宽了保险资金的运用范围,一是明确规定了已经允许投资的新增渠道,将原《保险法》规定的买卖政府债券、金融债券,修改为买卖债券、股票、证券投资基金份额等有价证券;二是参考各国保险资金运用的立法例,增加保险资金可以投资于不动产;三是为了切实防范保险资金运用风险,进一步明确规定国务院保险监管机构按照稳健、安全的原则,负责制定保险资金运用的管理办法。此外,还为保险资产管理公司明确了法律地位,明确规定,经国务院保险监督管理机构会同国务院证券监督管理机构批准,保险公司可以设立保险资产管理公司。(新《保险法》第 106、107 条)

新《保险法》关于偿付能力监管的修改和完善

偿付能力监管是保险监管的三支柱之一,原《保险法》中对于偿付能力监管仅作了原则性规定,总结当下西方国际金融危机的教训,对金融杠杆效应予以适当限制。新《保险法》对这方面的内容予以强化和完善。

偿付能力监管是一项复杂的系统工程,为了科学评估保险公司偿付能力充足性,与现行保险公司偿付能力监管制度相匹配,新《保险法》明确了以风险为基础的偿付能力监管机制。新《保险法》首先总括规定,国务院保险监督管理机构应当建立健全保险公司偿付能力监管体系,对保险公司的偿付能力实施监控。在随后的有关具体规定上表述更加准确和科学。如将原《保险法》第九十八条"保险公司应当具有与其业务规模相适应的最低偿付能力"修改为"保险公司应当具有与其业务规模和风险程度相适应的最低偿付能力"。同时,根据偿付能力监管制度的特点,并借鉴国外立法例,将原《保险法》第九十八条规定保险公司的实际资产减去实际负债的差额不得低于保险监督管理机构规定的数额,修改为"认可资产减去认可负债的差额不得低于国务院保险监督管理机构规定的数额"。(新《保险法》第 101、138 条)

同时,新《保险法》明确规定:对偿付能力不足的保险公司,国务院保险监督管理机构应当将其列为重点监管对象,并可以根据具体情况采取责令增加资本金、办理再保险,限制业务范围,限制固定资产购置或者经营费用规模,限制资金运用的形式或者比例,限制增设分支机构,限制董事、监事、高级管理人员的薪酬水平,责令拍卖不良资产、转让保险业务等监管措施。(新《保险法》第 139 条)

对于偿付能力严重不足的保险公司,国务院保险监督管理机构可以依法对该保险公司实行接管。(新《保险法》第 145 条)

新《保险法》在保险监管机构的职权范围和有权采取的监管措施方面的新规定

新《保险法》在保险监管机构的职权范围和有权采取的监管措施方面适当增加了一些规定，弥补了原《保险法》在这方面的不足。这符合加强保险业监督管理的客观需要，有利于社会经济秩序和社会公共利益的维护和保险事业的健康发展。

新《保险法》明确规定，保险监督管理机构依照本法和国务院规定的职责，遵循依法、公开、公正的原则，对保险业实施监督管理，维护保险市场秩序，保护投保人、被保险人和受益人的合法权益。国务院保险监督管理机构依照法律、行政法规制定并发布有关保险业监督管理的规章。(新《保险法》第 134、135 条)

随着对保险公司投资的要求放宽，保险公司的股东出现多元化，股东的决策权，直接影响公司的经营和风险。有的保险公司的股东操纵公司进行不公平的关联交易，严重损害公司利益，危及保险公司的偿付能力，对此，新《保险法》明确规定，保险公司的股东利用关联交易严重损害公司利益，危及保险公司的偿付能力的，由国务院保险监督管理机构责令改正。在按照要求改正前，国务院保险监督管理机构可以限制其股东权利；拒不改正的，可以责令其转让所持有的保险公司的股权。(新《保险法》第 152 条)

在监管措施方面，新《保险法》不仅赋予了保险监督管理机构对保险机构的现场检查权，还赋予了其对与被调查事件有关的单位和个人的调查权；除保留了原《保险法》中对相关银行账户的查询权以外，还增加了在特定情形下封存相关资料，以及申请人民法院冻结或者查封的权力。当然，保险监管机构在采取这些监管措施时，必须遵守严格的程序，维护行政相对方的合法权益，这些内容在新《保险法》中也同时得到了体现。(新《保险法》第 155、156 条)

新《保险法》对于加强保险行业自律管理问题的体现

行业自律是保险业健康发展不可或缺的重要组成部分，加强行业自律是当今各国加强监管的趋势。据此，新《保险法》在“附则”部分对于保险行业协会的法律地位和性质、会员制度等作出了原则性规定，这对于促进保险行业协会的发展，增强其发挥行业自律与服务功能，具有重要的推动作用。

根据新《保险法》，保险行业协会是保险业的自律性组织，是社会团体法人。保险公司应当加入保险行业协会。保险代理人、保险经纪人、保险公估机构可以加入保险行业协会。(新《保险法》第 182 条)

健康保险管理办法

第一章　总　　则

第一条　为了促进健康保险的发展，规范健康保险的经营行为，保护健康保险活动当事人的合法权益，根据《中华人民共和国保险法》（以下简称《保险法》），制定本办法。

第二条　本办法所称健康保险，是指保险公司通过疾病保险、医疗保险、失能收入损失保险和护理保险等方式对因健康原因导致的损失给付保险金的保险。

本办法所称疾病保险是指以保险合同约定的疾病的发生为给付保险金条件的保险。

本办法所称医疗保险是指以保险合同约定的医疗行为的发生为给付保险金条件，为被保险人接受诊疗期间的医疗费用支出提供保障的保险。

本办法所称失能收入损失保险是指以因保险合同约定的疾病或者意外伤害导致工作能力丧失为给付保险金条件，为被保险人在一定时期内收入减少或者中断提供保障的保险。

本办法所称护理保险是指以因保险合同约定的日常生活能力障碍引发护理需要为给付保险金条件，为被保险人的护理支出提供保障的保险。

第三条　健康保险按照保险期限分为长期健康保险和短期健康保险。

长期健康保险是指保险期间超过一年或者保险期间虽不超过一年但含有保证续保条款的健康保险。

短期健康保险是指保险期间在一年及一年以下且不含有保证续保条款的健康保险。

保证续保条款是指在前一保险期间届满后，投保人提出续保申请，保险公司必须按照约定费率和原条款继续承保的合同约定。

第四条　医疗保险按照保险金的给付性质分为费用补偿型医疗保险和定额给付型医疗保险。

费用补偿型医疗保险是指根据被保险人实际发生的医疗费用支出，按照约定的标准确定保险金数额的医疗保险。

定额给付型医疗保险是指按照约定的数额给付保险金的医疗保险。

费用补偿型医疗保险的给付金额不得超过被保险人实际发生的医疗费用金额。

第五条　中国保险监督管理委员会（以下简称“中国保监会”）依法对保险公司经营健康保险的活动进行监督管理。

第六条　保险公司开展不承担保险风险的委托管理服务，不适用本办法。

第二章 经营管理

第七条 依法成立的人寿保险公司、健康保险公司，经中国保监会核定，可以经营健康保险业务。

前款规定以外的保险公司，经中国保监会核定，可以经营短期健康保险业务。

第八条 保险公司经营健康保险，应当持续具备下列条件：

（一）建立健康保险业务单独核算制度；

（二）建立健康保险精算制度和风险管理制度；

（三）建立健康保险核保制度和理赔制度；

（四）建立健康保险数据管理制度；

（五）建立功能完整、相对独立的健康保险信息管理系统；

（六）配备具有相关专业知识的精算人员、核保人员和核赔人员；

（七）中国保监会规定的其他条件。

第九条 保险公司应当对从事健康保险的核保、理赔以及销售等工作的从业人员进行健康保险专业培训。

第十条 保险公司经营费用补偿型医疗保险，应当加强与医疗服务机构和健康管理服务机构的合作，加强对医疗服务成本的管理，监督医疗费用支出的合理性和必要性。

保险公司与医疗服务机构和健康管理服务机构之间的合作，不得损害被保险人的合法权益。

第十一条 保险公司应当高度重视被保险人的隐私保护，建立健康保险客户信息管理和保密制度。

第三章 产品管理

第十二条 保险公司拟定健康保险的保险条款和保险费率，应当按照中国保监会的有关规定报送审批或者备案。

第十三条 保险公司拟定的健康保险产品包含两种以上健康保障责任的，应当由精算责任人按照一般精算原理判断主要责任，并根据主要责任确定产品类型。

第十四条 长期健康保险中的疾病保险产品，可以包含死亡保险责任，但死亡给付金额不得高于疾病最高给付金额。

前款规定以外的健康保险产品不得包含死亡保险责任，但因疾病引发的死亡保险责任除外。

医疗保险产品和疾病保险产品不得包含生存给付责任。

第十五条 长期健康保险产品应当设置合同犹豫期，并在保险条款中列明投保人在犹豫期内的权利。长期健康保险产品的犹豫期不得少于 10 天。

第十六条 短期个人健康保险产品可以进行费率浮动。

费率浮动是指保险公司销售产品时，在基准费率基础上，在费率浮动范围内，合理确定具体保险费率。

第十七条 保险公司将费率可浮动的短期个人健康保险产品报送审批或者备案的，提交的申请材料中应当包含基准费率、费率浮动的办法和范围，并由精算责任人遵循审慎原则签字确认。

第十八条 短期团体健康保险产品可以对产品参数进行调整。

产品参数是指保险产品条款中可以根据投保团体的具体情况进行合理调整的保险金额、起付金额、给付比例、除外责任、责任等待期等事项。

第十九条 保险公司将产品参数可调的短期团体健康保险产品报送审批或者备案的，提交的申请材料中应当包含产品参数调整办法，并由精算责任人遵循审慎原则签字确认。

保险公司销售产品参数可调的短期团体健康保险产品，应当根据产品参数调整办法计算相应的保险费率，且产品参数的调整不得改变费率计算方法以及费率计算需要的基础数据。

保险公司销售产品参数可调的短期团体健康保险产品，如需改变费率计算方法或者费率计算需要的基础数据的，应当将该产品重新报送审批或者备案。

第二十条 含有保证续保条款的健康保险产品，应当明确约定保证续保条款的生效时间。

含有保证续保条款的健康保险产品不得约定在续保时保险公司有调整保险责任和责任免除范围的权利。

保险公司将含有保证续保条款的健康保险产品报送审批或者备案的，应当在产品精算报告中说明保证续保的定价处理方法和责任准备金计算办法。

第二十一条 保险公司拟定医疗保险产品条款，应当尊重被保险人接受合理医疗服务的权利，不得在条款中设置不合理的或者违背一般医学标准的要求作为给付保险金的条件。

保险公司在健康保险产品条款中约定的疾病诊断标准应当符合通行的医学诊断标准，并考虑到医疗技术条件发展的趋势。健康保险合同生效后，被保险人根据通行的医学诊断标准被确诊疾病的，保险公司不得以该诊断标准与保险合同约定不符为理由拒绝给付保险金。

第二十二条 保险公司设计费用补偿型医疗保险产品，必须区分被保险人是否拥有公费医疗、社会医疗保险的不同情况，在保险条款、费率以及赔付金额等方面予以区别对待。

第二十三条 保险公司可以在医疗保险产品中约定，以被保险人在指定医疗服务机构网络中进行医疗为给付保险金的条件。

保险公司指定医疗服务机构网络应当遵循方便被保险人、合理管理医疗成本的原则，引导被保险人合理使用医疗资源、节省医疗费用支出，并对投保人和被保险人做好宣传解释工作。

第二十四条 保险公司应当根据健康保险产品实际赔付经验，及时修订新销售的健康保险产品费率，并按照中国保监会有关规定进行审批或者备案。

第四章 销售管理

第二十五条 保险公司销售健康保险产品,应当严格执行经审批或者备案的保险条款和保险费率。

第二十六条 保险公司销售健康保险产品,不得有下列行为:

(一)在医疗机构场所内销售健康保险产品;

(二)委托医疗机构或者医护人员销售健康保险产品。

第二十七条 保险公司销售健康保险产品,应当向投保人说明保险合同的内容,并对下列事项作出书面告知,由投保人签字确认:

(一)保险责任;

(二)责任免除;

(三)保险责任等待期;

(四)保险合同犹豫期以及投保人相关权利义务;

(五)是否提供保证续保以及续保有效时间;

(六)理赔程序以及理赔文件要求;

(七)组合式健康保险产品中各产品的保险期间;

(八)中国保监会规定的其他告知事项。

第二十八条 保险公司销售健康保险产品,不得夸大保险保障范围,不得隐瞒责任免除,不得误导投保人和被保险人。

投保人和被保险人就保险条款中的保险、医疗和疾病等专业术语提出询问的,保险公司应当用清晰易懂的语言进行解释。

第二十九条 保险公司销售费用补偿型医疗保险,应当向投保人询问被保险人是否拥有公费医疗、社会医疗保险和其他费用补偿型医疗保险的情况。

保险公司不得诱导被保险人重复购买保障功能相同或者类似的费用补偿型医疗保险产品。

第三十条 保险公司销售本办法第二十三条规定的医疗保险,应当向投保人告知约定医疗服务机构的名单或者资质要求,并提供查询服务。

保险公司调整约定医疗服务机构网络的,应当及时通知投保人或者被保险人。

第三十一条 保险公司以附加险形式销售无保证续保条款的健康保险产品的,附加健康保险的保险期限不得小于主险保险期限。

第三十二条 保险公司销售费用补偿型个人医疗保险产品,应当在犹豫期内对投保人进行回访。

保险公司发现投保人被误导的,应当做好解释工作,并明确告知投保人在犹豫期内解除保险合同的权利。

第三十三条 保险公司承保团体健康保险,应当以通知书等形式书面告知每个被保险人其参保情况及相关权益。

第三十四条 投保人解除团体健康保险合同的,保险公司应当要求投保人提供已通知被保险人退保的有效证明，退保金应当通过银行转账方式退至投保人单位账户。

第五章 精算要求

第三十五条 经营健康保险业务的保险公司应当按照中国保监会有关规定提交上一年度的精算报告或者准备金评估报告，其中应当详细报告健康保险的准备金计算基础、方法、结果以及对公司偿付能力的影响，并由精算责任人遵循审慎原则签字确认。

第三十六条 对已经发生保险事故并已提出索赔、保险公司尚未结案的赔案，保险公司应当提取已发生已报案未决赔款准备金。

保险公司应当采取逐案估计法、案均赔款法等合理的方法谨慎提取已发生已报案未决赔款准备金。

保险公司如果采取逐案估计法之外的精算方法计提已发生已报案未决赔款准备金，应当详细报告该方法的基础数据、参数设定和估计方法，并说明基础数据来源、数据质量以及准备金计算结果的可靠性。

保险公司精算责任人不能确认估计方法的可靠性或者相关业务的经验数据不足3年的，应当按照已经提出的索赔金额提取已发生已报案未决赔款准备金。

第三十七条 对已经发生保险事故但尚未提出的赔偿或者给付，保险公司应当提取已发生未报案未决赔款准备金。

保险公司应当根据险种的风险性质和经验数据等因素，至少采用链梯法、案均赔款法、准备金进展法、B-F法中的两种方法评估已发生未报案未决赔款准备金，并选取评估结果的最大值确定最佳估计值。

保险公司应当详细报告已发生未报案未决赔款准备金的基础数据、计算方法和参数设定，并说明基础数据来源、数据质量以及准备金计算结果的可靠性。

保险公司精算责任人判断数据基础不能确保计算结果的可靠性，或者相关业务的经验数据不足3年的，保险公司应当按照不低于该会计年度实际赔款支出的10%提取已发生未报案未决赔款准备金。

第三十八条 对短期健康保险业务，保险公司应当提取未到期责任准备金。

短期健康保险提取未到期责任准备金，应当采用下列方法之一：

（一）二十四分之一毛保费法（以月为基础计提）；

（二）三百六十五分之一毛保费法（以天为基础计提）；

（三）根据风险分布状况可以采用其他更为谨慎、合理的方法，提取的未到期责任准备金不得低于方法（一）和（二）所得结果的较小者。

第三十九条 短期健康保险未到期责任准备金的提取金额应当不低于下列两者中较大者：

（一）预期未来发生的赔款与费用扣除相关投资收入之后的余额；

（二）在责任准备金评估日假设所有保单退保时的退保金额。

未到期责任准备金不足的，应当提取保费不足准备金，用于弥补未到期责任准备金和前款两项中较大者之间的差额。

第四十条 长期健康保险未到期责任准备金的计提办法应当按照中国保监会的有关规定执行。

第四十一条 保险公司应当按再保前、再保后分别向中国保监会报告准备金提取结果。

第六章 再保险管理

第四十二条 保险公司办理健康保险再保险业务，应当遵守《保险法》和《再保险业务管理规定》等有关规定。

第四十三条 除再保险公司分支机构和外国保险公司分公司以外，保险公司分支机构不得办理健康保险再保险业务。

第七章 法律责任

第四十四条 保险公司违反本办法第八条规定的，由中国保监会责令保险公司限期改正；逾期不改正的，由中国保监会给予警告，处以 3 万元以下罚款。

第四十五条 保险公司违反本办法第十三条至第十五条、第二十条至第二十三条有关规定的，由中国保监会责令保险公司停止销售该产品，并对保险公司处以 3 万元以下罚款，对负有责任的精算责任人、法律责任人予以警告。

第四十六条 保险公司违反本办法第二十四条规定，可能危害保险公司偿付能力的，由中国保监会责令停止销售该产品。

第四十七条 保险公司违反本办法有关销售管理规定的，由中国保监会给予警告，处以 3 万元以下罚款；对负有直接责任的高级管理人员和其他直接责任人员予以警告、处以 5000 元以下罚款。

第四十八条 精算责任人违反本办法有关精算规定的，由中国保监会根据有关法律、行政法规予以处罚。

第四十九条 保险公司分支机构违反本办法第四十三条规定办理健康保险再保险业务的，由中国保监会处以 3 万元以下罚款，并对高级管理人员和其他直接责任人员处以 5000 元以下罚款。

第八章 附 则

第五十条 本办法施行前中国保监会颁布的规定与本办法不符的，以本办法为准。

第五十一条 本办法施行前保险公司经营健康保险业务不完全具备本办法规定条件的，应当在规定的期限内达到本办法规定的条件。具体办法由中国保监会另行规定。

第五十二条 本办法由中国保监会负责解释。

第五十三条 本办法自 2006 年 9 月 1 日起施行。

保监会负责人就《健康保险管理办法》出台答记者问

近日，中国保监会发布了《健康保险管理办法》(以下简称《办法》)。日前，中国保监会人身保险监管部负责人就《办法》的有关问题回答了记者的提问。

问：您能否介绍一下《办法》出台的背景？

答：商业健康保险是我国医疗保障体系的重要组成部分，关系到广大人民群众的健康和幸福。当前，健康保险发展面临难得的历史机遇。党中央国务院高度重视保险工作，多次对健康保险的发展做重要指示。在前不久下发的《国务院关于保险业改革发展的若干意见》(国发[2006]23号)中明确提出，“统筹发展城乡商业养老保险和健康保险，完善多层次社会保障体系。大力推动健康保险发展，支持相关保险机构投资医疗机构；积极探索保险机构参与新型农村合作医疗管理的有效方式，推动新型农村合作医疗的健康发展”。与此同时，中国保监会十分重视商业健康保险的发展，取得了一定成就，为下一步的发展奠定了良好的基础，这主要表现在：一是覆盖人群逐步扩大，业务规模迅速增长。据统计，健康保险保费收入2002年以来年均增速为37%，2005年实现保费收入312亿元，累计承保2.5亿人次，承担保险金额13万亿元。2006年上半年，健康保险保费收入193.73亿元，同比增长21.23%。二是市场主体不断增加，市场体系不断完善。截至2005年年底，有42家寿险公司、35家财险公司开展了健康保险业务，人保健康和平安健康等4家专业健康保险公司先后开业，形成了多种主体共同经营健康保险的局面。三是产品供给日益丰富。健康保险产品近千种，不仅包括医疗费用补偿型、住院津贴型、疾病保险产品、失能收入损失保险和长期护理保险等风险保障产品，还开展了健康管理服务，对缓解“看病贵”、“看病难”起到积极作用。如中国人寿“两康”产品自开办以来累计赔付约42亿元，尤其深受农村群众的欢迎。2005年，全国健康保险业务的赔款与给付支出108亿元。四是积极服务于医疗保障体系建设，保险业的影响和地位不断提升。保险公司开办城镇职工补充医疗保险、贫困居民重大疾病保险并参与农村新型合作医疗试点工作。2006年上半年，5家商业保险公司在8个省(区)的62个县(市、区)开展了农民医疗保险工作，涉及的参合农民1874万人，试点地区平均参保率为86%。

但总体而言，健康保险处于发展的初级阶段，存在整体规模小、专业化程度低、产品同质化现象突出、医疗保险风险控制能力薄弱、外部经营环境还有待改善等问题，与全面建设小康社会和构建社会主义和谐社会的要求不相适应，与建立完善的社会主义市场经济体制不相适应，与经济全球化、金融一体化和全面对外开放的新形势不相适应。

健康保险独特的风险特征对专业化经营提出了较高的要求，需要制定专门的监管法规。同时，为了防止因经营健康保险主体不同而导致监管尺度不一，影响监管效果，也需要统一的业务监管办法。为了促进健康保险的发展，规范健康保险的经营行为，保护健康保险活动当事人的合法权益，我们从2005年年初就开始起草《健康保险管理办法》，经过一年半的时间和反复征求业内外意见，在近期获得通过，由中国保监会吴定富主席签发颁布实施。

问：如何评价《办法》出台对规范和促进我国健康保险发展的重要意义？

答：《办法》是我国保险业第一部专门规范商业健康保险业务的部门规章，对于促进健康保险专业化发展、推动产品创新、规范市场行为、保护被保险人权益和改善外部环境，都具有十分重要的意义。主要体现在：

一是《办法》对健康保险业务经营做出全面而系统的规范，从产品类型、经营条件、产品设计、产品销售、精算和再保险等方面确立了我国健康保险经营的基本制度，将极大地提高我国健康保险经营的规范化和标准化程度。二是《办法》凸现了专业化经营理念，要求经营健康保险的公司建立健康保险业务单独核算制度以及功能完整、相对独立的健康保险信息管理系统等，对进一步推动我国健康保险的专业化经营有着重要的促进作用。三是《办法》强化了保险公司在健康保险产品设计和销售等方面的责任，突出了对消费者权益的保护，也有利于产品创新。四是统一了包括专业健康保险公司、寿险公司、财险公司等健康保险业务的监管尺度。五是加强了保险公司与医疗服务机构和健康管理服务机构的合作，注重商业健康保险与社会基本医疗保险的衔接，有利于改善健康保险的经营环境。

问：《办法》在起草过程中体现了什么样的指导原则？

答：《办法》的起草主要遵循三项原则：一是规范健康保险市场行为，促进保险业诚信建设，最大限度地保障被保险人权益；二是促进健康保险专业化经营，推进产品创新，改善健康保险经营环境；三是与现有规章制度有效衔接，包括与《人身保险产品定名规则》、《人身保险产品精算规定》、《保险公司非寿险业务准备金管理办法》等规章基本保持一致，力求对专业健康保险公司、寿险公司、财险公司等所有经营主体实现监管尺度的统一。

问：《办法》主要包括哪些内容？

答：《办法》从经营、产品、销售、精算和再保险等方面，对健康保险的经营行为做出规范，对保险公司的违规经营行为所要承担的法律责任做出明确规定。《办法》共分为八章五十三条，主要内容包括：健康保险的基本类型；健康保险经营主体范围和条件；保险公司与医疗服务机构合作的行为规范；短期健康保险、长期健康保险和团体健康保险的产品管理制度；保险公司在销售健康保险产品过程中的义务和禁止性行为；健康保险精算报告制度，以及各种准备金要求；对健康保险再保险业务的原则规定；对违反经营管理、产品管理、投保人保护等相关行为的处罚措施；《办法》实施时间。

问：《办法》在促进专业化经营方面，制定了哪些具体举措？

答：十六大以来，中国保监会大力推动健康保险专业化经营理念，得到业界的广泛认同。2002 年年底，中国保监会颁布《关于加快健康保险发展的指导意见》，以正式文件形式鼓励保险公司推进健康保险专业化经营。2004 年中国保监会批准人保健康等 5 家专业健康保险公司筹建，2005 年 4 家专业健康保险公司先后开业，新公司专注于健康保险业务，积极探索健康保险专业化经营模式。《办法》的出台是中国保监会促进健康保险专业化经营的延续，《办法》在促进专业化经营方面的具体举措有：

一是规范了健康保险专业化经营的基本条件。《办法》明确了经营健康保险业务应当具备的基本条件，包括作为专业化经营前提的业务独立核算制度、作为风险管理能力保障的精算制度和核保理赔制度、作为核心竞争力的数据管理制度和电脑系统等。

二是进一步推进了产品专业化。《办法》规定医疗保险产品和疾病保险产品不得包含生存给付责任；长期健康保险中的疾病保险产品，可以包含死亡保险责任，但死亡给付金额不得高于疾病最高给付金额。

三是进一步推动健康保险专业化队伍的建设。《办法》要求经营健康保险应当配备具有相关专业知识的精算人员、核保人员和核保人员，应当对从业人员进行专业培训。

问：《办法》在促进产品创新方面，制定了哪些具体举措？

答：促进产品创新是《办法》的宗旨之一，主要体现在三个方面：一是增加了市场潜力巨大、在国外早已存在的护理保险，完善了产品形态。《办法》把健康保险分为疾病保险、医疗保险、失能收入保险和护理保险四种基本类型。与 2000 年颁布的《人身保险产品定名暂行办法》相比，《办法》增加了护理保险，并将原“收入保障保险”调整为“失能收入损失保险”，突出了“失能”这一健康相关因素；同时，修订了医疗保险的定义，明确了医疗保险“以约定医疗行为的发生为给付保险金条件”，使之包含费用补偿型医疗保险和定额给付型医疗保险，更准确地体现了医疗保险特点。《办法》还规定，健康保险产品包含两种以上健康保障责任的，根据主要责任确定产品类型。二是突出体现了健康保险的地域性、个性化要求，支持保险公司通过产品创新更好地满足客户需求。在短期个人健康保险方面，《办法》允许保险公司在销售产品时在基准费率基础上，在费率浮动范围内，根据投保人实际情况合理确定保险费率。在短期团体健康保险方面，《办法》允许保险公司根据投保团体的具体情况，对保险金额、除外责任等产品参数进行调整，从而调整产品条款和费率。三是突出医疗保险产品的创新。要求保险公司设计费用补偿型医疗保险产品，必须区分被保险人是否拥有公费医疗、社会医疗保险的不同情况，在保险条款、费率以及赔付金额等方面予以区别对待。

问：《办法》在促进保险公司与医疗服务机构的合作方面提出了哪些举措？

答：由于医疗保险涉及保险公司、投保人和医疗服务机构三个方面，一方面，病患者都希望得到最好的治疗，诊疗需求几乎是无限大；另一方面，由于治疗的专业性，医生和病患者之间存在严重信息不对称，诊疗行为主要是由供方——医院和医生决定。因此，医疗保险很容易在医疗机构的诱导和病人的无限需求下，增加不必要、不合理的医疗费用，使保险公司实际赔付率大大提高。可以说，医疗费用控制风险是健康保险最主要的风险点。为了解决这个问题，《办法》主要提出以下三项措施。

一是在经营条件上，要求保险公司具备相对独立的健康保险信息管理系统，配备具有相关专业知识的核保人员和核赔人员，对从事健康保险的核保、理赔以及销售等工作的从业人员进行健康保险专业培训，这样为保险公司与医疗服务机构的合作提供了最基本的条件。

二是在服务网络上，保险公司可以建立指定医疗服务机构网络。《办法》规定，保险公司可以在医疗保险产品中约定，以被保险人在指定医疗服务机构网络中进行医疗为给付保险金的条件。并要求保险公司指定医疗服务机构网络应当遵循方便被保险人、合理管理医疗成本的原则，引导被保险人合理使用医疗资源、节省医疗费用支出，并对投保人和被保险人做好宣传解释工作。

三是在医疗服务管理方面，保险公司应当加强与医疗服务机构和健康管理服务机构的合作，加强对医疗服务成本的管理，监督医疗费用支出的合理性和必要性。

问：《办法》在哪些方面体现了对消费者的保护？

答：针对健康保险产品专业性强、消费者容易受误导等特点，为了促使健康保险产品贴近市场实际，切实满足广大被保险人的实际需要，《办法》在产品设计、销售管理等方面突出了对消费者的保护。具体体现在：

一是强化了对保险公司销售健康保险产品时的保单信息披露义务，要求保险公司书面告知投保条件、保险责任、责任免除、定点医院、费率调整等内容，并用清晰易懂的语言，解释投保人关于保险、医疗和疾病专业术语的询问。

二是规定了保险公司应当尊重被保险人接受合理医疗服务的权利，不得在产品条款中设置不合理的或者把违背一般医学标准的要求作为给付保险金的条件。保险公司在健康保险产品条款中约定的疾病诊断标准应当符合通行的医学诊断标准，并考虑到医疗技术条件发展的趋势。

三是规定保险公司不得诱导被保险人重复购买保障功能相同，或者类似的费用补偿型医疗保险产品。

四是规定保险公司不得在医疗机构场所内销售健康保险产品，也不得委托医疗机构或者医护人员销售健康保险产品，以避免投保人受医疗机构场所或者医护人员的不正当影响，而购买自己并不需要的健康保险产品。

五是规定保险公司指定的医疗服务机构网络应当符合方便被保险人、合理管理医疗成本的原则。

六是规定保险公司以附加险形式销售无保证续保条款的健康保险产品的，附加健康保险的保险期限不得小于主险保险期限。

七是要求保险公司在销售费用补偿型个人医疗保险产品时实行100%回访。《办法》规定，保险公司销售费用补偿型个人医疗保险产品，应当在犹豫期内对投保人进行回访。保险公司发现投保人被误导的，应当做好解释工作，并明确告知投保人在犹豫期内解除保险合同的权利。

参 考 文 献

[1] 巴力.保险总论[M].上海：立信会计出版社，2012.

[2] 王绪瑾.保险学[M].北京：经济管理出版社，2004.

[3] 郑功成.财产保险[M].北京：中国金融出版社，2001.

[4] 刘连生.财产保险[M].北京：高等教育出版社，2003.

[5] 许谨良.财产保险原理与实务[M].上海：上海财经大学出版社，2004.

[6] 公冶庆元.人身保险理论与实务[M].北京：清华大学出版社，2005.

[7] 杜树楷，周宇梅.人身保险[M].北京：高等教育出版社，2003.

[8] 张洪涛，王国良.保险核保与理赔[M].北京：中国人民大学出版社，2006.

[9] 魏巧琴.新编人身保险学[M].上海：同济大学出版社，2005.

[10] 王云鹏，鹿应荣.车辆保险与理赔[M].北京：机械工业出版社，2003.

[11] 卓志.商业财产保险完全手册[M].成都：西南财经大学出版社，2005.

[12] 曹晓兰.健康保险[M].北京：中国人民大学出版社，2012.

[13] 荆涛.人寿与健康保险[M].北京：北京大学出版社，2011.

[14] 费洁.汽车保险[M].北京：中国金融出版社，2009.

[15] 赵立航.保险理财规划理论与实践[M].北京：中国财政经济出版社，2010.

[16] 张会丽.保险理财规划[M].北京：中国人民大学出版社，2012.

[17] 粟芳.家庭保险规划[M].上海：上海财经大学出版社，2009.

[18] 刘伟.个人理财[M].上海：上海财经大学出版社，2009.

[19] 保险理财师教程编委会.保险理财规划技术[M].武汉：中南大学出版社，2009.

[20] 徐爱荣.保险理财学[M].上海：复旦大学出版社，2009.

[21] 李虹.保险理财规划[M].成都：西南财经大学出版社，2009.

[22] 国际金融理财师资格认证考试用书.个人风险管理与保险规划[M].北京：中信出版社，2009.

[23] 小阿瑟·威廉姆斯，理查德·M.汉斯.风险管理与保险[M].陈伟，译.北京：中国金融出版社，1996.

[24] 肯尼斯·布莱克，哈罗德·斯基博.人寿与健康保险[M].第13版.孙祁祥，等，译.北京：经济科学出版社，2003.